MPAcc 精品系列
MAud 精品系列

MPAcc 精品系列

MAud 精品系列

《商业伦理与会计职业道德》学习指导书

STUDY GUIDE TO BUSINESS AND PROFESSIONAL ETHICS FOR ACCOUNTANTS

主　编　陈汉文　韩洪灵

副主编　刘　杰　曹　强

杨道广　刘思义

中国人民大学出版社

·北　京·

图书在版编目（CIP）数据

《商业伦理与会计职业道德》学习指导书/陈汉文，韩洪灵主编．--北京：中国人民大学出版社，2020.9

MPAcc 精品系列　MAud 精品系列

ISBN 978-7-300-28610-5

Ⅰ.①商…　Ⅱ.①陈…　②韩…　Ⅲ.①商业道德－教学参考资料　②会计人员－职业道德－教学参考资料　Ⅳ.①F718　②F233

中国版本图书馆 CIP 数据核字（2020）第 182454 号

MPAcc 精品系列

MAud 精品系列

《商业伦理与会计职业道德》学习指导书

主　编　陈汉文　韩洪灵

副主编　刘　杰　曹　强　杨道广　刘思义

《Shangye Lunli Yu Kuaiji Zhiye Daode》Xuexi Zhidaoshu

出版发行	中国人民大学出版社		
社　　址	北京中关村大街 31 号	**邮政编码**	100080
电　　话	010－62511242（总编室）		010－62511770（质管部）
	010－82501766（邮购部）		010－62514148（门市部）
	010－62515195（发行公司）		010－62515275（盗版举报）
网　　址	http://www.crup.com.cn		
经　　销	新华书店		
印　　刷	天津鑫丰华印务有限公司		
规　　格	185 mm×260 mm　16 开本	**版　　次**	2020 年 9 月第 1 版
印　　张	14.25 插页 2	**印　　次**	2025 年 1 月第 4 次印刷
字　　数	265 000	**定　　价**	38.00 元

前言

PREFACE

2019年1月1日，“学习强国”学习平台在全国上线，它首次实现了“有组织、有管理、有指导、有服务”的学习，极大地满足了人民群众多样化、自主化、便捷化的学习需求。“学习强国”学习平台的推出使我们深刻地认识到，一个内容权威、内涵丰富、特色鲜明的商业理论与会计职业道德学习平台的构建是至关重要的，它是持续、有效的教学相长过程中的核心基础设施。《〈商业伦理与会计职业道德〉学习指导书》是该平台的构件之一。

商业伦理与会计职业道德课程特点是既枯燥但又对学生伦理意识与职业道德素养的形成至关重要，案例情景驱动式的兴趣激发是商业伦理与会计职业道德课程教与学取得成功的重要驱动因素。为此，《商业伦理与会计职业道德》（中国人民大学出版社，2020年7月）一书沿着“伦理思想—基本理论—基本原则—概念框架—规则应用—治理方法”的逻辑主线展开，涵盖从抽象到具体、从观念到实践、从原则到规则、从应用到治理的系统内容。本配套学习指导用书的编撰辅助并强化这一思路的实现，继续发扬商业伦理与会计职业道德的理论与案例相结合的启发性的教学方法，在内容的组织上大致遵循“内容概要—知识框架—情景式案例”各占约1/3的比例。

本书各章内容由本章概要、习题、推荐阅读材料、附加模块等要素组成，为师生的教与学过程提供完整的工具箱服务。各章习题根据各章节的知识图谱分别设置判断题、单项选择题、多项选择题、简答题和案例分析等题型。习题的设计紧扣伦理与职业道德知识图谱，突出道德原则联系实际情景和对学生道德困境决策能力的培养，习题的结构安排有助于学生课前的预习和课后的复习。推荐阅读材料、附加模块属于延展性的内容，以汇聚更加丰富的学习内容和资源，进一步激发学生持续学习的动能并扩展其研究视野。此外，本书还提供了各章习题的参考答案及案例分析的参考性思路，以提高教与学的便捷性。

本书由来自对外经济贸易大学、浙江大学、中央财经大学、贵州财经大学的同仁共同编撰而成。主编是陈汉文（对外经济贸易大学）和韩洪灵（浙江大学）。副主编是刘杰、曹强、杨道广、刘思义。具体分工如下：第一章——陈汉文、刘思义；第二章——杨道广；第三章——刘杰；第四章——韩洪灵、陈汉文、董恬媛；第五章——韩洪灵、陈汉文、尚紫荆；第六章——韩洪灵、陈汉文、陆旭米；第七章——韩洪灵、陈汉文、徐杰；第八章——杨道广；第九章——曹强；第十章——刘杰；第十一、十二章——陈汉文、刘思义。陈汉文和韩洪灵参与了全书的讨论、编写与修订等工作。

本书可作为高等学校商业伦理与会计职业道德课程的配套用书，也可作为会计、审计专业学习者的学习参考用书。

限于作者的水平，错误在所难免，尚祈广大读者和同仁不吝指正。

编　者

目录

CONTENTS

第一章　商业伦理导论 …… 1

一、本章概要 …… 2

二、习题 …… 9

三、推荐阅读材料 …… 13

四、附加模块 …… 13

五、参考答案 …… 13

第二章　商业伦理核心领域 …… 19

一、本章概要 …… 20

二、习题 …… 28

三、推荐阅读材料 …… 34

四、附加模块 …… 35

五、参考答案 …… 35

第三章　数字时代商业伦理 …… 41

一、本章概要 …… 42

二、习题 …… 47

三、推荐阅读材料 …… 53

四、附加模块 …… 54

五、参考答案 …… 55

第四章　会计职业道德基本理论 …… 59

一、本章概要 …… 60

二、习题 …… 63

三、推荐阅读材料 …… 69

四、附加模块 …… 70

五、参考答案 …… 70

第五章　会计职业道德基本原则 …… 75
一、本章概要 …… 76
二、习题 …… 80
三、推荐阅读材料 …… 86
四、附加模块 …… 87
五、参考答案 …… 87
第六章　会计职业道德概念框架 …… 93
一、本章概要 …… 94
二、习题 …… 97
三、推荐阅读材料 …… 103
四、附加模块 …… 104
五、参考答案 …… 104
第七章　单位会计人员职业道德 …… 111
一、本章概要 …… 112
二、习题 …… 117
三、推荐阅读材料 …… 121
四、附加模块 …… 121
五、参考答案 …… 121
第八章　注册会计师职业道德 I …… 127
一、本章概要 …… 128
二、习题 …… 138
三、推荐阅读材料 …… 145
四、附加模块 …… 145
五、参考答案 …… 145
第九章　注册会计师职业道德 II …… 149
一、本章概要 …… 150
二、习题 …… 161
三、推荐阅读材料 …… 166
四、附加模块 …… 167
五、参考答案 …… 167
第十章　数字时代会计职业道德 …… 171
一、本章概要 …… 172
二、习题 …… 176

三、推荐阅读材料 …… 183
四、附加模块 …… 184
五、参考答案 …… 185
第十一章 内部治理系统 …… 189
一、本章概要 …… 190
二、习题 …… 196
三、推荐阅读材料 …… 200
四、附加模块 …… 200
五、参考答案 …… 201
第十二章 外部治理系统 …… 207
一、本章概要 …… 208
二、习题 …… 214
三、推荐阅读材料 …… 218
四、附加模块 …… 218
五、参考答案 …… 218

第一章 商业伦理导论

一、本章概要
二、习题
三、推荐阅读材料
四、附加模块
五、参考答案

一 本章概要

21 世纪，经济全球化与逆全球化并存，金融经济与企业创新高度融合。人类正为构筑新商业文明而不懈努力。追本溯源，商业行为需要因循人性而治理，商业伦理与会计职业道德构筑于对人性的认知与假设基础之上。本章将首先介绍对人性的认知和伦理理论，其次介绍商业伦理的内涵与功能，最后介绍商业伦理的判断标准，以期为本书后续内容提供一个得以支撑的思想框架和较坚实的理论基础。

（一）人性认知与伦理理论

1. 人性的认知与假设

迄今为止，关于人性之看法，众说纷纭，莫衷一是。综合起来，大致有四种观点：性善论、性恶论、性有善恶论、性无善恶论。

性善论的代表人物有孟子和法国启蒙思想家让-雅克·卢梭。孟子认为善是人本性，表现于恻隐、羞恶、辞让、是非四端。让-雅克·卢梭运用抽象分析方法，透过丑恶的现实和社会的罪恶，追溯到自然状态中人的善良本性。根据他的分析，在自然状态中的自然人是孤独的，相互之间没有交往和联系，自由自在地漂泊在森林中，彼此自由平等。

荀子和英国哲学家托马斯·霍布斯支持性恶论。荀子认为人性是恶的，后天的教育对人性的改造非常重要，“其礼义，制法度”，由恶变善。在霍布斯的著作《利维坦》中所描述的“自然状态”（state of nature）下，每个人都需要生存和发展的资源，而世界上的资源是匮乏的，因此争夺利益的“所有人对所有人的战争”永远不会结束，人生在这种自然状态下便是“孤独、贫困、污秽、野蛮又短暂的”。

世硕和古希腊哲学家亚里士多德支持性有善恶论。世硕认为“人性有善有恶。举人之善性，养而致之则善长；性恶，养而致之则恶长”（王充《论衡·本性》），即善恶两性究竟哪方面得到发展，取决于后天的教养。世硕所提出的性有善恶论学说是中国人性论史上具有代表性的一派，对后世亦颇有影响，如后世的程朱理学。亚里士多德把人的灵魂分为非理性灵魂（功能是本能、感觉、欲望等）和理性灵魂

（功能是思维、理解、认识等）两部分，人生的目的在于用理性节制情欲于一个合理状态，以获得人生的幸福。

性无善恶论的代表人物有墨子和约翰·洛克。墨子提出了人性不是先天所成，人性无所谓善恶，人性是后天的环境与教育所造就的。约翰·洛克认为人之初始，人心空如白板，根本不存在善与恶的问题。

2. 伦理学及其主要流派

伦理，就是人际关系之理，就是调整人际关系之理，就是人与人相处的基本道理。说伦理学是关于伦理的学问，也就是说伦理学是关于调整人际关系的道理的学问。“伦理”主要指处理人际关系的规范，而“道德”既可以指处理人际关系的规范，也可以指人的品质。由于“道德”与“伦理”有上述区别，因此，现在人们更多地说，伦理学是关于道德的学问。伦理学研究的对象是道德或伦理道德，人们运用不同的方法去研究伦理道德，从而形成了不同的伦理理论与流派。

这些流派主要包括描述伦理学、元伦理学、规范伦理学、美德伦理学、应用伦理学和马克思主义伦理学。

运用描述方法来进行研究的伦理学就叫作描述伦理学。这种伦理学的旨趣在于客观、科学地描述和研究各种道德现象，就像心理学客观地描述和研究各种心理现象。

元伦理学关心的是道德的语言和逻辑问题，对于各种道德的实质性内容它是不关心的。元伦理学曾是当代西方伦理学的主流，但从20世纪60年代以来，发展势头大为减弱，主要原因是它不关心伦理道德的具体内容，不能为现实生活提供指导。

规范伦理学关注的是人的行为怎样才是道德的，它提出一系列道德规范，规定人们的行为应如何，不应如何。

美德伦理学关注的是人的道德品质，关注的是如何使人成为有美德的高尚的人。伦理学应该为人们制定行为规范，但更重要的是培养人的美德。

把伦理学的基本方法、一般原理和具有普适性的规范应用于上述各种特殊领域，就形成了各种应用伦理学——商业伦理学、环境伦理学、行政伦理学、医学伦理学、会计伦理学等。应用伦理学研究的是社会生活各具体领域的道德现象和道德规范，力图为社会各领域的各种社会角色（如会计从业人员）提供指导行为和工作的道德规范，提供做人做事的道德标准，展示成为模范的社会角色应具备的道德品质和理想人格。

以上，我们概要地介绍了伦理学的几种主要流派，它们之间的关系可用下图来表示。

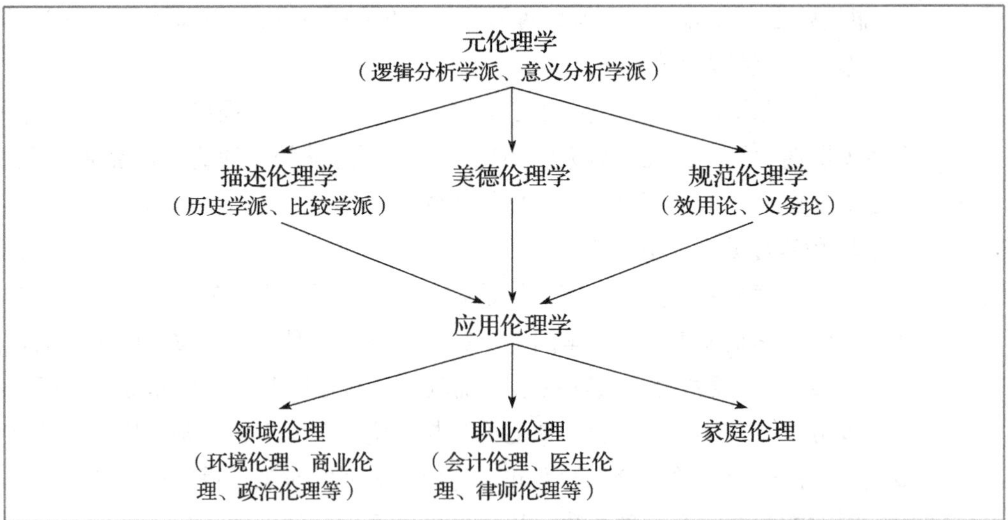

不同伦理流派的关系图

在我国，马克思主义伦理学是占主流地位的伦理学，对我国人民的道德生活起着主导的作用。马克思主义伦理学的基本方法是历史唯物主义的方法和辩证的方法。历史唯物主义方法的基本点是从经济活动和物质利益出发来说明道德现象的形成、发展和变化，说明道德的本质、特征和作用。马克思主义伦理学不仅强调经济基础、物质利益对伦理道德的决定作用，而且重视伦理道德对经济基础和利益关系的反作用。这是辩证法在马克思主义伦理学中的贯彻。例如，在公共利益和个人利益的相互作用和长期博弈的过程中，形成了“先公后私，公私兼顾”的道德规范；而这一规范一旦形成，就会反过来对它所赖以形成的利益关系发挥调节作用，起到促进公共利益，同时维护个人正当利益的作用。

（二）商业伦理的内涵与功能

1. 商业伦理的内涵

“商业伦理学科之父”曼纽尔·贝拉斯克斯（Manuel Velasquez，2013）认为，商业伦理（business ethics）是关于道德（morality）对错的专门研究，聚焦于商业企业、制度和活动，研究道德标准及道德标准如何应用于现代社会生产及分配产品和服务的社会组织以及这些组织中的员工活动。商业伦理学是应用伦理学的一种形式。

第三代新儒家的代表人物之一成中英认为，商业伦理是指任何商业团体或生产机构以合法手段从事营利活动时所应遵守的伦理规则。

曼纽尔·贝拉斯克斯认为，商业伦理研究三大内容：（1）制度伦理。商业伦理中的制度问题是关于企业经营所在大环境的经济、政治、法律和其他企业的问题，包括有关资本主义道德的问题，以及有关美国企业运营所处环境的法律法规、工业结构和社会实践的问题。(2) 公司伦理。商业伦理中的公司伦理问题是关于特定组织的伦理问题，包括关于活动、政策、实践或将公司视作整体时的组织结构问题。(3) 个人伦理。商业伦理中的个人伦理问题是与公司中特定个人及其行为、决定有关的伦理问题，包括个人决定、行为与个性等的伦理问题。

美国伦理学家乔治·恩德勒 (Georges Enderle) 认为，商业伦理的研究对象分为三个层次：微观、中观和宏观。“微观层次上，我们去探讨单个的个人（雇员和雇主，同伴和经理，消费者、供应商或投资者）做什么，能做什么，以及应该做什么，以便去理解、去设想他的伦理责任。在中观层次上，我们不仅包括了经济性组织和公司、厂家，而且包括了贸易联盟，消费者组织，各种职业联合会等。……在宏观层次上存在着本质上很不相同的问题，这个层次上包括了经济制度和经济条件的形态：像经济秩序、经济、金融、社会政策、国际经济关系等。”①

国内一些学者也持这样的观点，认为商业伦理研究三个层次的问题。第一是宏观层次伦理，探讨的是国家、政府的经济制度和秩序问题的伦理评价。第二是中观层次伦理，也就是企业中的伦理问题，主要包括企业的社会责任、内部的管理伦理和企业外部关系中的伦理问题。第三是微观层次伦理，主要包括个体在社会经济活动中承担的职业角色的伦理问题和个体对消费的伦理评价及消费道德规范。②

2. 商业伦理的功能

商业伦理是维系商业社会存在的基础。首先，任何一家企业的生产经营活动都需要一个稳定的外部社会环境。其次，对企业内部管理而言，内部员工遵守道德规范也是企业生存与发展的前提之一。最后，当把观察的历史尽可能地拉长，把观察的范围尽可能地扩大，证据显示，在长远的时间区间里和大部分的事件情形中，一个普遍规律是遵守商业伦理规则的企业能够获得超越不讲道德的对手的竞争优势。这也就是曼纽尔·贝拉斯克斯的观点——伦理行为是公司的最佳长期企业战略。彼得·德鲁克 (Peter F. Drucker) 也强调，企业是社会的器官，是社会的一分子，企业只有遵守商业伦理才能实现可持续发展。

在各种资源特别是物质资料有限的情况下，由于企业都有追求利益最大化的倾向，企业内外利益相关者之间，除了有合作的一面之外，也会有利益的差异和冲突，因而就需要通过一些手段包括商业伦理规范来调节。商业伦理或商业伦理规范的功能系统与社会伦理的功能系统是同构的，其调节功能具体体现在以下三个方面：

(1) 指导功能。商业伦理规范具有指导主体行为的功能。伦理规范是以祈使句来表达的，它的典型形式是：“应该如何”或“不应该如何”。这种指示或劝诫，表

① 周中之．经济伦理学学科的构建．江苏社会科学，2000 (3)：94-96.

② 陆晓禾．走出“丛林”——当代经济伦理学漫话．武汉：湖北教育出版社，1999.

达了社会对企业的行为的期望和要求。这种要求和期望如果被主体所认同就会转变为主体的行为。即使不被主体所认同，由于社会舆论的强大压力，往往也会被企业和个人所接受和遵循。

(2) 评价功能。对企业主体的行为，根据一定的商业伦理标准进行评价，这是商业伦理的又一个重要功能。这一功能可分解为褒扬功能和谴责功能。前者通过引起主体的自豪感和光荣感，对主体的动机和行为起激励鼓舞的作用；后者则通过引起主体的羞愧、内疚等情感，对主体的动机和行为起抑制和纠错的作用。

(3) 教化功能。商业伦理具有引导企业行为的功能，这种引导的特点是劝善戒恶，并辅之以社会舆论的赞扬和谴责，进而作用于企业的道德情感与道德文化。这对于企业的文化、理念和行为，有一种潜移默化的塑造作用，不但能够影响企业当下的动机和行为，而且能够改造企业的道德品质，提高企业的道德境界。这就是商业伦理的教化功能。

商业伦理的功能，无论是对企业主体行为的指导，还是对企业主体行为的评价，最后都要通过主体对自身行为的选择起作用。在现实生活中，对企业的行为选择起决定性作用的往往是利益因素，但是，追求利益最大化的企业往往会与同样追求利益最大化的其他利益相关者发生冲突。商业道德正是通过这样的方式来影响企业及其员工的选择。它明确地告诉人们：什么是善，什么是恶，什么是正当；怎么做是光荣的，怎么做是可耻的，从而对企业及其员工追求利益的动机起到或抑制或肯定或鼓励的作用，影响和左右他们对行为方式的选择，进而达到调整企业与其他利益相关者之间关系的目的。

（三）商业伦理的判断标准

1. 效用原则

效用是指行为带来的净收益。效用原则认为“当且仅当行为产生的总效用大于其他替代行为的总效用时，该行为合乎伦理”。效用主义是指提倡选择效用最大化的行为或政策的理论，其主要代表是英国哲学家杰里米·边沁（Jeremy Bentham，1748—1832）和约翰·穆勒（John S. Mill，1806—1873）。在企业的商业决策中，效用原则是最具影响的一项伦理原则。

从效用的关联性和时间维度来看，效用原则不仅要求考虑当事人自身行为的直接和当前后果，而且要求考虑所有可能方法为每个人带来的当前与可预见未来的成本、收益和任何显著的间接效应。此外，效用原则并不认为只要行为自身的收益超过了自身的成本就是正确的，因为在很多决策情境下可能有几个备选行动方案，而且每个方案的收益都大于成本，效用原则强调的是，与其他所有可能行动方案的效用相比，应该选择能带来最大效用的行动方案。

在特定情境下根据效用原则进行伦理决策，首先要仔细研究在特定情境下可供选择的备选行动方案，然后分析估计在未来特定的时间区间之内每个备选方案可能会对所有受影响的人带来什么样的直接或间接的收益和成本，接着将每个备选方案的收益减去成本得出净收益，最后选取的能够产生最大净收益的方案就是合乎伦理的行动方案。

效用标准在很多场合能够合理地发挥道德评价的作用，但有时也会陷入窘境。效用原则注重决策的成本和收益分析，据此判断特定行为合乎道德，而事实上这些行为有可能不公正，没有对收益和成本在人群中进行公平分配，也可能侵犯了他人的权利，如自由选择权和幸福权。

2. 权利与义务标准

与效用原则相反，权利与义务标准反对以行为的效用来衡量行为的道德价值。在商业伦理所引发的争议中，权利与义务标准发挥着重要作用。

权利与义务理论的代表人物是德国古典哲学家伊曼努尔·康德（Immanuel Kant，1742—1804）。康德认为所有人都拥有某些道德权利与义务，不论履行这些权利与义务是否会为自己和他人提供任何效用。即每个人都有道德权利获得平等的对待，每个人也有义务平等对待他人。

康德所提出的三个道德原则分别是：第一，行动的时候，必须考虑是否希望自己的行为准则成为一个普遍的行为准则，如果不愿意就不应当为。第二，行动的时候，要把每一个人包括自己当作目的，而不能仅仅当作手段来对待。不能仅把他人当作工具来利用，而是应该把人当作目的。第三，自主自律的原则，即“自己立法自己遵守”的原则（这里的“法”泛指一切行为规范，而不仅指法律规范）。这也称为道德判断的“可逆性”标准，即个人必须愿意让所有人都使用自己的行动理由，即使行为对象是自己。

康德的三个原则可以在很多场合合理地解释各种道德现象。但是也面临一些问题。比如，很难判断个人是否把另一个人仅仅当作工具来利用。又如，当人们拥有权利时，对这些权利如何限制，这些权利如何与其他的冲突权利相互平衡，还难以取得一致意见。此外，在普遍性和可逆性的标准方面，有大量反例证明康德理论有时是错误的。

3. 正义与公平标准

在商业伦理判断中，一般认为正义标准比效用标准更重要，不过正义标准通常不能超越个人的道德权利。在现实生活中，分配领域、处罚领域和补偿领域的正义与公平问题涉及人的根本利益，因此最为引人关注。由此正义与公平分为三类：分配正义、应报正义、补偿正义。

（1）分配正义。分配正义的基本原则要求平等的人必须得到公平对待，不平等的人必须得到差别对待。分配原则包括平均主义原则、贡献大小原则、需求能力原则、自由主义原则、综合平等原则等。哪一种最公平呢？

平均主义原则认为，人类在一些基本方面处于平等地位，每个人对社会物品有平等的要求权，因此收益与负担分配的基本原则是：每个人都应该被给予社会或群体收益与负担的平均数。贡献大小原则，也就是基于贡献来进行分配。贡献原则要求人们获得的收益应该与他们的贡献的价值成比例。需求和能力原则，也就是基于需求和能力来进行分配。基于需求与能力的正义要求“各尽所能，按需分配”，也就是工作负担应该根据人的能力分配，收益应该根据人的需求分配。自由主义原则，也就是基于个人的自由选择来进行分配。这个原则认为，如果分配是个人自由决定的，那么收益和负担的任何分配方式都是正义的。

约翰·罗尔斯（John B. Rawls，1921—2002）提出了基于平等的正义原则，在理论上综合了平均主义、贡献大小、能力与需求、自由主义的分配原则。罗尔斯的分配正义原则可概括为：社会中收益和负担的分配是公正的，当且仅当：（1）每个人都有权利获得与其他人的类似权利能够共存的最广泛的基本自由；（2）允许分配差别的存在，但这种差别的存在是有前提的，一是最终要有利于在分配中处于最不利地位的群体；二是要向所有人开放所有的职位。原则 1 称为平等自由权原则，确保每个人保留最大的自由权。原则 2 称为差别原则，确保最底层的人得到保障。

（2）应报正义与补偿正义。应报正义是指关于惩罚过失者的正义。只有满足三个条件时，惩罚过失者才是正义的。第一是非无知和无能。第二是确信被惩罚的人真的犯有过失。依据不足信或不完整的证据进行处罚是不正义的。第三是处罚必须一致而且与过失相符合。只有当每个人都因为同样的过失受到同样的惩罚时，惩罚才是一致的，当惩罚的级别不大于过失者造成的伤害时，惩罚才与过失相符合。

补偿正义是指为个人因他人过失而遭受的损失提供补偿的正义。当一个人错误地给另一人造成损失时，过失者有道德义务或法律义务补偿受害者所遭受的损失。补偿额应该等于过失者对受害者造成的损失额。如果个人行为是造成伤害的真正原因，个人故意造成了伤害，那么个人有义务补偿受到自己伤害的人。

4. 关怀伦理

关怀伦理强调两个道德要求。第一，每个人都生活在特定的关系网络之中，应该维持和培养与特定个人和群体拥有的具体和宝贵的关系。第二，每个人应该对那些和我们有特殊关系的人施加特殊关怀，照顾和积极回应他们的需求、价值观、欲望和具体幸福，尤其是当他们处于弱势情况下更应如此。

运用关怀伦理进行决策时，要特别注意两点。第一，在社会关系中，并非所有的关系都具有价值，因此并不是所有的关系都会产生关怀的需求。比如，以非正义、剥削或伤害别人为特征的关系就缺乏关怀伦理要求的价值。第二，关怀需求与正义要求有时会产生矛盾，出现关怀需求超越正义义务或者正义义务超越关怀需求的情况。处理这一矛盾的基本原则是视具体情况而定，比如，在存在制度性义务的情况下，一般应该首先选择制度性义务而非关怀需求，在关怀需求重于制度性义务的情况下，则需要先解除制度性义务然后再实施关怀。

5. 道德评价标准的选择

运用单一的标准是有局限性的。在作出一项商业伦理决策时，理想的做法是对四项标准都予以考虑。即对任何一项决策，都要思考该决策带来的四个方面的问题：第一是效用方面的问题，即是否达到效益最大、伤害最小；第二是权利方面的问题，即是否符合受影响之人的道德权利；第三是正义方面的问题，即是否做到了效益与负担的公正分配；第四是关怀需求的问题，即是否适当关怀了亲密关系之人。

当然，任何行为的伦理决策都难以面面俱到，同时满足四个方面的要求。因此，需要对四项标准予以恰当权衡。一般情况下，四项原则的考虑次序是：权利标准先于正义标准，正义标准先于效用标准，亲密关系中关怀标准先于正义标准。

但是，这一先后次序不是一成不变的，而是需要具体情况具体分析。比如，当某项决策的社会效用足够大时，就可能允许对个人权利的有限侵犯和对正义标准的有限背离；当不公平或不公正非常严重且非常广泛时，正义标准就可能超越权利标准，允许对个人权利的有限侵犯；当不公正非常严重、权利遭受严重侵犯、社会效益遭受严重伤害时，关怀标准也必须让位于公正、权利与效用标准。

6. 道德标准的替代选择：美德伦理学

除了从效用、权利、正义和关怀的视角，还可以从美德伦理学的视角对行为决策进行道德评价。美德伦理学关注的是人的道德品质，关注的是如何使人成为有美德的高尚的人。换言之，规范论理学关注的是人的行为，美德论理学关注的则是人的品质；规范论理学重视的是“我们应该做什么”，美德论理学重视的是“我们应该成为什么样的人”。美德伦理学深刻地指出，一个按照某种道德规范和道德义务行动的人，其行为未必是道德的，因为他这样做未必出自真心，他的行为未必是他的道德品质的体现。

在美德伦理学看来，只有真正出自善心、孝心，出自仁爱的美德的行为，才是善行。而且只有出自美德的善行，才能是心甘情愿的、长久的、稳定的，而不是偶发的、勉强的。因此，伦理学应该为人们制定行为规范，但更重要的是培养人的美德。

二 习题

（一）判断题

1. 描述伦理学关心的是道德的语言和逻辑问题，对于各种道德的实质性内容，它是不关心的。 （ ）

2. “人之初，性本善。性相近，习相远”体现的是中国正统思想——性善论。（　　）

3. “饥而欲饱，寒而欲暖，劳而欲休”“生而有好利焉”体现的是性恶论。（　　）

4. 约翰·洛克把人的灵魂分为非理性灵魂和理性灵魂两部分，人生的目的在于用理性节制情欲于一个合理状态，以获得人生的幸福。（　　）

5. 规范伦理学为人们制定行为规范，关注的是人的道德品质，以及如何使人成为有美德的高尚的人。（　　）

6. 商业伦理是维系商业社会存在的基础。任何一家企业的生产经营活动，都需要一个稳定的外部社会环境。（　　）

7. 根据一定的商业伦理标准对企业的活动进行评价体现的是商业伦理的指导功能。（　　）

8. 曼纽尔·贝拉斯克斯将商业伦理的研究对象分为三个层次：微观、中观和宏观。（　　）

9. 商业伦理的功能包括指导功能、评价功能和教化功能。（　　）

10. 在作出一项商业伦理决策时，理想的做法是把权利标准、正义标准、效用标准和关怀标准都考虑进去。（　　）

（二）单项选择题

1. 有理性、会算计、追求自利最大化的人，被亚当·斯密称为（　　）。

A. 自然人　　B. 道德人　　C. 经济人　　D. 社会人

2. 调节伦理关系的非强制性手段是（　　）。

A. 法律　　B. 道德　　C. 文化　　D. 风俗

3. 伦理区别于其他社会关系的特殊性在于它包含了（　　）。

A. 好坏善恶的价值标准

B. 人自身各种潜质潜能的全面发展

C. 天、人、物的和谐相处

D. 人与人、人与世界关系的事实

4. 从分类来看，商业伦理学应该属于（　　）。

A. 元伦理学　　B. 规范伦理学　　C. 美德伦理学　　D. 应用伦理学

5. 解决自利与他利矛盾的根本出路是（　　）。

A. 社会公正　　B. 自由　　C. 平等　　D. 等价交换

6. 认为人之初始，人心空如白板，根本不存在善与恶的问题。“在我们所遇到的人之中，其中有九成的人的好坏或是能力高低，都是取决于他们所受到的教育。”提出该观点的学者是（　　）。

A. 亚里士多德　　B. 约翰·洛克
C. 托马斯·霍布斯　　D. 让-雅克·卢梭

7. 将商业伦理的研究对象分为微观、中观和宏观三个层次的学者是（　　）。
A. 乔治·恩德勒　　B. 曼纽尔·贝拉斯克斯
C. 成中英　　D. 约翰·洛克

8. 商业伦理或商业伦理规范的功能系统与社会伦理的功能系统是同构的，下列不属于调节功能的具体方面的是（　　）。
A. 指导主体行为
B. 对企业主体的行为，根据一定的商业伦理标准进行评价
C. 劝善戒恶，并辅之以社会舆论的赞扬和谴责，进而作用于企业的道德情感与道德文化
D. 对企业的经营活动直接进行指导

9. 根据正义与公平标准，在现实生活中，可将正义与公平分为三类，不包括（　　）。
A. 分配正义　　B. 绝对正义　　C. 应报正义　　D. 补偿正义

10. 在作出一项商业伦理决策时，一般情况下，四项原则的考虑次序是（　　）。
A. 权利标准→正义标准→效用标准，亲密关系中关怀标准先于正义标准
B. 权利标准→关怀标准→正义标准→效用标准
C. 权利标准→正义标准→关怀标准→效用标准
D. 权利标准→正义标准→效用标准→关怀标准

（三）多项选择题

1. 以下表述中正确的结论有（　　）。
A. 伦理关系是经过人的自觉意识和自我规定的
B. 伦理关系覆盖了人类生活的全部关系和过程
C. 伦理关系渗透在家庭、社会、国家、全球等各个层面
D. 伦理关系渗透在一切现实的经济、政治、法律、宗教等各个关系中

2. 曼纽尔·贝拉斯克斯认为，商业伦理应当包含（　　）。
A. 制度伦理　　B. 公司伦理　　C. 个人伦理　　D. 商业伦理

3. 商业伦理是一门应用伦理学学科，它宏观上关系到（　　）。
A. 企业文化的建立　　B. 国家政府的制度建构
C. 商业信用体系的建立　　D. 市场法律法规的制定

4. 作为一门应用伦理学学科，商业伦理在微观上要（　　）。
A. 调节各种利益关系　　B. 培训员工
C. 培养高素质的商业人　　D. 处理特殊商业伦理矛盾

5. 商业活动中的基本伦理矛盾包括（　　）。

A. 自利与利他

B. 个人利益与社会利益

C. 商业主体利益与社会利益

D. 经济目标与人的终极目标

（四）简答题

1. 对于人性的认识，有哪些基本观点？每一种观点的代表人物有哪些？
2. 如何理解伦理、道德、伦理学三个概念的区别与联系？
3. 商业伦理的判断标准有哪些？如何理解这些标准？请举例说明。
4. 如何进行商业伦理判断标准的选择？
5. 解决道德困境的步骤有哪些？请举例说明。

（五）案例分析

守住底线，才能“中看又中信”

5月6日下午，脱口秀演员池子（本名：王越池）在微博发文，斥责自己曾任职公司——笑果文化，违约且拖欠自己应得的演艺报酬。池子在文中表示：“我多次提出和平解约，笑果不同意。我只能提出仲裁，让他们付清我的报酬。笑果文化也提出仲裁，让我赔给它3 000多万”。

令人意外的是，这把火也烧到了中信银行。池子表示，在笑果文化寄来的材料中含有他在中信银行的个人账户交易明细。“打电话给中信银行，中信银行说这是配合大客户的要求。”目前，池子已经起诉笑果文化和中信银行：未经授权向笑果文化泄露个人隐私，侵犯了公民个人信息，并报案做了笔录，同时向银保监会等政府监管机关投诉。

对于举报，5月7日凌晨，中信银行在其官方微博发布致歉信称，经核实，近期上海笑果文化传媒有限公司联系开户支行，要求查询其为员工王越池先生支付劳务工资记录时，该员工未严格按照规定办理，提供了王越池先生的收款记录。对此，中信银行向王越池先生道歉，称该行已按照制度规定对相关员工予以处分，并对支行行长予以撤职。此外，中信银行违规泄露存款人交易明细，涉嫌侵犯个人金融信息的行为，很可能受到监管机构的行政处罚。

关于银行是否有权利查询客户交易记录，根据《商业银行法》第29条规定，商业银行办理个人储蓄存款业务，应当遵循存款自愿、取款自由、存款有息、为存款人保密的原则。对个人储蓄存款，商业银行有权拒绝任何单位或者个人查询、冻结、扣划，但法律另有规定的除外。

针对此次事件，有律师分析称，中信银行只在三种情形下出具池子账户近两年的交易明细是合法的。“一是司法人员拿着调查手续来调取；二是笑果文化公司的律师拿着法院的调查令来调取；三是池子本人或他的委托代理人拿着相关手续来调取。”很明显，这次以上三种情况哪一种都不符合。

案例研讨问题

1. 请用商业伦理的判断标准，对该事件中的行为进行评价（包括效用原则、权利与义务标准、正义与公平标准）。

2. 中信银行对相关人员进行处罚体现了何种正义原则？结合案例进行说明。

三 推荐阅读材料

1. 周中之．经济伦理学学科的建构．江苏社会科学，2000（3）：94-96.

2. 徐梦秋．公平的类别与公平中的比例．中国社会科学，2001（1）：35-43.

3. 陆晓禾．走出“丛林”——当代经济伦理学漫话．武汉：湖北教育出版社，1999.

四 附加模块

无

五 参考答案

（一）判断题

1. ×	2. √	3. √	4. ×	5. ×
6. √	7. ×	8. ×	9. √	10. √

（二）单项选择题

1. C	2. B	3. A	4. D	5. A
6. B	7. A	8. D	9. B	10. A

（三）多项选择题

1. ABCD	2. ABC	3. BCD	4. ACD	5. AD

（四）简答题

1. 迄今为止，关于人性之看法，众说纷纭，莫衷一是。综合起来，大致有四种观点：性善论、性恶论、性有善恶论、性无善恶论。

性善论的代表人物有孟子和法国启蒙思想家让-雅克·卢梭。孟子认为善是人本性，表现于恻隐、羞恶、辞让、是非四端。让-雅克·卢梭运用抽象分析方法，透过丑恶的现实和社会的罪恶，追溯到自然状态中人的善良本性。根据他的分析，在自然状态中的自然人是孤独的，相互之间没有交往和联系，自由自在地漂泊在森林中，彼此自由平等。

荀子和英国哲学家托马斯·霍布斯支持性恶论。荀子认为人性是恶的，后天的教育对人性的改造非常重要，“其礼义，制法度”，由恶变善。在霍布斯的著作《利维坦》中所描述的“自然状态”下，每个人都需要生存和发展的资源，而世界上的资源是匮乏的，因此争夺利益的“所有人对所有人的战争”永远不会结束，人生在这种自然状态下便是“孤独、贫困、污秽、野蛮又短暂的”。

世硕和古希腊哲学家亚里士多德支持性有善恶论。世硕认为“人性有善有恶。举人之善性，养而致之则善长；性恶，养而致之则恶长”（王充《论衡·本性》），即善恶两性究竟哪方面得到发展，取决于后天的教养。世硕所提出的性有善恶论学说是中国人性论史上具有代表性的一派，对后世亦颇有影响，如后世的程朱理学。亚里士多德把人的灵魂分为非理性灵魂（功能是本能、感觉、欲望等）和理性灵魂（功能是思维、理解、认识等）两部分，人生的目的在于用理性节制情欲于一个合理状态，以获得人生的幸福。

性无善恶论的代表人物有墨子和约翰·洛克。墨子提出了人性不是先天所成，人性无所谓善恶，人性是后天的环境与教育所造就的。约翰·洛克认为人之初始，人心空如白板，根本不存在善与恶的问题。

2. 道德作为指导行为的规范，调整的是人与人之间的关系。道德和伦理基本同义，人们常常把它们等同使用或联用（“伦理道德”）。伦理，就是人伦之理。伦理之“理”，也就是处置协调上述各种关系的准则或规范。伦理，就是人际关系之理，就是调整人际关系之理，就是人与人相处的基本道理。伦理学是关于伦理的学问，即伦理学是关于调整人际关系的道理的学问。

“伦理”主要指处理人际关系的规范，而“道德”既可以指处理人际关系的规范，也可以指人的品质。由于“道德”与“伦理”有上述区别，因此，现在人们更多地说，伦理学是关于道德的学问。伦理学研究的对象是道德或伦理道德。

3. 商业伦理的判断标准有如下原则：

(1) 效用原则。效用原则认为“当且仅当行为产生的总效用大于其他替代行为的总效用时，该行为合乎伦理”。从效用的关联性和时间维度来看，效用原则不仅要求考虑当事人自身行为的直接和当前后果，而且要求考虑所有可能方法为每个人带来的当前与可预见未来的成本、收益和任何显著的间接效应。此外，效用原则强调与其他所有可能行动方案的效用相比，应该选择能带来最大效用的行为方案。例如，开会的时候，有人用手机高声地与他人通话，分散了在场的所有或大多数人的注意力，这种行为就是不道德的行为；一个企业家捐资兴建了一所希望小学，使当地大多数或所有的失学儿童得以复学，这种行为就是道德的行为。

(2) 权利与义务标准。权利与义务理论的代表人物是德国古典哲学家伊曼努尔·康德。康德认为所有人都拥有某些道德权利与义务，不论履行这些权利与义务是否会为自己和他人提供任何效用。即每个人都有道德权利获得平等的对待，每个人也有义务平等对待他人。康德提出了三条道德原则，分别是：

第一，行动的时候，必须考虑是否希望自己的行为准则成为一个普遍的行为准则，如果不愿意就不应当为。例如，想随地吐痰的时候，必须考虑是否也愿意大家都像自己一样随地吐痰，如果不愿意，那就不应随地吐痰。

第二，行动的时候，要把每一个人包括自己当作目的，而不能仅仅当作手段来对待。不能仅把他人当作工具来利用，而是应该把人当作目的。例如，如果一个雇主仅仅把工人当作获取利润的工具，那他就是不道德的，因为他仅仅把人当作手段；如果他付给工人所应得的工资，关心他们的福利和成长，那么，他就是在把工人当作手段的同时又把他们当作目的，这是合乎道德的。

第三，自主自律的原则，即“自己立法自己遵守”的原则。这也称为道德判断的“可逆性”标准，即个人必须愿意让所有人都使用自己的行动理由，即使行为对象是自己。比如，我们对伤害了他人或打算伤害他人的张君说“如果他对你那样做，你会怎么样”，这就是在运用可逆性标准。如果某个行为无法通过可逆性测试，这个行为就是不道德的。

(3) 正义与公平标准。正义与公平分为三类：分配正义、应报正义、补偿正义。

约翰·罗尔斯提出了分配正义原则，可概括为：社会中收益和负担的分配是公正的，当且仅当：1) 每个人都有权利获得与其他人的类似权利能够共存的最广泛的基本自由；2) 允许分配差别的存在，但这种差别的存在是有前提的，一是最终要有利于在分配中处于最不利地位的群体；二是要向所有人开放所有的职位。罗尔斯将理性人群所处的虚拟状态称为原始状态，将他们对自身特点的不知情称为无知之幕。原始状态的人处于无知之幕下，不知道自己有哪些特点，被迫保持公正，不敢偏袒任何特殊群体，只能平等对待所有人。在这种情况下，人们只能选择平等自由权原则、差别原则和机会平等原则。这些原则就构成了分配正义的合理原则。

应报正义是指关于惩罚过失者的正义。只有满足三个条件时，惩罚过失者才是正义的。第一是非无知和无能。也就是说，如果一个人不知道或者不能自由选择自己的行为，那么对他的行为进行惩罚是不公正的。第二是确信被惩罚的人真的犯有过失。依据不足信或不完整的证据进行处罚是不正义的。第三是处罚必须一致而且与过失相符合。只有当每个人都因为同样的过失受到同样的惩罚时，惩罚才是一致的，当惩罚的级别不大于过失者造成的伤害时，惩罚才与过失相符合。

补偿正义是指为个人因他人过失而遭受的损失提供补偿的正义。当一个人错误地给另一人造成损失时，过失者有道德义务或法律义务补偿受害者所遭受的损失。补偿额应该等于过失者对受害者造成的损失额。如果个人行为是造成伤害的真正原因，个人故意造成了伤害，那么个人有义务补偿受到自己伤害的人。

(4) 关怀伦理。关怀伦理，就是认为道德的任务不是遵循普遍和公正的道德原则，而是照顾和回应与我们有宝贵及亲密关系的特定人群。比如，假设在现实中有两人，一个是拯救许多人生命的名医，一个是你身患重病的母亲，两人同时落水，你只能救出其中的一位，关怀伦理认为应该救母亲。因为你与母亲之间的特殊关系使得你有特殊义务关怀她，这一特殊义务超越了你对陌生人可能负有的义务。

4. 在作出一项商业伦理决策时，运用单一的标准是有局限性的。理想的做法是对四项标准都予以考虑：第一是效用方面的问题，即是否达到效益最大、伤害最小；第二是权利方面的问题，即是否符合受影响之人的道德权利；第三是正义方面的问题，即是否做到了效益与负担的公正分配；第四是关怀需求的问题，即是否适当关怀了亲密关系之人。

当然，任何行为的伦理决策都难以面面俱到，同时满足四个方面的要求。因此，需要对四项标准予以恰当权衡。一般情况下，四项原则的考虑次序是：权利标准先于正义标准，正义标准先于效用标准，亲密关系中关怀标准先于正义标准。

但是，这一先后次序不是一成不变的，而是需要具体情况具体分析。比如，当某项决策的社会效用足够大时，就可能允许对个人权利的有限侵犯和对正义标准的有限背离；当不公平或不公正非常严重且非常广泛时，正义标准就可能超越权利标准，允许对个人权利的有限侵犯；当不公正非常严重、权利遭受严重侵犯、社会效益遭受严重伤害时，关怀标准也必须让位于公正、权利与效用标准。

5. 第一，确定目前所面临的具体问题及相关事实是什么；第二，确定这些问题及相关事实中所涉及的道德问题是什么；第三，确定哪些人或哪些群体将受到道德两难问题结果的影响以及受到的影响具体是什么；第四，确定这些人或群体解决该道德两难问题的方法有哪些；第五，确定每一种方法所产生的后果是什么；第六，确定哪一行动最为恰当并采取该行动。

（五）案例分析

1. 效用原则认为“当且仅当行为产生的总效用大于其他替代行为的总效用时，该行为合乎伦理”。从效用的关联性和时间维度来看，效用原则不仅要求考虑当事人自身行为的直接和当前后果，而且要求考虑所有可能方法为每个人带来的当前与可预见未来的成本、收益和任何显著的间接效应。在本案例中，中信银行为了“配合大客户的要求”，而向笑果文化提供了池子的银行交易记录，损害了大部分“小客户”的利益，是不道德的行为。银行交易信息如此容易被获取，使得普通民众面临个人信息被非法使用的风险，引起了民众对银行内控的担忧，导致社会信任危机产生。

权利与义务标准认为，道德权利和义务是一个硬币的两面，一个人拥有某项道德权利就意味着他人要对该项权利持有者承担某些义务；道德权利为个人自由追求利益提供了自主权和平等权；道德权利为合理化某些人的行为以及恳求他人的保护或帮助提供了基础。在本案例中，根据《商业银行法》第 29 条规定，商业银行办理个人储蓄存款业务，应当遵循存款自愿、取款自由、存款有息、为存款人保密的原则。对个人储蓄存款，商业银行有权拒绝任何单位或者个人查询、冻结、扣划，但法律另有规定的除外。按照规定，中信银行在获取客户存款时，同时应当承担为客户保密的义务，但是中信银行却违规将其交易信息泄露给笑果文化，违背了道德的权利与义务原则，应当承担相应的责任。

正义与公平标准是商业主体在涉及利益分配与成本分担、规则执行与违规处罚、合作与竞争等事宜中的一个重要道德评判标准。在本案例中，笑果文化和池子都是中信银行的客户，他们分别代表着大客户和普通客户的利益，中信银行为了满足大客户的要求，将普通客户的交易信息泄露，违背了道德的正义与公平原则。

2. 中信银行的员工未严格按照规定办理，提供了王越池先生的收款记录。按照制度规定，中信银行对相关员工予以处分，并对支行行长予以撤职，这体现了应报正义原则。

应报正义是指关于惩罚过失者的正义。只有满足三个条件时，惩罚过失者才是正义的。第一，非无知和无能。中信银行作为专业的金融机构，理应知晓相关的法律法规，明白未经正当程序泄露持卡人池子的银行账户交易明细的行为，违反了《商业银行法》的相关规定。第二，确信被惩罚的人真的犯有过失。根据案例我们可以得知，在没有经过正当程序，笑果文化的材料中含有池子在中信银行的个人账户交易明细，的确是违反了规定。第三，处罚必须一致而且与过失相符合。中信银行对相关员工予以处分，并对支行行长予以撤职，符合制度规定。此外，中信银行违规泄露存款人交易明细，涉嫌侵犯个人金融信息的行为，很可能受到监管机构的行政处罚。

第二章

商业伦理核心领域

一、本章概要
二、习题
三、推荐阅读材料
四、附加模块
五、参考答案

一 本章概要

商业伦理的本质是商业活动中的人际关系之理、人与人相处的基本道理。企业作为商业活动的组织者与实施者，需处理的基本伦理关系由内而外包括企业内部的利益相关者、产品市场中的利益相关者、商业活动中的竞争者和合作者以及社群环境中的利益相关者。因此，商业伦理的核心领域集中在以下四个方面。

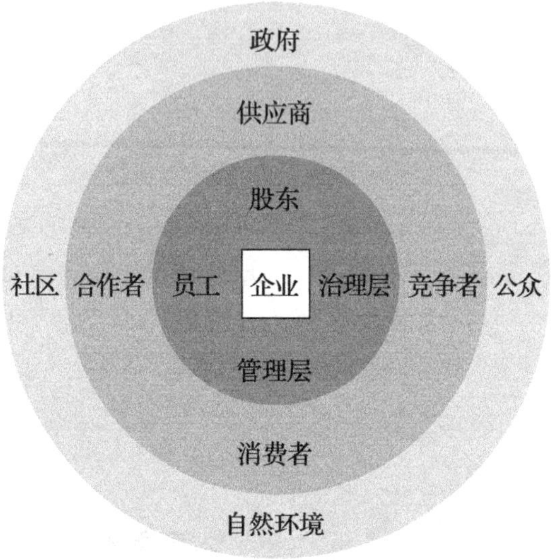

企业所处的关系环境

（一）公司治理中的商业伦理

1. 股东的商业伦理

股东享有的权利可分为两类：第一类，自益权。又称受益权，如资产收益权、退股权、优先受让和认购新股权、股东身份权等。第二类，共益权。又称治理权，属于派生权利，包括决策参与权、选择和监督管理者权、知情权。其中，自益权是目标，治理权是手段。根据各项权利的属性、重要性及相互关系，股东的商业伦理集中体现在以下方面。

（1）保护股东的资产收益权。对于外部股东而言，他们也是公司的所有者，但不是控制者和使用者。所有权与控制权的分离，为内部股东侵占外部股东的利益提供了机会和激励。从伦理的权利与义务观出发，内部股东（尤其是大股东）不得滥用股东权利损害公司或者其他股东的利益，不得滥用公司法人独立地位和股东有限责任损害公司债权人的利益；控股股东、实际控制人对上市公司及其他股东负有诚信义务，不得利用对上市公司的控制地位谋取非法利益，不得占用、支配上市公司资产。因此，占用、滥用公司资产既不道德也属非法。

（2）保障股东的决策参与权。每位股东均享有参加股东大会的权利，不应受任何有意或无意的限制与阻挠。关于股东是否有权利参与股东大会少有异议，但在股东表决权设置的伦理问题上常有争议。世界范围内的股东表决权设置方法有两种：一种是每一股份拥有一份表决权，即“同股同权”；另一种是允许部分股东所拥有的每一股份拥有多份表决权（即“A 股”——超级投票权）或少于一份的表决权（即“B 股”——次级投票权），即“同股不同权”。

从商业伦理判断的权利与义务标准和正义与公平标准看，“同股同权”是符合伦理规范的，每位股东均应拥有表决权且每一股份具有相同的表决效力；而“同股不同权”有失公平，部分股东利益存在被侵害的风险。然而，从商业伦理判断的效用原则看，“同股不同权”有时并无不妥，它可能有利于促进企业价值增长、增加所有股东财富。因此，这是一个复杂的伦理判断问题。

（3）支持股东的提案权。在投资者保护水平不高和投资者权利意识较弱时，外部中小股东维护自身利益的途径有限，“用脚投票”（即卖出公司股票，“惹不起，躲得起”）是最直接、最省事的方式。特别是当有些公司可能以“同股不同权”的合理性为掩护而肆意践踏中小股东利益时，更是如此。

（4）落实股东的知情权。作为公司的股东，无论持股比例大小或是否在公司内部担任职务，均应有权知晓企业运营、管理、治理等方面的相关信息。特别是投资者广泛且人数众多的上市公司，更要落实外部股东的知情权。

2. 管理层的商业伦理

从契约关系看，管理层接受公司股东的委托代其管理公司，管理层对于股东负有受托责任。因此，要求管理层勤勉尽责履行其受托责任是公司治理中的主要商业伦理问题之一。

（1）忠诚。管理层的忠诚责任包括不能在未获得委托人（股东）同意的情况下作出对委托人不利的决策和行动，也不能在未获得委托人（股东）同意的情况下代表其对委托人不利的人采取行动。管理层应按照道德要求处理个人和专业关系中的利益冲突问题，披露任何可能造成利益冲突的事项，对违反伦理守则的行为及时进行内部报告，建立并遵守公司伦理守则责任制等。违反忠诚责任的例子包括隐瞒问题、推卸责任、内幕交易、与公司竞争业务（即竞业行为）、盗取或转移公司资产等。

（2）勤勉尽责。勤勉尽责包含以下几层含义：第一，在任职期间，管理层应担起责任、勤奋负责，而不是寻找机会偷懒和享受。第二，管理层应主动学习新知识、了解新环境、掌握新信息，而不是坐观其变、坐等上报。第三，对于可疑和重大的事项应保持足够的谨慎并展开调查、落实整改。

（3）诚信报告与披露。管理层的诚信披露责任既包括对治理层的定期和不定期报告与披露，也包括其与治理层共同作出的披露。在报告和披露信息时，管理层应保证所披露信息的真实、准确、完整、及时、公平。为自己或他人刻意隐瞒对公司将或已产生不利影响的信息，或者夸大信息、提供虚假信息，均是违背商业伦理的。

（4）保密。管理层特别是高级别的管理层是公司商业机密以及其他敏感信息的知情者。这些信息的泄露将给公司造成重大损失。因此，作为管理者有责任与义务对此进行保密，它既是商业伦理的基础性内容，也是法律法规的强制性要求。

3. 治理层的商业伦理

（1）董事的伦理责任。作为股东利益的守护者、管理层的监督者，董事也应遵守适用于管理层的商业伦理规范，包括忠诚、勤勉尽责、诚信、保密等。但鉴于董事的特殊性，其商业伦理要求还应关注以下方面：底线思维、客观决策；专业性与判断性兼具；选贤任能与群策群力并举；独立性与监督性融合。

（2）监事的伦理责任。监事的伦理责任体现在勤勉监督董事及管理层的工作和行为，以维护公司及股东的合法权益。鉴于其契约关系的受托本质和其职责的治理属性，董事应遵循的商业伦理同样适用于监事，具体包括忠诚、勤勉尽责、诚信报告与披露、保密、专业、独立等。

4. 雇主雇员关系中的商业伦理

员工是组织的基础性要素，管理层、治理层均属于员工之列。因此，雇员关系是公司治理的重要内容，是商业伦理规范的主要对象之一。从员工看，他们应遵循相应的职业伦理；从雇主看，他们应保障员工的基本权益。

（1）员工伦理。从雇员关系的本质看，任何员工均是特定委托代理关系中的代理人。员工伦理的核心是职业伦理：员工努力工作以达成公司目标并获得薪酬与职业升迁，员工需担当起勤勉审慎、忠诚于公司目标的责任，不能为谋求个人利益而损害公司利益。员工的不道德行为可能演变成严重的违法行为，其表现形式包括：工作敷衍不尽责、与公司存在利益冲突、假借工作职能接受礼物，甚至接受商业贿赂或敲诈交易对象、窃取公司财物、泄露公司商业秘密等。

（2）雇主伦理。

其一，尊重多元，反对歧视。世界是多元的，应包容差异，况且个体的很多特征是先天或后天的不可抗力因素所导致的；即使是个人之选择，只要不损害他人之利益，均应被认可；只要满足工作要求，并勤勉尽责地做力所能及之事，都应被尊重。这就要求雇主在招聘、任用、培训、晋升、激励员工时，应保持公平公正，避免歧视和差别化对待具有特定特征的员工。

其二，尊重自由，保护隐私。员工虽受聘于雇主、任职于企业，但他们并非企业的私有财产，其身和心都是自由而独立的。企业不应直接或间接限制员工的人身自由，并保障或至少不侵犯员工的言论自由、宗教信仰自由、婚姻自由等自由权利。但自由永远是相对的，无绝对的自由。对于自由的另一种理解是，每个人的私领域不受干扰、不受侵犯，保护员工隐私也是维护员工自由权利的重要形式。一个基本的伦理原则是：不应强迫他人披露、有意或无意地窥探他人不愿意公开的信息，更不能肆意传播并攻击他人或为自己谋利。

其三，维护尊严，保障权益。员工可以放弃自己的尊严，但作为有商业伦理的企业应切实维护员工的尊严。员工虽为企业工作，但绝不是企业的附属品。对于员工尊严的维护，可具体体现在禁止以下行为，如辱骂甚至殴打员工、性骚扰、冷暴力、故意陷害使绊、散布谣言等。这是商业伦理对雇主行为的基本规范。

其四，重视人文关怀。虽然现在有越来越多的雇主开始认识到伦理型组织建设和员工权利保障对于企业的重要性，但多数雇主还是习惯将员工权利与管理效率对立起来。在这样的企业中，员工被抽象成冷冰冰的物体，缺乏基本的人文关怀。给予员工适当的人文关怀也是商业伦理的要求之一。

（二）消费者关系管理中的商业伦理

消费者是企业价值实现过程的最后和最关键一环，消费者关系管理中的商业伦理对企业而言极其重要。作为自负盈亏的经济组织，企业自利、逐利的本性使之存在损害消费者权益的天然动机。

1. 消费者权利和企业道德责任

（1）消费者的基本权利。早在20世纪60年代初，国际消费者联盟（International Organization Of Consumers Union，IOCU）就已确定了消费者的下列基本权利：安全保障权、知悉真情权、自主选择权、公平交易权、依法求偿权、求教获知权、依法结社权、维护尊严权、监督批评权。

（2）企业对消费者的道德责任。企业对消费者的道德责任可分为两类：第一类，生产和提供满足消费者正当需求，且合法、合乎道义的商品和服务（即“提供什么”）；第二类，保证所出售商品和服务的质量，维护消费者在消费过程中的各项权利（即“如何提供”）。

第一，提供满足消费者正当需求的产品。关于“提供什么”的伦理道德判断一直是一个难题，有所为与有所不为之间需要辩证性思考。如下图所示，基于合法和道义两个维度，可将生产的产品和提供的服务划分为四类，每一类产品和服务均对应相应的伦理道德要求。

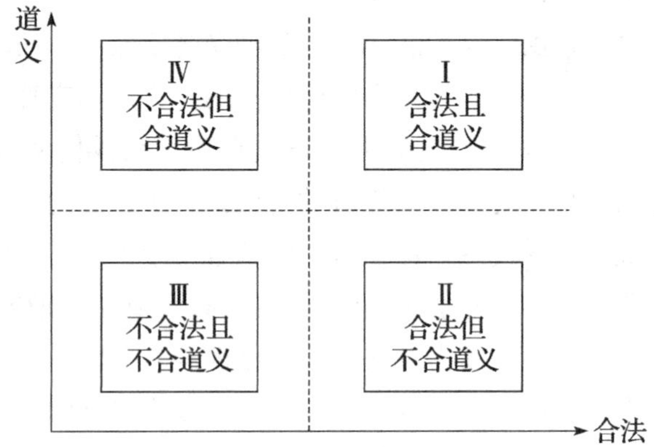

伦理视角下的产品和服务类别

第二，产品或服务的安全与尽责问题。企业应保证其所出售产品和所提供服务的质量和安全性。为此，企业应制定规范的产品生产和服务提供标准与流程，明确关键节点（特别是涉及使用者身心健康安全的风险点）和权责归属，并加强过程管控。若企业不生产产品，则有责任对拟和已采购产品的质量、可靠性、安全性进行审慎检查。对于售后发现问题的产品，企业有责任采取措施予以补救，包括无偿维修、召回，并依法赔偿消费者的损失。

除了以保证产品质量和安全性为目标而强化对采购和生产过程的伦理管控，有责任的企业还应遵循采购和生产中的其他伦理要求。

2. 信息披露与道德营销

（1）信息披露。企业在商品销售中的信息披露义务，既是遵守契约精神也是保护消费者知情权的伦理要求。这些信息披露体现在商品及其说明书、购买协议与条款、商品广告、口头介绍或答复之中。在披露时，应坚持诚信原则、公平原则、重要性原则、利益兼顾和信息保护原则。所披露的信息既有对产品及其相关事项的明确性描述，也有暗示性描述。

（2）道德营销。道德营销是指通过合乎伦理的方式提供能够增加社会福利和社会效益的产品与服务，以实现企业自身的生存和发展。道德营销可有两种解释：一是，营销过程中应遵循的伦理道德规范（“营销的道德”）；二是，以宣扬伦理道德为载体，旨在实现企业、消费者、社会三者之间协调与统一的营销方式（“道德的营销”）。其中，营销的道德，即营销中的伦理道德规范，集中体现但不限于以下方面：不虚假、夸大宣传，不搞恶俗、弘扬正能量，不欺弱小、不强买强卖，不投机取巧、故意混淆，不收买、不造假口碑，保护他人隐私、不骚扰他人。道德的营销包括公益营销、绿色营销、社会营销等。

（三）市场竞合中的商业伦理

1. 不同市场竞争环境中的商业伦理

按照竞争程度，可将竞争市场分为完全竞争、垄断和不完全竞争三种形式。不同形式的竞争市场具有不同的市场运行机制和商业伦理问题。

（1）完全竞争市场中的商业伦理。在完全竞争市场中，买卖双方都是价格的接受者，产品价格只能随供求关系而定。完全竞争市场是一种理想状态，在该状态下可实现三个道德价值：市场引导买方和卖方以公正的方式交换商品；通过引导买方和卖方以完美的效率划分、使用和分配商品，使他们的效用最大化；以尊重买方和卖方自由同意权的方式达到效果。完全竞争市场在带来道德价值的同时，也隐藏着伦理与道德风险，包括滋生不良的道德品质，忽视需求、发展及平等的正义，重视群体而非社会总效用最大化，强调优胜劣汰、缺乏人性关怀。

（2）垄断市场中的商业伦理。在该市场中，只有唯一的厂商生产和销售商品，几乎没有任何接近的替代品，其他厂商进入该行业都极为困难或不可能，因而垄断厂商可以控制和操纵市场价格。垄断权力通常源于资源性垄断、技术性垄断、政策性垄断、自然垄断，垄断权力的认可既有伦理因素（如保护资源和能源安全）也有非伦理因素（如权力寻租与腐败）。因此，垄断市场的商业伦理通常具有复杂性。鉴于垄断市场的特点，完全竞争市场中的商业伦理问题在垄断市场同样存在，且更为严重。比如，垄断权力的强排他性将导致更严重的不公平、贫富差距、弱者恒弱、社会总效用非最大化问题。

（3）不完全竞争市场中的商业伦理。介于完全竞争市场和垄断市场这两个极端之间的市场称为不完全竞争市场。其中最重要的一种形式是寡头竞争，即大部分市场由较少的大型企业共享，其他企业进入市场很难。它们很容易形成一个整体，通过明确或暗示性地将价格设定在同一水平，并相应地限制产量。因此，寡头市场能和垄断市场一样形成高价格、低供给。鉴于寡头市场是完全竞争市场和垄断市场的中间市场形态，完全竞争市场和垄断市场中商业伦理问题同样适用于寡头市场。

2. 市场竞争中的主要非伦理行为

（1）商业混淆。商业混淆是指经营者使用混淆手段引人误认为是他人商品或者与他人存在特定联系的行为。常见的混淆手段包括：擅自使用与他人有一定影响的商品名称、包装、装潢等相同或者近似的标识；擅自使用他人有一定影响的企业名称、社会组织名称、姓名（包括笔名、艺名、译名等）；擅自使用他人有一定影响的域名主体部分、网站名称、网页等。

（2）侵犯商业秘密。侵犯商业秘密的行为包括：以盗窃、贿赂、欺诈、胁迫、电子侵入或者其他不正当手段获取权利人的商业秘密；披露、使用或者允许他人使用以前项手段获取的权利人的商业秘密；违反保密义务或者违反权利人有关保守商业秘密的要求，披露、使用或者允许他人使用其所掌握的商业秘密；等等。

(3) 故意损害名誉。经营者不得编造、传播虚假信息或者误导性信息，损害竞争对手的商业信誉、商品声誉。其中，经营者诱导他人（如新闻媒体、自媒体、电视台）编造或直接向其提供已编造的信息和线索的，也应追究经营者的相应责任；在判定时，被诋毁的对象并不一定要指名道姓，只要与特定主体相联系即可。

(4) 虚假宣传。虚假宣传是指经营者对其商品的性能、功能、质量、销售状况、用户评价、曾获荣誉等做虚假或者引人误解的商业宣传，欺骗、误导消费者的行为。经营者不得有或参与该行为，否则将严重扰乱正常的市场竞争秩序。另外，经营者也不得通过组织虚假交易、编造虚假信息等方式，帮助其他经营者进行虚假或引人误解的商业宣传，如刷单、炒信。

(5) 恶性低价竞争。恶性低价竞争是严重干扰市场竞争的非道德和非法行为。它又称倾销，是指经营者以排挤竞争对手为目的，以低于成本价格销售商品的行为。但下列情形下的低价销售并不属于此类：销售鲜活商品，处理有效期限即将到期的商品或者其他积压的商品，季节性降价，因清偿债务、转产、歇业降价销售商品。

(6) 价格操纵。价格操纵是指以获取不当利益或转嫁风险为目的，利用其资金、信息等优势或者滥用职权操纵市场价格的行为。价格操纵在证券期货市场中更为常见，在产品市场中更多的体现为哄抬物价、坐地起价等；而且，产品市场中的价格操纵往往利用的是消费者的困境且操纵时直接面对受害者。

(7) 商业贿赂。商业贿赂是指经营者以排斥竞争对手为目的，为争取交易机会，暗中给予交易对方有关人员和能够影响交易的其他相关人员以财物或其他好处的不正当竞争行为。商业贿赂是市场竞争中一种性质较为严重且在世界范围内普遍存在的非法、非伦理行为。商业贿赂的方式因贿赂的对象而异，因要考虑实用性、便利性和隐蔽性。总体而言，既有现金方式，也有非现金方式。常见的方式包括：支付现金、转账、代为付款、随礼金、赠送购物卡、赠送有价证券（包括股票、债券等）、提供各种佣金或费用、给予回扣、赠送实物、以其他形态给付或收受（如提供就业机会，减免债务，提供担保，免费娱乐、旅游、考察等财产性利益，以及就学、荣誉、特殊待遇等非财产性利益）。

3. 市场合作中的商业伦理

市场合作是指由于竞争的需要由两个以上市场主体（如企业）在平等互利的基础上联合起来，为实现某一确定利益，彼此自愿地约束各自独立的经济行为，通过协调作用而形成的联合行为，目的是实现所有合作成员共同的利益。从该意义上讲，任何商业和或社会活动、团体、组织均是建立在合作基础之上的。一般而言，合作本身的伦理还应包括平等自愿、互惠互利、共担责任、尊重多元。

（四）企业社会责任

1. 企业社会责任的内涵

企业社会责任（corporate social responsibility）的概念随着学者对企业是否应当承担社会责任的争论和社会对企业的要求而不断演化。社会责任与商业伦理密切相关。丹尼尔·雷恩曾指出，商业伦理与企业的社会责任之间的界线并不见得总是很明确。商业伦理以企业中的员工以及企业自身为规范对象，旨在通过内约和自律的方式来弥补法律未加以规范而又与社会的伦理和文化相冲突的一些商业行为，让员工行为和企业行为合乎社会伦理和价值规范；而企业的社会责任，就是指企业在追求其基本经济目标的同时，对于利益相关方承担义务。某种意义上，可以将企业承担社会责任视为遵守商业伦理的必然结果。无论是商业伦理还是企业社会责任，对企业发展都具有十分重要的意义，表现为促进企业创新经营管理理念，营造良好的企业精神，维护企业与各方的理解与信任关系，实现企业的可持续发展等。

2. 企业社会责任的发展历程

无论国际还是国内，企业社会责任的发展均经历了一个长期过程，并已取得积极进展和重要成效。如 2015 年，联合国大会一致通过了《2030 年可持续发展议程》，提出了实现全球可持续发展的 17 个目标和 169 个子目标，其中特别强调了企业在推进全球可持续发展中的重要作用，进一步将企业社会责任与全球可持续发展融合起来。在国内，党的十八届三中、四中、五中全会文件都强调加强社会责任。党的十九大报告提出要树立以人民为中心的发展思想，落实创新、协调、绿色、开放、共享五大发展理念，坚持可持续发展战略，实现高质量发展，这些都为企业履行社会责任提出了要求，指明了方向。截至 2019 年，全国已经有 2 000 多家企业发布了社会责任报告，许多企业建立了社会责任管理的组织架构与制度体系。

3. 企业社会责任的管理内容

所谓企业社会责任管理，指企业在社会责任理念指导下，以构建可持续的竞争优势为目标，以协调处理企业与利益相关方的关系为核心，有效管理好企业运营对利益相关方、社会和环境的影响，促进企业竞争力提升与经济社会环境可持续发展的有机协调的管理过程。企业社会责任管理主要围绕七大责任议题领域展开：完善公司治理、尊重人权、和谐劳动关系、保护环境、坚持公平运营、保护消费者权益、支持社区发展。

4. 企业社会责任的实践

企业社会责任实践既包括企业自身的社会责任管理实践行为，也包括政府、行业协会、专业机构等外部机构推动更多企业履行社会责任的举措与行动。近年来，我国各行各业的企业在国内外的经营活动中日益注重将社会责任理念融入企业的战略与业务活动中，取得了很好的成效。

二 习题

（一）判断题

1. 股东享有的权利可分自益权和共益权。其中，共益权是目标，自益权是手段。（　　）

2. 占用、滥用公司资产属于不道德行为，但不违法。（　　）

3. 作为公司的股东，无论是否在公司内部担任职务，均应有权知晓企业运营、管理、治理等方面的相关信息。（　　）

4. 管理层的诚信披露责任既包括对治理层的定期和不定期报告与披露，也包括其与治理层共同做出的披露。（　　）

5. 管理层、治理层不属于公司员工。（　　）

6. 允许部分股东所拥有的每一股份拥有多份表决权或少于一份的表决权均属于同股不同权。（　　）

7. 按照竞争程度，可将竞争市场分为完全竞争、垄断和不完全竞争三种形式。不同形式的竞争市场具有不同的市场运行机制，但存在相同的商业伦理问题。（　　）

8. 商业贿赂的方式因贿赂对象而异，因要考虑实用性、便利性和隐蔽性。（　　）

9. 1976 年，经济合作与发展组织（OECD）发布《跨国公司行为准则》，要求更加保护利害相关人士和股东的权利，提高透明度，并加强问责制。（　　）

10. 政府、行业协会、专业机构等外部机构推动更多企业履行社会责任的举措与行动不属于企业社会责任实践。（　　）

（二）单项选择题

1. 下列可能不符合商业伦理规范的是（　　）。

A. 同股不同权

B. 企业禁止从不尊重人权、无人性道义的企业采购物资

C. 企业在生产过程中提供健康、安全的工作环境

D. 员工努力工作以达成公司目标并获得薪酬与职业升迁

2. 下列属于对产品及其相关事项的暗示性描述的是（　　）。

A. 使用有效期

B. 相关鉴定证书

C. 向客户承诺无条件退款且无其他特别说明

D. 试用期限和无条件退款的期限与情形

3. 下列关于商业贿赂的说法正确的是（　　）。

A. 代理费属于一种商业贿赂　　B. 润滑贿赂属于一种商业贿赂

C. 是一种被强迫的付出　　D. 是一种主动行为

4. 有关商业伦理与企业社会责任的描述，下列说法不正确的是（　　）。

A. 商业伦理以企业中的员工以及企业自身为规范对象

B. 企业的社会责任，就是指企业在追求其基本经济目标的同时，对于利益相关方承担义务

C. 社会责任与商业伦理是两个截然不同的概念，它们之间有十分明确的界线

D. 企业承担社会责任可视为遵守商业伦理的必然结果

5. 下列不属于董事的伦理责任的是（　　）。

A. 底线思维、客观决策

B. 勤勉监督董事及管理层的工作和行为

C. 专业性与判断性兼具

D. 独立性与监督性融合

6. 股东享有的自益权包括资产收益权、退股权、优先受让和认购新股权以及（　　）等。

A. 决策参与权　　B. 知情权

C. 股东身份权　　D. 选择和监督管理者权

7. 2016 年，年仅 22 岁的魏则西因癌症去世。他此前曾相信百度上关于“免疫治疗法”癌症治愈率高达 90%的广告，花了高昂医药费用却毫无效果。该事件体现了企业违反了营销的道德的（　　）。

A. 不虚假、夸大宣传　　B. 不搞恶俗、弘扬正能量

C. 不欺弱小、不强买强卖　　D. 不投机取巧、故意混淆

8. 企业间合作本身的伦理不包括（　　）。

A. 无须共担责任　　B. 建立在平等自愿的基础上

C. 进行互惠互利　　D. 尊重多元以及个体选择

9. 2020 年新冠肺炎疫情时期，浦发银行向武汉市慈善总会捐赠人民币 2 000 万元，用于支持新冠肺炎疫情防控工作，这类公益营销属于（　　）。

A. 销售分成型　　B. 公益捐赠型

C. 公益事业冠名型　　D. 设立基金或奖项型

10. 道德的营销不包括（　　）。

A. 社群营销　　B. 社会营销　　C. 绿色营销　　D. 公益营销

11. 关于完全竞争市场，以下说法正确的是（　　）。

A. 完全竞争市场促使人们逐渐形成忠诚、善良和关怀的美德

B. 完全竞争市场重视需求、发展及平等的正义

C. 完全竞争市场重视社会总效用最大化

D. 完全竞争是市场通过引导买方和卖方以完美的效率划分、使用和分配商品，使他们的效用最大化

12. 下列不属于侵犯商业秘密的是（　　）。

A. 以盗窃、贿赂、欺诈、胁迫、电子侵入或者其他不正当手段获取权利人的商业秘密

B. 通过组织虚假交易、编造虚假信息等方式，帮助其他经营者进行虚假或引人误解的商业宣传

C. 披露、使用或者允许他人使用以前项手段获取的权利人的商业秘密

D. 违反保密义务或者违反权利人有关保守商业秘密的要求，披露、使用或者允许他人使用其所掌握的商业秘密

13. 下列关于企业社会责任的说法正确的是（　　）。

A. 企业社会责任与商业伦理是完全不同的内容

B. 企业社会责任的履行以能给企业带来收益为前提

C. 企业履行社会责任时不应考虑成本与代价

D. 企业社会责任与企业价值实现存在协调统一的可能

14. 下列不属于商业贿赂方式的是（　　）。

A. 赠送购物卡、赠送有价证券（包括股票、债券等）

B. 提供各种佣金或费用、给予回扣

C. 赠送节日卡片并微信发送祝福

D. 赠送实物

15. 下列不属于不正当竞争行为的是（　　）。

A. 商业贿赂　　B. 恶性低价竞争

C. 蓄意抹黑对手　　D. 性别、种族歧视

16. 下列不属于商业合作中的商业伦理的是（　　）。

A. 商业混淆行为　　B. 平等自愿、互惠互利

C. 共担责任　　D. 尊重多元

17. 大白兔与大白免两家奶糖生产企业最可能涉及的伦理争端是（　　）。

A. 夸大、虚假宣传　　B. 商业混淆行为

C. 故意损害名誉　　D. 价格操纵行为

18. 新冠肺炎疫情期间，“天价口罩”凸显了相关企业违反的商业伦理类型是（　　）。

A. 恶性价格竞争　　B. 虚假宣传

C. 操纵价格行为　　D. 侵犯商业秘密

19. “兵不厌诈”最可能反映的商业伦理是（　　）。

A. 股东与管理层伦理　　　　B. 市场竞争与合作伦理
C. 雇员与员工伦理　　　　D. 消费者关系中的伦理

20. 下列说法正确的是（　　）。
A. 合法的产品一定是符合道义的
B. 符合道义的产品一定是合法的
C. 合法与合乎道义并非一一对应关系
D. 不存在既不合法又不合乎道义的产品

（三）多项选择题

1. 商业伦理的核心领域包括（　　）。
A. 公司治理中的商业伦理　　　　B. 消费者关系管理中的商业伦理
C. 市场竞合中的商业伦理　　　　D. 企业社会责任

2. 下列属于公司治理中最直接相关的利益相关者的有（　　）。
A. 股东　　B. 治理层　　C. 管理层　　D. 员工

3. 下列属于管理层勤勉尽责的含义的有（　　）。
A. 应担起责任、勤奋负责，而不是寻找机会偷懒和享受
B. 应主动学习新知识、了解新环境、掌握新信息
C. 应披露任何可能造成利益冲突的事项
D. 对于可疑和重大的事项应保持足够的谨慎并展开调查、落实整改

4. 雇主伦理包括（　　）。
A. 尊重多元、反对歧视
B. 尊重自由、保护隐私
C. 尊重公司文化和具有良好工作技能
D. 重视人文关怀

5. 市场竞争中的主要非伦理行为包括（　　）。
A. 商业混淆　　　　B. 侵犯商业秘密
C. 价格操纵　　　　D. 商业贿赂

6. 下列关于多重股权结构的说法正确的有（　　）。
A. 本质上是一种同股不同权的股权设置形式
B. 在所有国家均是不被允许的
C. 是股东权利不平等的直接体现，不符合商业伦理要求
D. 能够发挥核心人员的核心能力，一定程度上有助于股东价值实现

7. 下列有关管理层的商业伦理，论述错误的有（　　）。
A. 忠诚与诚信报告与披露存在对立性
B. 诚信报告与披露与保密性存在矛盾

C. 忠诚与勤勉尽责具有一致性

D. 竞业禁止损害了管理层的职业自由，因此不在伦理规范之内

8. 治理层伦理的内容包括（　　）。

A. 股东伦理　　B. 董事伦理　　C. 监事伦理　　D. 总裁伦理

9. 下列关于员工伦理，表述错误的有（　　）。

A. 每个员工都是自由而独立的，应不受雇主的任何约束

B. 应尊重员工的隐私

C. 员工应勤勉、忠诚、可靠

D. 当公众利益与雇主利益存在冲突时，员工应坚决维护雇主利益

10. 下列行为违反了雇主伦理的有（　　）

A. 雇主要求员工填列宗教信仰、价值取向、婚姻状况、财产所得等信息

B. 因员工工作不力，雇主对其进行语言羞辱

C. 因员工工作疏忽，雇主对其进行批评并扣除奖金

D. 对于患癌症的员工，予以辞退

11. 下列产品可能属于“合法但不合道义”的有（　　）。

A. 香烟　　B. 毒品　　C. 青少年游戏　　D. 高利贷

12. 下列关于产品或服务的伦理，表述错误的有（　　）。

A. 为提供安全、高质的产品或服务，应加强采、产、销全过程的管控

B. 产品或服务的安全与质量是第一位的，其他方面的伦理问题可先搁置

C. 为了节约人工成本，可使用工资低但灵巧度高的童工

D. 为了获得稀缺的原材料，可采用“悬赏”供应商特定人员的方式

13. 下列关于道德营销的表述正确的有（　　）。

A. 道德营销就是道德说教

B. 道德营销就是不虚假宣传

C. 道德营销包括营销的道德和道德的营销

D. 不搞恶俗、弘扬正能量属于营销的道德所规制的范畴

14. 下列属于商业混淆行为的有（　　）。

A. 擅自使用与他人有一定影响的商品名称、包装、装潢等相同或者近似的标识

B. 擅自使用他人有一定影响的企业名称、社会组织名称、姓名

C. 披露、使用或者允许他人使用以前项手段获取的权利人的商业秘密

D. 诱导新闻媒体编造或直接向其提供已编造的信息和线索的

15. 下列对于企业社会责任的理解正确的有（　　）。

A. 当社会责任能给企业带来价值时，企业才需履行

B. 企业社会责任实质上是其对利益相关者的责任

C. 企业社会责任与企业价值最大化并不一定冲突

D. 处于发展初期的企业可以承担更少的社会责任

（四）简答题

1. 内部（大）股东对于外部（中小）股东的商业伦理包括哪些内容？

2. 管理层忠诚责任包括哪些方面？管理层应该如何处理利益冲突的问题？请举出三个现实中违反忠诚责任的例子。

3. 员工伦理的核心是什么？员工的不道德行为的表现形式包括哪些？一般性的商业伦理规范通常对员工有哪些要求？

4. 企业对消费者的道德责任分为哪几类？企业为履行道德责任，应该采取什么措施？

5. 道德营销有哪几种解释？分别体现在哪些方面？

6. 企业社会责任管理的责任议题领域包括哪些？

（五）案例分析

“最拼上市公司董事长”翻墙偷拍被警方带走①

2020 年 4 月 20 日，中电电机开盘涨停。消息面上，据媒体报道，2020 年 4 月 18 日下午，中电电机（603988.SH）创始人、原董事长王建裕翻墙进入竞争对手华永电机厂区拍摄，被工作人员发现并控制后报警，当地警方随后将其带走调查。

媒体报道：上市公司高管翻墙偷拍同行

在此前的媒体报道中，2020 年 4 月 18 日下午，王建裕通过翻墙进入华永电机生产车间，之后径直走向车间，并用手机拍摄了车间内包括大功率海上电机在内的新产品及生产线。华永电机由此认为，王建裕涉嫌“窃取我们最核心的商业机密”，并于随后报警处理。另外，根据报道，警方到场前，王建裕还曾一度试图脱离工作人员控制，但最终由保安控制住，并移交给警方处理。

据国际金融报，宜兴华永电机有限公司某部门员工李玉（化名）告诉表示：“王建裕昨天（4 月 18 日）下午进入厂区之后，被车间主任看到他鬼鬼祟祟地走来走去，后将他拦住送出时碰到了我，以为我们相互认识就跟我说了一下。我说我不认识，然后他就一个人在前面走着，随后我觉得这人挺奇怪，就跟了过去。结果发现，他并没有直接出我们公司，而是分别去到食堂和操场看了一圈，这时我觉得他实在是可疑，赶紧把保安叫过来上前去询问他的身份，问他是谁他也没说，后来他想走被保安控制住，最后被带到了保安室。”

王建裕被带进保安室之后有一些紧张，一开始并没有交代自己身份。“因来路

---

① 改编自韩迅．“最拼上市公司董事长”翻墙偷拍被警方带走，1.4 万股东懵了！．

不明，我们要求他将手机拿出检查，才发现他手机中已经拍有很多厂里设备的照片，当即要求他将这些照片全部删除。他删照片时，我发现有些照片的部件和我们的看上去差不多，他说是他们厂里的，所以可以判断他是同行了”。

两家公司为竞争对手

资料显示，华永电机成立于2009年8月，位于无锡宜兴市，主要从事风力发电机配套生产业务，公司累计装机5 000余台风机，分布在全国170多个风场。

据证券时报，中电电机以前主要做民用电机，而华永电机主要做专有电机，华永电机方面表示："我们处于同一个行业的两个应用领域，近几年随着外贸和国内民用电机竞争愈发激烈，他们去年也开始往风力发电转型。"

在今年初的国电联合动力招标会上，华永电机中标，"此次招投标中电电机也参与其中，据了解该公司并未中标。"华永电机方面强调称，此前两家公司并无商业往来，王建裕和公司也没有交集。

也正是在这样的背景下，王建裕私自进入公司生产车间拍照的行为，引发华永电机方面的担忧，"他作为行业内的人士，拍摄了我们的生产线和新产品，窃取我们最核心的商业机密，所以我们也就报警了。"

案例研讨问题

1. 商业伦理的本质是什么？企业在商业活动中须遵守的商业伦理核心领域可分为哪几个方面？

2. 王建裕的行为违反了市场竞争中的哪一类非伦理行为？除此之外，市场竞争中还包括哪些非伦理行为？

3. 有人认为，王建裕的行为体现了其勤勉尽责，符合商业伦理的要求。你支持这一说法吗？请阐明理由。

三 推荐阅读材料

1. 曼纽尔·贝拉斯克斯．商业伦理：概念与案例．7版．刘刚，译．北京：中国人民大学出版社，2013.

2. 丹尼尔·雷恩．管理思想的演变．北京：中国社会科学出版社，1997.

3. 于惊涛，等．商业伦理：理论与案例．北京：清华大学出版社，2012.

4. Jensen M C. Agency Costs of Free Cash Flow, Corporate Finance and Takeovers. American Economic Review, 1986, 76(2): 323-329.

5. Jensen M, Meckling W. Theory of the Firm: Managerial Behavior, Agency Costs and Ownership Structure. Journal of Financial Economics, 1976, 3, 305-360.

6. Jiang G, Lee C M C, Yue H. Tunneling Through Inter-corporate Loans: The

China Experience. Journal of Financial Economics,2010,98:1-203.

7. Johnson S,La Porta R,Shleifer A,et al. Tunneling. American Economic Review,2000,90(2):22-27.

8. Thomas G,Klonoski R J. Business Ethics. 2nd ed. Englewood Cliffs,NJ: Prentice-Hall. 1986.

四 附加模块

无

五 参考答案

（一）判断题

1. ×	2. ×	3. √	4. √	5. ×
6. √	7. ×	8. √	9. √	10. ×

（二）单项选择题

1. A	2. C	3. D	4. C	5. B
6. C	7. A	8. A	9. B	10. A
11. D	12. B	13. D	14. C	15. D
16. A	17. B	18. C	19. B	20. C

（三）多项选择题

1. ABCD	2. ABCD	3. ABD	4. ABD	5. ABCD
6. AD	7. ABD	8. BC	9. ABD	10. ABD
11. AC	12. BCD	13. CD	14. AB	15. BC

（四）简答题

1. 股东伦理包括以下方面的内容：

(1) 保护股东的资产收益权。对于外部股东而言，他们也是公司的所有者，但不是控制者和使用者。所有权与控制权的分离，为内部股东侵占外部股东的利益提供了机会和激励。

(2) 保障股东的决策参与权。每位股东均享有参加股东大会的权利，不应受任何有意或无意的限制与阻挠。比如，在召开股东大会会议前，应当将会议召开的时间、地点和审议的事项于会议召开二十日前通知各股东。

(3) 支持股东的提案权。在投资者保护水平不高和投资者权利意识较弱时，外部中小股东维护自身利益的途径有限，“用脚投票”(即卖出公司股票，“惹不起，躲得起”)是最直接、最省事的方式。特别是当有些公司可能以“同股不同权”的合理性为掩护而肆意践踏中小股东利益时，更是如此。

(4) 落实股东的知情权。作为公司的股东，无论持股比例大小或是否在公司内部担任职务，均应有权知晓企业运营、管理、治理等方面的相关信息。特别是投资者广泛且人数众多的上市公司，更要落实外部股东的知情权。

2. 管理层的忠诚责任包括不能在未获得委托人(股东)同意的情况下作出对委托人不利的决策和行动，也不能在未获得委托人(股东)同意的情况下代表其对委托人不利的人采取行动。

管理层应按照道德要求处理个人和专业关系中的利益冲突问题，披露任何可能造成利益冲突的事项，对违反伦理守则的行为及时进行内部报告，建立并遵守公司伦理守则责任制等。

违反忠诚责任的例子包括隐瞒问题、推卸责任、内幕交易、与公司竞争业务(即竞业行为)、盗取或转移公司资产等。

3. 员工伦理的核心是职业伦理：员工努力工作以达成公司目标并获得薪酬与职业升迁，员工需担当起勤勉审慎、忠诚于公司目标的责任，不能为谋求个人利益而损害公司利益。

员工的不道德行为可能演变成严重的违法行为，其表现形式包括：工作敷衍不尽责、与公司存在利益冲突、假借工作职能接受礼物，甚至接受商业贿赂或敲诈交易对象、窃取公司财物、泄露公司商业秘密等。

从契约责任出发，员工只要遵守了公司制定的伦理规范和伦理守则，就被视为尽到了道德责任。一般性的商业伦理规范通常要求员工应勤勉、忠诚、可靠，具有主动、负责的工作态度和良好的团队合作精神，而尊重公司文化和具有良好工作技能也被视为重要的伦理规范。

4. 企业对消费者的道德责任可分为两类：第一类，生产和提供满足消费者正当需求，且合法、合乎道义的产品和服务(即“提供什么”)；第二类，保证所出售产品和服务的质量，维护消费者在消费过程中的各项权利(即“如何提供”)。

企业为履行道德责任应采取如下措施：

(1) 提供满足消费者正当需求的产品。基于合法和道义两个维度，可将生产的产品和提供的服务划分为四类，每一类产品和服务均对应相应的伦理道德要求。第Ⅰ类产品：合法且合道义。这类产品和服务满足了公众的正当性需求，为社会所认可与接受。对于这类产品和服务，企业的道德责任体现第二类道德责任，即“如何提供”，禁止“挂羊头卖狗肉”、以次充好、存在安全隐患等。第Ⅱ类产品：合法但不合道义。这类产品和服务在法律上被允许，但不符合道义或在道义上存在争议。对于这类产品与服务，要求企业履行更多的提醒职责（如标识“有害健康”）和承担更多的社会责任（如成立公益基金）。第Ⅲ类产品：不合法且不合道义。这类产品和服务具有较大的个体和社会危害性，为法律和道德所不能忍。第Ⅳ类产品：不合法但合道义。这类产品和服务仅存在理论的可能性，在现实中基本不存在。即使存在，作为有责任的企业也应尽量不去探索这些“黑色地带”。

（2）产品或服务的安全与尽责问题。企业应保证其所出售产品和所提供服务的质量和安全性。为此，企业应制定规范的产品生产和服务提供标准与流程，明确关键节点（特别是涉及使用者身心健康安全的风险点）和权责归属，并加强过程管控。若企业不生产产品，则有责任对拟和已采购产品的质量、可靠性、安全性进行审慎检查。对于售后发现问题的产品，企业有责任采取措施予以补救，包括无偿维修、召回，并依法赔偿消费者的损失。

5. 道德营销是指通过合乎伦理的方式提供能够增加社会福利和社会效益的产品与服务，以实现企业自身的生存和发展。道德营销可有两种解释：一是营销过程中应遵循的伦理道德规范（“营销的道德”）；二是以宣扬伦理道德为载体，旨在实现企业、消费者、社会三者之间协调与统一的营销方式（“道德的营销”）。

营销中的伦理道德规范集中体现但不限于以下方面：（1）不虚假、夸大宣传。（2）不搞恶俗、弘扬正能量。（3）不欺弱小、不强买强卖。（4）不投机取巧、故意混淆。（5）不收买、不造假口碑。（6）保护他人隐私、不骚扰他人。

道德的营销包括以下三方面：（1）公益营销。公益营销的基本理念是将公益活动作为市场营销的载体，通过开展公益活动来达到营销的目的。（2）绿色营销。绿色营销的核心理念是将企业利益、消费者利益和生态环境保护三者有机地结合起来。通常，企业以低碳环保、可持续发展、保护生态等理念为号召，通过资源节约、减少环境污染、保护生态环境、促进可持续发展的举措，在满足消费者绿色消费需求的同时实现企业的商业目标。（3）社会营销。社会营销的核心理念在于倡导运用市场营销的原理和技巧来变革目标受众的行为，社会营销所销售的是一种行为，销售的目的在于促使目标受众接受、改变或者拒绝、放弃或者坚持某种行为，通过一系列社会营销的手段促使目标受众做出行为的自愿变革。

6. 企业社会责任管理的责任议题领域主要围绕七大责任议题领域展开：

（1）完善公司治理。公司治理既是公司社会责任管理的一个核心主题，又是增强企业提升其他社会责任管理工作能力的手段，主要包括在公司治理架构中建立社会责任决策领导机构和工作机制流程。

（2）尊重人权。尊重法律赋予企业员工的基本权利，即依法维护员工的基本人权是所有企业经营管理活动的前提和基础。员工工作中的基本权利主要包括：依法参加工会的自由和集体协商的自由；消除一切形式的强迫或强制劳动；有效废除童工劳动；消除就业和职业歧视。

（3）和谐劳动关系。建立和谐劳动关系的内容包括员工的招聘和晋升；纪律和投诉程序；员工的调岗和重新安置；劳动关系的终止；培训和技能开发；职业健康安全；影响工作条件的任何政策和做法，尤其是劳动时间和报酬。此外，还包括尊重员工依法参加和组织工会，支持工会组织的建立、员工依法开展民主管理及其他正常活动等。

（4）保护环境。企业的生产经营活动必然会对环境产生影响。这些影响可能涉及对资源的使用、生产经营场所、污染物和废弃物的产生，以及生产过程对气候变化、自然栖息地的影响等。为了减少对环境的影响，企业应当采取综合性的、系统的和整体的办法处理问题，最大化地减少对环境的负面影响。

（5）坚持公平运营。公平运营实践涉及企业与其他组织交往过程中的行为道德。具体主要包括反腐败和反商业贿赂；坚持公平竞争，反对不正当竞争；推动价值链成员接受和支持社会责任原则和实践；尊重有形产权和知识产权。

（6）保护消费者权益。保护消费者权益包括进行消费者教育和提供准确信息，采用公平、透明和有益的市场信息和合同程序，推动可持续消费，产品和服务的设计要考虑易用性。对消费者的责任还包括通过设计、制造、分销、信息提供、服务支持和撤回与召回等程序，最大限度地降低产品和服务的使用风险，同时保护个人信息安全和消费者隐私的责任。

（7）支持社区发展。社区参与和社区发展是企业促进可持续发展的重要内容。为了体现并增强自身的公民价值观，企业应当支持其所在社区，为社区发展作出贡献。（注：社区是指在地理位置上接近组织所在地或组织影响所及区域内的居民点或其他社会定居点，也可理解为具有某些共同特点的群体，如关注某个特殊问题的"虚拟"社区等。）企业支持社区发展不仅限于有关利益相关方的识别和参与层面，还包含对社区价值的认同。

（五）案例分析

1. 商业伦理的本质是商业活动中的人际关系之理、人与人相处的基本道理。

企业作为商业活动的组织者与实施者，需处理的基本伦理关系由内而外包括企业内部的利益相关者、产品市场中的利益相关者、商业活动中的竞争者和合作者以及社群环境中的利益相关者。据此，商业伦理的核心领域可分为公司治理中的商业伦理、消费者关系管理中的商业伦理、市场竞合中的商业伦理以及企业社会责任四大主题。

2. 属于侵犯商业秘密，以盗窃、贿赂、欺诈、胁迫、电子侵入或者其他不正当手段获取权利人的商业秘密。

其他市场竞争中的主要非伦理行为还包括：

（1）商业混淆。商业混淆是指经营者使用混淆手段引人误认为是他人商品或者与他人存在特定联系的行为。常见的混淆手段包括：擅自使用与他人有一定影响的商品名称、包装、装潢等相同或者近似的标识；擅自使用他人有一定影响的企业名称、社会组织名称、姓名（包括笔名、艺名、译名等）；擅自使用他人有一定影响的域名主体部分、网站名称、网页等。

（2）故意损害名誉。经营者不得编造、传播虚假信息或者误导性信息，损害竞争对手的商业信誉、商品声誉。其中，经营者诱导他人（如新闻媒体、自媒体、电视台）编造或直接向其提供已编造的信息和线索的，也应追究经营者的相应责任；在判定时，被诋毁的对象并不一定要指名道姓，只要与特定主体相联系即可。

（3）虚假宣传。虚假宣传是指经营者对其商品的性能、功能、质量、销售状况、用户评价、曾获荣誉等做虚假或者引人误解的商业宣传，欺骗、误导消费者的行为。经营者不得有或参与该行为，否则将严重扰乱正常的市场竞争秩序。另外，经营者也不得通过组织虚假交易、编造虚假信息等方式，帮助其他经营者进行虚假或引人误解的商业宣传，如刷单（店家付款请人假扮顾客，用以假乱真的购物方式提高网店的排名和销量获取销量及好评吸引顾客）、炒信（在电子商务及分享经济领域以虚构交易、好评、删除不利评价等形式为自己或他人提升信用水平）。

（4）恶性低价竞争。恶性低价竞争是严重干扰市场竞争的非道德和非法行为。它又称倾销，是指经营者以排挤竞争对手为目的，以低于成本价格销售商品的行为。但下列情形下的低价销售并不属于此类：销售鲜活商品，处理有效期限即将到期的商品或者其他积压的商品，季节性降价，因清偿债务、转产、歇业降价销售商品。

（5）价格操纵。价格操纵是指以获取不当利益或转嫁风险为目的，利用其资金、信息等优势或者滥用职权操纵市场价格的行为。价格操纵在证券期货市场中更为常见，在产品市场中更多的体现为哄抬物价、坐地起价等；而且，产品市场中的价格操纵往往利用的是消费者的困境且操纵时直接面对受害者。因此，产品市场中的价格操纵更直接体现为伦理和道德的缺失。

（6）商业贿赂。商业贿赂是指经营者以排斥竞争对手为目的，为争取交易机会，暗中给予交易对方有关人员和能够影响交易的其他相关人员以财物或其他好处的不正当竞争行为。商业贿赂是市场竞争中一种性质较为严重且在世界范围内普遍存在的非法、非伦理行为。

3. 不支持。

虽然从中电电机及其股东的角度看，王建裕的初衷是企业及其股东创造价值，充分体现了其勤勉尽责和保护股东资产收益权的一面，但是“勤勉尽责”和“保护资产收益权”的基本前提是合法或（和）合乎商业伦理的。案例中，王建裕的行为显然是既不合法也不合乎商业伦理规范的。

第三章

数字时代商业伦理

一、本章概要

二、习题

三、推荐阅读材料

四、附加模块

五、参考答案

一 本章概要

数据伦理与人工智能伦理是数字时代商业伦理的两大核心主题。其中，数据伦理问题通过数据滥用、数据安全、数据霸权、算法霸权和算法歧视等形式呈现出来，而人工智能伦理问题则通过人工智能是否具备主体资格、算法是否道德、设计是否符合社会规范以及是否会危害人类社会等形式呈现出来。为此，世界各国或民间组织纷纷致立于数据伦理和人工智能伦理的实践探索。本章在描述数字时代商业变革的基础上，重点阐述数字时代的数据伦理、人工智能伦理，以及数字时代商业伦理的基本原则和各国的立法实践。

（一）数字时代的商业变革趋势

1. 数据的价值

数据的价值体现为其潜在价值，是其所有可能用途的总和，主要通过数据再利用、数据重新组合、增强数据可扩展性、及时更新数据库、合理利用数据废气以及实现数据共享等手段挖掘数据背后隐藏的价值（维克托·迈尔-舍恩伯格、肯尼思·库克耶，2013），具体如下表所示。

数据的价值

序号	数据价值类型	具体含义
1	数据再利用	通过数据挖掘等手段，分析不同事物之间的相关关系，进而为数据使用者提供有价值的信息。
2	数据重新组合	当使用者将多个数据集重新组合，则重组后的数据价值大于单个数据集加总后的价值，即实现“1+1>2”的功能。
3	增强数据可扩展性	鼓励收集的数据具有多用途的特性。
4	及时更新数据库	及时更新数据库中的数据，从而增加数据利用的潜在价值。
5	合理利用数据废气	利用大量被丢弃的数据创造新的竞争优势。
6	实现数据共享	政府掌握着世界上绝大部分有价值的数据，但其利用数据的效率往往比较低，企业或社会对数据的利用比政府更有效率，也更具创新性，因此应当实现政府数据共享。

2. 大数据驱动的商业变革

数据价值正在引发商业领域发生系统性变革，大数据成为公司竞争力的主要来源之一，并形成大数据价值链。大数据价值链包括数据生成、数据采集、数据存储以及数据分析四个阶段。在大数据价值链中，能为企业提供价值的来源包括数据本身、数据分析技能和数据分析思维三个方面，因此，未来将出现三种不同类型的公司，即基于数据本身的公司、基于数据技术的公司以及基于数据思维的公司（维克托・迈尔-舍恩伯格、肯尼思・库克耶，2013）。

（1）基于数据本身的公司。在数字时代，数据是价值链的最核心部分，掌握数据的公司处于数据价值链最好的位置。该种类型的公司一方面可以扩大数据规模，挖掘数据的潜在价值，从而增强其核心竞争力；另一方面可以与其他公司进行合作，达到挖掘数据潜在价值的目的。

（2）基于数据技术的公司。基于数据技术的公司是指本身拥有大量的数据科学家或数据分析师，并主要依靠其挖掘数据背后的潜在价值的公司。其特点在于数据科学家或数据分析师知道运用何种逻辑去分析数据，并向公司决策层解释用户行为数据与商业价值之间的关系，而公司决策层可以依据数据分析结果作出科学、合理的决策。

（3）基于数据思维的公司。基于数据思维的公司是指具备数据处理的意识，认为公开的数据一旦处理得当就能为千百万人急需解决的问题提供答案的公司。该种类型的公司优势在于，尽管其本身不拥有数据分析的专业技能，但其思维不受限制，只考虑可能性，将可行性留给其他公司或个人考虑。

2. 人工智能驱动的商业变革

人工智能的商业价值主要体现为客户体验、新增收入和成本降低三个方面，人工智能通过决策支持与增强、决策自动化以及虚拟代理等手段正在构建未来智慧商业的应用场景（Lovelock and Tsai，2018）。

（1）经营管理决策支持与增强。人工智能拥有强大的自动化数据收集与处理能力，同时能准确预测各种不同因素对企业经营管理的影响，并形成数据分析结果，进而对企业经营管理决策起到支持或增强作用。由此，人机协作的经营管理场景将越来越普遍。

（2）自动完成企业经营过程。未来无须人类介入的智慧商业场景将越来越多。面对复杂业务问题，人工智能依据数据和算法所作出的自动化行为决策往往会优于人类。企业经营的自动化首先是常规性经营的自动化，其次是对非常规性经营进行碎片化，进而实现企业非常规性经营的自动化，就像将无人驾驶碎片化后，非常规性的驾驶实现自动化一样。

（3）虚拟代理客户交流。在数字时代，人工智能将重构移动社交、智能搜索、医疗诊断和虚拟助理等领域（陈炳祥，2017），由企业员工完成的客户交流很可能被人工智能所取代，而这种虚拟代理不仅可以规避人类因情绪对客户造成的伤害，进而让客户体验得到大幅提升，还可以借助大数据、云计算等自动识别客户身份，根据客户消费数据定制个性化消费需求，同时将客户消费数据自动传递到企业数据库。由此，人工智能将成为客户管理的重要工具，进而演变为客户关系管理的核心系统。

（二）数字时代的商业伦理困境

1. 数据伦理困境

数据伦理问题主要以非法采集数据、数据安全、数据滥用、数据霸权以及数据算法带来的价格歧视与市场垄断这几种形式呈现出来。

(1) 非法采集数据与数据权。从以人为本走向以数据为本、用数据主义取代人本主义是数字时代的核心主张之一。数据主义主张信奉电子算法，推崇黑箱算法；而人本主义重视人的自由，维护人的尊严。因此，数据主义正在挑战人本主义的观念，主张人的价值应当让位于数据的价值（张贵红，2019）。商业领域若遵循这一理念，必然对人的数据权利形成危险。

(2) 数据安全与隐私权。数据安全问题主要在于数据泄露导致对隐私权的侵犯。数据安全对于维护个人或群体尊严至关重要，数据泄露将侵犯个人或群体的隐私权，进而限制人的自由和影响社会公平。

(3) 数据滥用与隐私权。数据滥用同样会对隐私权造成侵害。一方面，在数字时代，处于“孤岛”的数据价值相对较低，而运用数据连接、数据合并等大数据技术手段整理后的数据价值相对较高。因此，企业往往将处于不同“孤岛”的数据连接起来，这可以为企业提供巨大的潜在利益。另一方面，大数据的共享开放行为和出售行为也会导致数据滥用。

(4) 数据霸权与社会公平。数据霸权问题主要体现在互联网企业是在大家认识到数据的价值之前，就完成了对数据的积累。个人不享有数据资源的所有权、不享有数据资料的开发使用权和不享有大数据产业创造财富的权利。数字时代的数据霸权正在挑战社会正义与社会公平，即成为影响社会发展的一道隐形障碍，可能会造成数字时代“强者越强，弱者越弱”的马太效应（张煌，2019），其一方面表现为少数企业凭借数据垄断优势，可以轻松地获取高额利润，如互联网公司不断通过并购实现数据“孤岛”的互联，垄断大量数据资源；另一方面表现为中小企业和普通创业人员因没有掌握数据资源而面临经营发展的困境。

(5) 数据算法、价格歧视与市场垄断。数据算法导致的价格歧视是指通过定价算法预测消费者的消费者偏好和心理价位，进而达到实现价格歧视的目的。而数据算法使得超级平台、网络公司、程序开发商和商家通过计算机或数据实现合谋垄断。

2. 人工智能伦理困境

人工智能在社会经济各个领域的应用正在引发新的商业伦理问题。人工智能的商业化使得人们不得不考虑人工智能的伦理哲学、算法道德、设计伦理以及社会伦理问题。

(1) 人工智能的伦理哲学。在机器不伤害人类的前提下，人工智能产品的伦理问题包括人工智能产品的主体地位、伦理责任和人机关系三个方面，即人工智能是否应当赋予商业主体资格，人工智能产品被移植情感和自由意志后，其能否应对不良情绪对企业经营管理以及消费群体的伤害；人工智能的权利义务如何界定；如何处理人机关系问题。

(2) 人工智能的算法道德。算法道德需要考虑的是如何通过道德算法将当前人类社会多元化的商业伦理体系嵌入人工智能产品中，来避免人类社会新型的贿赂、胁迫、欺骗、偷窃、歧视等现象的出现。

(3) 人工智能的设计伦理。人工智能产品或技术在为消费者提供服务的过程中不应存在价值偏见。然而，人工智能产品或深度学习依赖的数据往往带有一定的偏见。人工智能产品或技术并不能像人类一样自觉抑制这种偏见或歧视，这就要求设计人员设计出符合人类社会道德规范的产品，平衡不同道德、宗教、政治和民族风俗之间的矛盾；否则，公司研发的人工智能产品或技术只能成为商业伦理困境的加速器。

(4) 人工智能的社会伦理。人工智能的社会伦理考虑的是人工智能机器一旦拥有情感和自主意识，并进化为超级智能体，其可能对社会造成的破坏和冲击。即使不能进化为超级智能体，若被道德缺失的人所利用和控制，是否会对社会造成巨大危害？人工智能机器人能否阻止道德缺失的破坏行为？

（三）数字时代的商业伦理原则

1. 数据伦理的基本原则与实践探索

(1) 数据伦理的基本原则。在数字时代，数据伦理问题通过数据滥用、数据安全、数据霸权等表现形式呈现出来，其实质是对数据权、隐私权、人类自由和社会公平等的侵犯（李伦，2019）。为遏制数据驱动公司对消费者以及社会群体的危害，数据伦理应遵循如下基本原则。

数据伦理的基本原则

序号	基本原则	具体含义
1	隐私保护原则	掌握数据的企业应当最大限度地保护个体隐私，遵循人性自由和尊严（李伦、黄关，2019）。

续表

序号	基本原则	具体含义
2	数据主体权利原则	构建一套保护个人尊严的防御性权利体系，让隐私权、信息访问权、更正权、删除权、撤销权、注销权、申诉权回归数据主体（GDPR，2018）。
3	数据安全原则	掌握数据的企业应当具备与所面临的安全风险相匹配的安全能力，并采取足够的管理措施和技术手段，保护个人信息的保密性、完整性、可用性（全国信息安全标准化技术委员会，2018）。
4	非歧视原则	应公平、公正、平等和一视同仁地对待商业领域的行为，不应持有主观偏见。
5	反垄断原则	大数据价值链上的公司不能凭借数据、分析技术以及数据思维优势阻碍自由竞争行为。
6	权责一致原则	大数据价值链上的公司应承担其个人信息处理活动对个人信息主体合法权益造成的损害责任。

（2）数据伦理的实践探索。为保护数字时代的数据权、隐私权、人类自由和社会公平等，欧盟、美国、中国等都开展了包括立法在内的实践探索。

数据伦理的实践探索

序号	国家或地区	具体法规
1	欧盟	《通用数据保护条例》(General Data Protection Regulations，GDPR)；《隐私与电子通信条例》（Regulation on Privacy and Electronic Communications)。
2	美国	在电信、金融、健康、教育以及儿童在线隐私等领域都有专门的数据保护立法。同时，美国正在制定首个联邦政府层面的《数据保护法案》(Data Care Act)。
3	中国	《信息安全技术　个人信息安全规范》（GB/T 35273—2017）对个人信息，个人敏感信息，个人信息收集，个人信息保存，个人信息使用，个人信息的委托处理、共享、转让、公开披露以及个人信息安全管理等方面进行了明确规范。此外，我国涉及个人信息安全保护方面的法律法规还包括《宪法》《刑法》《中华人民共和国网络安全法》《民法典》等。

2. 人工智能伦理的基本原则与实践探索

（1）人工智能伦理的基本原则。为了应对人工智能的伦理问题，在人工智能伦理的原则设定上应当遵循人的尊严和人权原则、预防伤害原则、公平性原则、可解释性原则以及权责一致原则这五大原则。

人工智能伦理的基本原则

序号	基本原则	具体含义
1	人的尊严和人权原则	根据政府承认的国际人权公约以及国际专业文件，国家必须通过规范、政策、研究和执法来确保人工智能产品或技术不侵犯人的尊严和人权（北京大学国家机器人标准化总体组，2019），不侵犯企业经营管理者的自主决策权。
2	预防伤害原则	人工智能不应该引发、加重伤害，对人类以及企业经营管理产生不利影响。
3	公平性原则	设计者设计人工智能产品时应嵌入社会伦理和商业伦理，在数据获取、算法设计、技术开发、产品研发和应用过程中消除偏见和歧视，以促进公平公正，保障利益相关者的权益，促进机会均等。
4	可解释性原则	人工智能整个决策的过程、输入和输出的关系都应该是可解释的，它包括两个方面：（1）故障可解释性，是指如果一个人工智能系统造成了损害，那么造成损害的原因应能确定；（2）司法可解释性，是指任何自动系统参与的司法判决都应提供令人满意的司法解释以被相关领域的专家接受。
5	权责一致性原则	对于设计者和使用者要明确相应的权责分配追究机制，避免相关人员借用技术推卸责任。

（2）人工智能伦理的实践探索。为防止人工智能对人类传统商业伦理以及社会价值观形成挑战，世界各国正积极致力于人工智能伦理的立法实践与探索。

人工智能伦理的实践探索

序号	国家或地区	具体法规
1	欧盟	《可信赖 AI 的伦理道德准则》（Ethics Guidelines from Trustworthy AI）。
2	美国	《阿西洛马人工智能 23 条原则》； 《人工智能设计的伦理准则》（IEEE）。
3	中国	《新一代人工智能治理原则——发展负责任的人工智能》，提出人工智能发展应遵循的八个原则。

二 习题

（一）判断题

1. 在数字时代，掌握数据分析技能的公司处于数据价值链最好的位置。（　　）

2. 人工智能自动完成经营过程指的是对常规性经营活动的自动化。（　　）

3. 用数据主义取代人本主义是数字时代的核心主张之一。（　）

4. 数据泄露会导致数据安全问题，而数据滥用才会导致对用户隐私权的损害。（　）

5. 数据霸权导致中小企业和普通创业人员因没有掌握数据资源而面临经营发展的困境。（　）

6. 反垄断原则是指大数据价值链上的公司不能凭借数据、分析技术以及数据思维优势阻碍自由竞争行为。（　）

7. 数据伦理的隐私保护原则是指掌握数据的企业应当具备与所面临的安全风险相匹配的安全能力，并采取足够的管理措施和技术手段，保护个人信息的保密性、完整性、可用性。（　）

8. 欧盟于 2016 年商讨通过了《数据保护法案》(Data Care Act)。（　）

9. 人工智能伦理的预防伤害原则是指人工智能不应该引发、加重伤害，对人类以及企业经营管理产生不利影响。（　）

10. 美国《阿西洛马人工智能 23 条原则》中，人工智能军备竞赛是指要加速自动化武器的装备竞赛。（　）

（二）单项选择题

1. 在大数据价值链中，能为企业提供价值的来源不包括（　）。

A. 数据本身　　B. 数据交易

C. 数据分析技能　　D. 数据分析思维

2. 人工智能的商业价值的主要体现不包括（　）。

A. 客户体验　　B. 新增收入　　C. 成本降低　　D. 价格歧视

3. 人工智能的第三次发展浪潮始于（　）。

A. 人工神经网络　　B. 深度学习

C. 云计算　　D. 5G 技术的兴起

4. 人工智能的伦理哲学问题不包括（　）。

A. 主体地位　　B. 道德责任　　C. 算法道德　　D. 人机关系

5. 以下各项是数据伦理的基本原则的是（　）。

A. 预防伤害原则　　B. 权责一致原则

C. 公平性原则　　D. 可解释性原则

6. 以下各项会直接对社会的公平正义形成挑战的是（　）。

A. 非法采集数据　　B. 数据泄露

C. 数据滥用　　D. 数据霸权

7. 以下几部数据保护法律中，制定时间最早的是（　）。

A.《数据保护指示》(Data Protection Directive 95/46/EC)

B. 《通用数据保护条例》(General Data Protection Regulations)

C. 《数据保护法案》(Data Care Act)

D. 《信息安全技术 个人信息安全规范》(GB/T 35273—2017)

8. 人工智能伦理的原则不包括（ ）。

A. 人的尊严和人权原则　　B. 公平性原则

C. 非歧视原则　　D. 权责一致性原则

9. 欧盟发布的《可信赖 AI 的伦理道德准则》(Ethics Guidelines from Trustworthy AI)，具体不包括（ ）。

A. 可信赖 AI 的基本条件　　B. 可信赖 AI 的基础

C. 可信赖 AI 的实现　　D. 可信赖 AI 的维护

10. 基于数据安全原则，掌握数据的企业应当保护个人信息的主要方面中，不包括（ ）。

A. 真实性　　B. 保密性　　C. 完整性　　D. 可用性

（三）多项选择题

1. 大数据价值链主要包括的阶段有（ ）。

A. 数据生成　　B. 数据采集　　C. 数据存储　　D. 数据分析

2. 基于大数据的公司包括（ ）。

A. 基于数据本身的公司

B. 基于数据技术的公司

C. 基于数据思维的公司

D. 同时具备数据、分析技术和数据思维的公司

3. 人工智能驱动的商业变革包括（ ）。

A. 经营管理决策支持与增强

B. 自动完成企业经营过程

C. 虚拟代理客户交流

D. 通过对数据得当的处理解决迫切的问题

4. 数据算法会导致形成新形式的合谋垄断的企业有（ ）。

A. 超级平台　　B. 网络公司　　C. 程序开发商　　D. 商户

5. 个人敏感信息包括（ ）。

A. 姓名　　B. 身份证号码

C. 消费记录　　D. 银行账户

6. 人工智能伦理的可解释性原则主要包括（ ）。

A. 技术可解释性　　B. 故障可解释性

C. 道德可解释性　　D. 司法可解释性

7.《新一代人工智能治理原则——发展负责任的人工智能》，提出人工智能发展应遵循的八个原则，包括（　　）。

A. 和谐友好　　B. 包容共享　　C. 安全可控　　D. 敏捷治理

（四）简答题

1. 大数据是如何驱动商业变革的？
2. 如何理解人工智能帮助企业实现自动化经营过程？
3. 请你谈谈数据伦理困境中市场垄断的形成机制。
4. 人工智能的设计伦理主要关注什么问题？应当如何解决？
5. 请你谈谈对数据主体权利原则的理解。
6. 数据伦理的权责一致原则主要涉及哪两个方面？其具体内涵是什么？
7. 如何理解人工智能基本原则中的预防伤害原则？其具体应遵循哪些规则？

（五）案例分析

农夫山泉用大数据卖矿泉水

上海城乡接合部九亭镇新华都超市的一个角落，农夫山泉的矿泉水静静地摆放在这里。来自农夫山泉的业务员每天例行公事地来到这个点，拍摄 10 张照片：水怎么摆放、位置有什么变化、高度如何……这样的点每个业务员一天要跑 15 个，按照规定，下班之前 150 张照片就被传回了杭州总部。每个业务员每天产生的数据量在 10M，这似乎并不是个大数字。农夫山泉全国有 10 000 个业务员，这样每天的数据就是 100G，每月为 3TB。当这些图片如雪片般进入农夫山泉在杭州的机房时，首席信息官（CIO）胡健的感觉是：守着一座金山，却不知道从哪里挖下第一锹。胡健想知道的问题包括：怎样摆放水堆更能促进销售？什么年龄的消费者在水堆前停留更久，他们一次购买的量多大？气温的变化让购买行为发生了哪些改变？竞争对手的新包装对销售产生了怎样的影响？不少问题目前也可以回答，但它们更多是基于经验，而不是基于数据。

从 2008 年开始，业务员拍摄的照片就这么被收集起来，如果按照数据的属性来分类，图片属于典型的非关系型数据，还包括视频、音频等。要系统地对非关系型数据进行分析是胡健设想的下一步计划，这是农夫山泉在大数据时代必须迈出的一步。如果超市、金融公司与农夫山泉有某种渠道来分享信息，如果类似图片、视频和音频资料可以系统分析，如果人的位置有更多的方式可以被监测到，那么摊开在胡健面前的就是一幅基于人消费行为的画卷，而描绘画卷的是一组组复杂的“0、1、1、0”。

SAP 全球执行副总裁、中国研究院院长孙小群接受《中国企业家》采访时表示，企业对于数据的挖掘使用分三个阶段，“一开始是把数据变得透明，让大家看到数据，能够看到数据越来越多；第二步是可以提问题，可以形成互动，很多支持的工具来帮我们作出实时分析；而 3.0 时代，信息流来指导物流和资金流，现在数据要告诉我们未来，告诉我们往什么地方走”。SAP 从 2003 年开始与农夫山泉在企业管理软件 ERP 方面进行合作。彼时，农夫山泉仅仅是一个软件采购和使用者，而 SAP 还是服务商的角色。到 2011 年 6 月，SAP 和农夫山泉开始共同开发基于饮用水这个产业形态中运输环境的数据场景。关于运输的数据场景到底有多重要呢？将自己定位成“大自然搬运工”的农夫山泉，在全国有十多个水源地。农夫山泉把水灌装、配送、上架，一瓶超市售价 2 元的 550mL 饮用水，其中 3 毛钱花在了运输上。在农夫山泉内部，有着“搬上搬下，银子哗哗”的说法。如何根据不同的变量因素来控制自己的物流成本，成为问题的核心。

基于上述场景，SAP 团队和农夫山泉团队开始了场景开发，他们将很多数据纳入进来：高速公路的收费、道路等级、天气、配送中心辐射半径、季节性变化、不同市场的售价、不同渠道的费用、各地的人力成本，甚至突发性的需求（如某城市召开一次大型运动会）。

在没有数据实时支撑时，农夫山泉在物流领域花了很多冤枉钱。比如，某个小品相的产品（350mL 饮用水），在某个城市的销量预测不到位时，公司以往通常是通过大区间的调运，来弥补终端货源的不足。“华北往华南运，运到半道的时候，发现华东实际有富余，从华东调运更便宜。但很快发现对华南的预测有偏差，华北短缺更为严重，华东开始往华北运。此时如果太湖突发一次污染事件，很可能华东又出现短缺。”这种没头苍蝇的状况让农夫山泉头疼不已。在采购、仓储、配送这条线上，农夫山泉特别希望借由大数据解决三个顽症：首先是解决生产和销售的不平衡，准确获知该产多少，送多少；其次，让 400 家办事处、30 个配送中心能够纳入体系中，形成一个动态网状结构，而非简单的树状结构；最后，让退货、残次等问题与生产基地能够实时连接起来。也就是说，销售的最前端成为一个个神经末梢，它的任何一个痛点，在大脑这里都能快速感知到。

“日常运营中，我们会产生销售、市场费用、物流、生产、财务等数据，这些数据都是通过工具定时抽取到 SAP BW 或 Oracle DM，再通过 Business Object 展现。”胡健表示，这个展现的过程长达 24 小时，也就是说，在 24 小时后，物流、资金流和信息流才能汇聚到一起，彼此关联形成一份有价值的统计报告。当农夫山泉的每月数据积累达到 3TB 时，这样的速度导致农夫山泉每个月财务结算都要推迟一天。更重要的是，胡健等农夫山泉的决策者们只能依靠数据来验证以往的决策是否正确，或者对已出现的问题作出纠正，仍无法预测未来。

2011 年，SAP 推出了创新性的数据库平台 SAP Hana，农夫山泉则成为全球第三个、亚洲第一个上线该系统的企业，并在当年 9 月宣布系统对接成功。胡健选择

SAP Hana 的目的只有一个，快些，再快些。采用 SAP Hana 后，同等数据量的计算速度从过去的 24 小时缩短到了 0.67 秒，几乎可以做到实时计算结果，这让很多不可能的事情变为了可能。

这些基于饮用水行业实际情况反映到 SAP 全球研发的主要负责人孙小群这里。基于饮用水的场景，SAP 并非没有案例，雀巢就是 SAP 在全球范围长期的合作伙伴。但是，欧美发达市场的整个数据采集、梳理、报告已经相当成熟，上百年的运营经验让这些企业已经能从容面对任何突发状况，他们对新数据解决方案的渴求甚至还不如中国本土公司强烈。对农夫山泉董事长钟睒睒而言，精准地管控物流成本将不再局限于已有的项目，也可以针对未来的项目。这位董事长将手指放在一台平板电脑显示的中国地图上，随着手指的移动，建立一个物流配送中心的成本随之显示出来。数据在不断飞快地变化，好像手指移动产生的数字涟漪。

以往，钟睒睒的执行团队也许要经过长期的考察、论证，再形成一份报告提交给董事长，给他几个备选方案，到底设在哪座城市，还要凭借经验来再做判断。但现在，起码从成本方面已经一览无遗。剩下的可能是当地政府与农夫山泉的友好程度等这些无法测量的因素。

有了强大的数据分析能力做支持后，农夫山泉近年以 30%～40%的年增长率，在饮用水方面快速超越了原先的三甲：娃哈哈、乐百氏和可口可乐。根据国家统计局公布的数据，饮用水领域的市场份额，农夫山泉、康师傅、娃哈哈、可口可乐的冰露，分别为 34.8%、16.1%、14.3%、4.7%，农夫山泉几乎是另外三家之和。对于胡健来说，下一步他希望那些业务员收集来的图像、视频资料可以被利用起来。

获益的不仅仅是农夫山泉，在农夫山泉场景中积累的经验，SAP 迅速将其复制到神州租车身上。"我们客户的车辆使用率在达到一定百分比之后出现瓶颈，这意味着还有相当比率的车辆处于空置状态，资源尚有优化空间。通过合作创新，我们用 SAP Hana 为他们特制了一个算法，优化租用流程，帮助他们打破瓶颈，将车辆使用率再次提高了 15%。"

资料来源：https：//blog.csdn.net/yangchunlu0101/article/details/78078232.

案例研讨问题

1. 结合本章内容和此案例请回答，农夫山泉属于什么类型的数据价值链公司？农夫山泉运用大数据后会产生哪些管理变革？

2. 农夫山泉大数据运用会面临哪些道德困境？

3. 农夫山泉大数据管理应主要遵循哪些基本原则？

三　推荐阅读材料

1. 北京大学国家机器人标准化总体组．中国机器人伦理标准化前瞻（2019）．北京：北京大学出版社，2019.

2. 车品觉．决战大数据：大数据的关键思考．杭州：浙江人民出版社，2013.

3. 陈炳祥．人工智能改变世界：工业 4.0 时代的商业新引擎．北京：人民邮电出版社，2017.

4. 李伦．数据伦理与算法伦理．科学出版社，2019.

5. 全国信息安全标准化技术委员会．信息安全技术个人信息安全规范（GB/T 35273—2017). 2017.

6. 维克托·迈尔-舍恩伯格，肯尼思·库克耶．大数据时代：生活、工作与思维的大变革．盛杨燕，周涛，译．杭州：浙江人民出版社，2013.

7. 国家新一代人工智能治理专业委员会．新一代人工智能治理原则——发展负责任的人工智能．2019.

8. 张泽谦．人工智能：未来商业与场景落地实操．北京：人民邮电出版社，2019.

9. European Union. General Data Protection Regulations. 2018.

10. European Union. Ethics Guidelines from Trustworthy AI. 2019.

四 附加模块

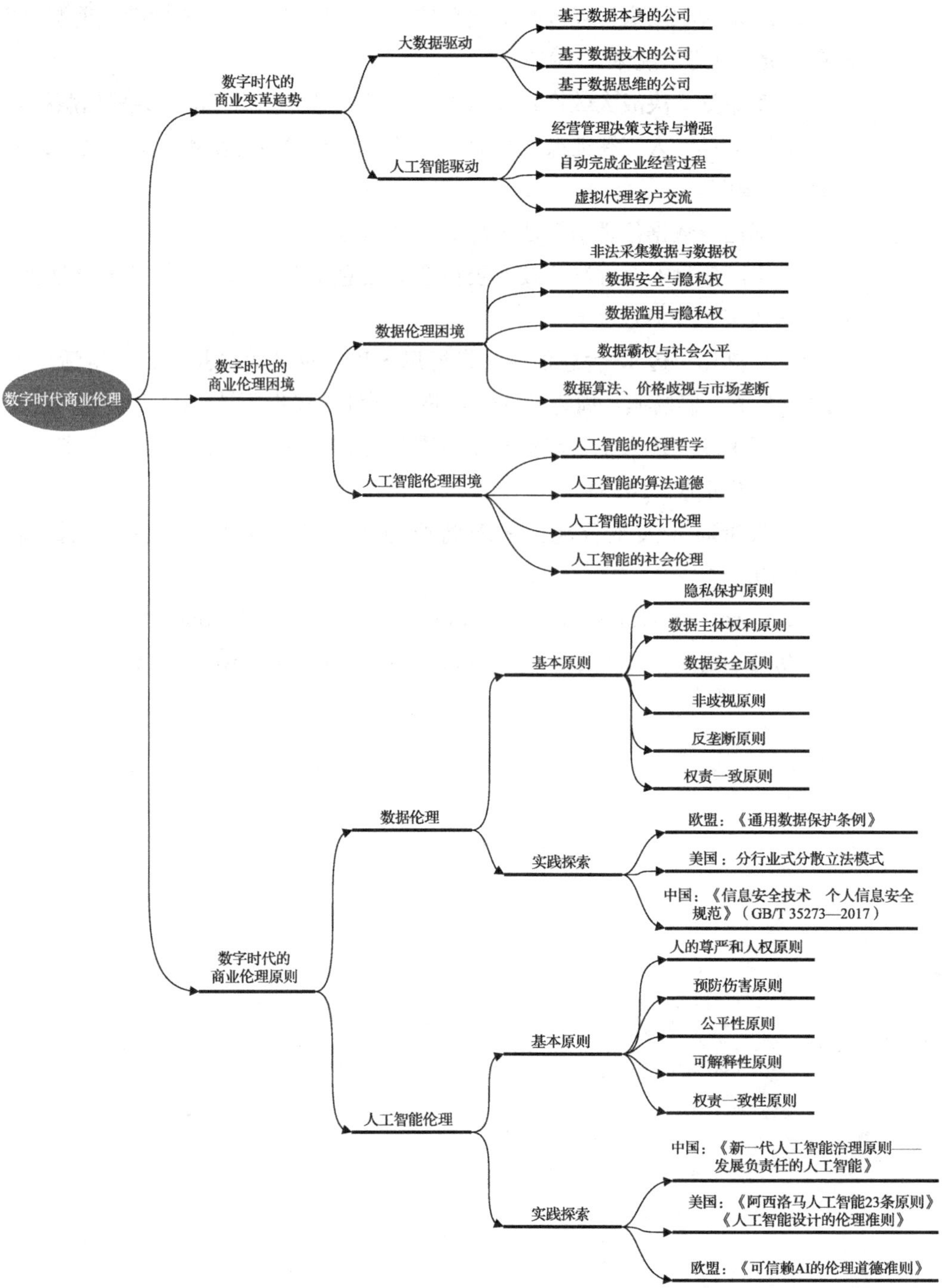
数字时代商业伦理
数字时代的商业变革趋势
大数据驱动
基于数据本身的公司
基于数据技术的公司
基于数据思维的公司
人工智能驱动
经营管理决策支持与增强
自动完成企业经营过程
虚拟代理客户交流
数字时代的商业伦理困境
数据伦理困境
非法采集数据与数据权
数据安全与隐私权
数据滥用与隐私权
数据霸权与社会公平
数据算法、价格歧视与市场垄断
人工智能伦理困境
人工智能的伦理哲学
人工智能的算法道德
人工智能的设计伦理
人工智能的社会伦理
数字时代的商业伦理原则
数据伦理
基本原则
隐私保护原则
数据主体权利原则
数据安全原则
非歧视原则
反垄断原则
权责一致原则
实践探索
欧盟：《通用数据保护条例》
美国：分行业式分散立法模式
中国：《信息安全技术 个人信息安全规范》（GB/T 35273—2017）
人工智能伦理
基本原则
人的尊严和人权原则
预防伤害原则
公平性原则
可解释性原则
权责一致性原则
实践探索
中国：《新一代人工智能治理原则——发展负责任的人工智能》
美国：《阿西洛马人工智能23条原则》《人工智能设计的伦理准则》
欧盟：《可信赖AI的伦理道德准则》

五 参考答案

（一）判断题

1. ×　2. ×　3. √　4. ×　5. √
6. √　7. ×　8. ×　9. √　10. ×

（二）单项选择题

1. B　2. D　3. B　4. C　5. B
6. D　7. A　8. C　9. D　10. A

（三）多项选择题

1. ABCD　2. ABCD　3. ABC　4. ABCD　5. BCD
6. BD　7. ABCD

（四）简答题

1. 在数字时代，数据的大部分价值都隐藏于表面之下，创新型企业利用大数据可以提取数据背后隐藏的价值获取巨大的经济利益，进而改变商业运作模式。在这一过程中，大数据成为公司竞争力的主要来源之一，并形成大数据价值链。大数据价值链包括数据生成、数据采集、数据存储以及数据分析四个阶段。在大数据价值链中，能为企业提供价值的来源包括数据本身、数据分析技能和数据分析思维三个方面，因此，未来将出现三种不同类型的公司，即基于数据本身的公司、基于数据技术的公司以及基于数据思维的公司。

2. 面对复杂业务问题，人工智能依据数据和算法所作出的自动化行为决策往往会优于人类。首先是常规性经营的自动化；其次是对非常规性经营进行碎片化，进而实现企业非常规性经营的自动化，就像将无人驾驶碎片化后，非常规性的驾驶实现自动化一样。

3. 在数字时代，人们生产生活的各个方面均可量化为数据资源，由于算法变得越来越了解人，其驱使企业通过操控核心平台获取消费者信息。超级平台、网络公司、程序开发商和商家不需要面对面直接接触，他们之间通过计算机或数据实现合谋，并形成数据获取——数据提取——精准定位客户群体——推送广告——实施差异化价格并销售产品——分配利益这一价值链条，共同追逐消费者这一“猎物”，最终形成了市场垄断。

4. 人工智能的设计伦理主要关注的问题是：人工智能产品或深度学习依赖的数据往往带有一定的偏见，而人工智能产品或技术并不能像人类一样自觉抑制这种偏见或歧视，所以，人工智能产品或技术在为消费者提供服务的过程中可能存在价值偏见。

为了使人工智能产品或技术在商业领域的应用更好地服务于人类，设计人员需设计出符合人类社会道德规范的产品，平衡不同道德、宗教、政治和民族风俗之间的矛盾；否则，公司研发的人工智能产品或技术只能成为商业伦理困境的加速器。

5. 数据主体权利是指构建一套保护个人尊严的防御性权利体系，让隐私权、信息访问权、更正权、删除权、撤销权、注销权、申诉权回归数据主体。当前，平台公司和应用程序开发者等大数据价值链上的公司凭借自身天然优势，以免费午餐等形式收集生产者、消费者和社会公众的个人数据，并根据商业目的挖掘数据的潜在价值，而未对其访问、展示、使用进行限制。上述行为很可能导致公司数据滥用行为的发生，进而引发性别、种族、价格等歧视行为。在数字时代，出于商业目的的数据处理应遵循数据主体权利原则，应向个人信息主体明示个人信息处理目的、方式、范围、规则等，征求其授权同意，才能用于商业目的的处理，从而构建人与数据的自由关系。

6. 权责一致原则主要涉及大数据价值链上的公司与监管者两个方面，具体内涵如下：(1) 大数据价值链上的公司应以明确、易懂和合理的方式公开处理个人信息的范围、目的、规则等，做到处理过程透明，遵循隐私保护、数据主体权利、数据安全、非歧视和反映垄断等原则，并接受外部监督；(2) 监管者应制定和完善对个人信息主体合法权益造成损害相关的法律法规，并及时调查各类对个人信息主体合法权益造成损害的侵权行为，实施处罚。

7. 预防伤害原则是指人工智能不应该引发、加重伤害，对人类以及企业经营管理产生不利影响。在人工智能产品或设计商业化方面，人工智能设计公司预置伤害预防措施，确保人工智能产品或设计在技术上具有鲁棒性。

具体而言，预防对人类或企业经营管理的伤害应遵循如下规则：(1) 设计公司应对所设计的人工智能进行鲁棒性测试，监管者应加强技术监督以确保人工智能产品或设计的稳定性；(2) 设计公司应当开发恶意使用预防功能，可以在人工智能产品或设计中输入“恶意使用技术可能对人类或企业经营管理造成不良影响”的情形；(3) 不允许公司向社会提供不合格的人工智能产品；(4) 监管者应加强培训工作，让企业、政府与司法机构意识到人工智能滥用的严重危害，防止形成对人工智能的过度依赖，企业在经营管理决策中也应合理运用人工智能产品或设计。

（五）案例分析

1. 由上述分析可知，农夫山泉属于掌握数据、技术和思维的公司，即一方面农夫山泉通过自身渠道获取数据；另一方面掌握数据分析技术和数据分析思维。农夫山泉通过挖掘大数据背后隐藏的价值，将会产生如下几方面的变革：(1) 可以做到实时计算结果，将不可能的事情变为可能；（2）决策者依据数据来验证以往决策是否正确；（3）对已出现的问题作出纠正，并预测未来。

2. 农夫山泉大数据运用将面临如下几方面的困境：（1）非法采集数据困境，即采集超市的数据未获取被采集超市的同意；（2）数据安全困境，即采集后的数据如何安全传输至数据中心，如何保证被传输至数据中心的数据安全，SAP 是否会遵循相关数据保密的规定；（3）数据霸权困境，即农夫山泉是否会借助其掌握的数据妨碍该领域的自由竞争行为；（4）数据算法困境，即农夫山泉是否会在数据运用过程中采用数据歧视算法等行为。

3. 农夫山泉大数据管理应遵循隐私保护原则、数据安全原则、非歧视原则、反垄断原则和权责一致原则。其中：隐私保护原则，是指农夫山泉获取超市数据，不能泄露超市的商业机密；数据安全原则，是指农夫山泉应具备与所面临的安全风险相匹配的安全能力，并采取足够的管理措施和技术手段，保护超市等数据源获取的数据；非歧视原则，是指农夫山泉应采用公平、公正、平等和一视同仁地对待商业领域的行为，不应持有主观偏见；反垄断原则，是指农夫山泉不能凭借数据、分析技术以及数据思维优势阻碍自由竞争行为；权责一致原则，是指农夫山泉应承担其信息处理活动对个人、商家等合法权益造成的损害责任。

第四章

会计职业道德基本理论

一、本章概要

二、习题

三、推荐阅读材料

四、附加模块

五、参考答案

一 本章概要

世界范围内会计舞弊、财务丑闻与审计合谋案件的持续产生，使得会计职业道德及其治理问题在21世纪重新面临严峻的挑战。会计职业环境的变迁使职业会计师在许多情况下面临利益冲突与道德困境。为此，本章将在前述商业伦理相关理论的基础上，重点阐述会计职业道德之现状、性质及其履行机制以及职业道德规范体系，从而为后续章节对会计职业道德之基本原则、概念框架与具体规则展开具体的论述提供一个得以支撑的思想框架和较坚实的理论与现实基础。

（一）会计职业道德之现状

1. 会计舞弊行为的普遍性

会计舞弊行为的本质是对会计职业道德的一种严重违背，它在微观上会损害投资者、债权人等利益相关者的切身利益，在中观上会破坏证券市场的资源配置效率，在宏观上会对国民经济的可持续发展造成严重阻碍。

21世纪以来，安然、世界通讯、南方保健等一系列重大会计舞弊丑闻沉重地打击了投资者信心，侵蚀了市场信用基础。我国资本市场虽建立时间不长，但会计舞弊案件亦频频发生，“老三案”“新三案”及近年来发生的银广厦、蓝田股份、绿大地、万福生科、康得新、康美药业等系列会计丑闻曾使仅有30年历史的中国资本市场多次陷入信任危机。

全球最大的反舞弊组织——美国注册舞弊审查师协会（ACFE）对全球会计舞弊行为进行了长期的持续调查研究，每两年发布一次研究报告，最新版为《2018全球舞弊研究报告》（Global Study on Occupational Fraud and Abuse，简称“2018-ACFE报告”）。通过对分布在全球各地约4万多名注册舞弊审查师的网络问卷调查，2018-ACFE报告共收集了自2016年1月至2017年10月125个国家和地区真实发生的2 690个全球会计舞弊案例，ACFE根据2 000多名反舞弊专家的长期经验、按照发生舞弊企业年度收入的5%的均值进行粗略估计，这一期间全球会计舞弊行为导致的潜在总损失高达约4万亿美元。

根据李清、党正磊（2019）基于国泰安数据库的统计，1996—2017年间，中国上市公司共有 1 264 起会计舞弊事件发生，年均发生 58 起，舞弊类型主要包括虚列资产、虚构利润、虚假记载（误导性陈述）、披露不实、欺诈上市等。赵宇（2019）则统计了 2000—2018 年间 196 家被证监会处罚的上市公司舞弊案例，其舞弊行为的平均持续时间大多为 2～4 年，首次舞弊时间至证监会处罚的时间间隔大多为 4～6 年。可见，由于监管力量有限，被处罚的舞弊行为只占总体舞弊行为的较小部分且具有较长的处罚滞后性。

2. 会计职业道德治理的紧迫性

会计舞弊已成为一个世界性顽疾，并呈现出愈演愈烈的态势。世界各国都高度重视反舞弊建设与舞弊治理。对舞弊行为的理论解释主要有以下几种：舞弊的冰山理论、舞弊的三角理论、GONE 理论、舞弊的风险因子理论、舞弊的菱形理论。随着会计舞弊的盛行及对舞弊发生原因的研究不断深入，学者们在上述理论的基础上进行了诸多拓展。

这些理论对会计舞弊诱发机理的理论解释都离不开舞弊者的主观特征维度，即舞弊者的职业道德与伦理维度。按照韦伯（2005）的观点，人的行为由多因素决定，包括工具理性、价值理性、感情因素和传统习惯。会计舞弊的本质是通过异化会计伦理以最大化自身效用的机会主义行为，舞弊者实施舞弊行为的"潜意识""合理化倾向""贪婪""情绪情感""舞弊素质"等均与个人的价值观、商业伦理和职业道德水平高度相关，价值观与伦理道德水平最终决定舞弊实施的概率。舞弊行为的伦理与道德根源便是舞弊治理逻辑的出发点，舞弊行为的普遍性就意味着职业道德问题的严重性与紧迫性，会计舞弊治理系统的核心便是会计职业道德治理。

（二）会计职业道德之性质

1. 受托责任、财务报告供应链与职业会计师的角色

受托责任的履行情况总是与会计信息交织在一起。会计信息是契约当事人订立契约的基础之一，是构成契约的部分，也是监督契约执行和评估契约执行结果的手段。如何设计信息系统（财务报告供应链）来解决代理问题变得极为重要。财务报告供应链在解决逆向选择、道德风险等代理问题中具有不可替代的位置，如何建立委托人和代理人之间合理的信息通道、进行有效的信息交流就是社会对职业会计师所期望的主要职责和职业角色。

在财务报告供应链中职业会计师扮演着最关键的角色，可以说职业会计师的工作就是人们为解决这一问题而设计的一个通过缓解委托人与受托人之间的信息不对称，从而降低代理成本的社会装置。各种类型的职业会计师在受托责任认定、计量与报告系统中是环环相扣的一个有机整体，具有相同的职业角色与属性。职业会计师的主要社会功效是提供关于受托责任履行情况的公允信息及其可靠性之鉴证，会计职业服务的质量会直接影响经营者、投资者、债权人等社会公众的利益，进而影响整个社会的经济秩序（Zeff，1978）。

2. 公众利益、职业服务质量与会计职业道德之性质

在社会公众及公众利益之间普遍存在的基本联系就是受托责任关系，职业会计师在受托责任关系中的地位决定了其职业行为和职业服务质量将为社会公众广泛地关注。会计职业道德在其性质上是一份会计职业服务市场中的关于职业服务质量的公共合约。经过会计职业服务市场的长期发展，这些职业行为标准逐渐得到公认和标准化，从而得以从各单份的交易合约中独立出来，由会计职业团体或相关监管部门发布，对全体职业会计师均具约束力，成为一份隐性的公共合约。虽然从表面上看，会计职业道德这一隐性的公共合约仅是会计职业界自身达成的，但实质上是会计职业界作为职业服务的供给者与其需求者（社会公众）共同“签署”的。

（三）会计职业道德之履行

1. 会计职业道德的自我履行：终止服务、自我管制与声誉机制

会计行业自我管制制度①和会计师声誉机制（reputation mechanism）是会计职业道德自我履行的重要基础。因违背职业道德而产生的私人惩罚由三部分组成：(1）直接终止与职业会计师的服务关系所带来的未来损失；(2）行业自我管制机构对违反会计职业道德的职业会计师施以各种惩戒②；(3）与职业会计师在市场上的声誉贬值有关的损失，这种市场声誉效应导致职业会计师在未来提供服务时成本增加。因而，通过服务关系的终止、自我管制机构的惩戒和声誉信号的传递来促使职业会计师对会计职业道德的履行，便是自我履行机制的形成过程。

特定职业环境中会计职业道德的履行效果取决于职业道德标准本身的理性基础、行业自我管制的有效性、会计服务市场的声誉机制、政府或其他独立机构对会计行业的管制以及会计证券法律制度之间取得一个恰当的平衡。

2. 会计职业道德的强制履行：独立管制、政府管制与法律责任

作为不完全契约，会计职业道德自我履行范围总是存在边界，需要独立或政府管制和法律制度的强制③执行作为自我履行机制的环境基础和重要补充。由于政府

① 会计行业管制的纯粹形态可分为自我管制（self-regulation）、政府管制（government-regulation）和独立管制（independent-regulation）三种（谢德仁，2002）。但从实践来看，任何国家对会计行业的管制都是以某种形态的管制为主的混合管制模式，亦即对会计行业的管制都包含自我管制的成分，只是程度不同而已。自我管制不能完全消除在某种程度上可以解释为其对会计职业道德的自我履行具有不可替代的作用，各种行业协会的长期存在与发展就是明证。

② 在这里，私人惩罚机制是与政府或法律实施的惩罚机制相对的，因而行业的自我管制机构对其会员所实施的惩戒可视为会计职业道德合约的一方（社会公众）委托合约的另一方（职业会计师）的集体代表（行业自我管制机构）所实施的一种“私人”性质的惩罚，它类似民间仲裁机构的仲裁活动，是许多公共合约实施的一种方法。

③ 这里所讲的“强制”是相对于自我履行概念而言的。一般在规制某种社会行为时，法律以国家暴力为基础具有最强的执行效力，次之是政府部门的规制，再次之是独立于行业与政府的独立管制，这些规制措施在强度上均高于作为自我履行机制的终止服务、自我管制和声誉机制。

管制具有强权威性、足够的强制力，它作为会计职业道德的强制履行机制较易于为社会公众和职业会计师所接受，从而降低履行成本。会计证券法律制度作为强制履行机制，其作用在于为会计职业道德履行的争议提供自我履行的最低程度参照物。独立或政府管制和法律制度的引入是对自我管制下会计职业道德自我履行失效的有效弥补。

为提高会计职业道德的履行效率与效果，合理的会计职业道德履行机制安排应该是，对会计职业服务质量具有基础性和决定性作用的会计职业道德关键条款的履行，由政府或独立管制机构享有并保留对条款的修正权或条款修正的批准权或认可权，而其他次要条款的履行及对职业会计师行为日常检查权则由自我管制机构享有，法院享有最终的裁决权①。当然，这种配置权安排本身也是一个动态的过程，它依赖于具体的职业环境和会计职业道德有效自我履行的范围。这种配置权安排应遵循的一个基本原则是：在会计职业道德标准符合理性的基础上，其履行需要在自我履行和强制履行之间达到一个恰当的平衡。

（四）会计职业道德之规范

本节介绍世界上几个主要会计职业团体：美国注册会计师协会（AICPA）、公众公司会计监督理事会（PCAOB）、国际会计师联合会（IFAC）、中国注册会计师协会（CICPA）、中国审计署、中国内部审计协会、中国总会计师协会制定的会计职业道德规范体系，为本书后续各章对会计职业道德之基本原则、概念框架与具体规则展开详细的讨论做一个总括性的描述。

二 习题

（一）判断题

1. 不同于AICPA以规则为导向的职业行为守则，IFAC自2004年开始以原则导向和概念框架法制定和修订职业道德守则。（　）

2. CICPA于2009年首次制定发布了与IFAC全面国际趋同的《中国注册会计师职业道德守则》和《中国注册会计师协会非执业会员职业道德守则》。（　）

3. 会计舞弊治理更重要的是充分关注由组织方面决定的可观察因素导致的舞弊风险。（　）

4. 舞弊四因子理论的贪婪和需要是从外部角度对舞弊被发现后果的考虑，而

① 许多学者认为，会计职业道德仅属于一种“自律”规范，但此处关于会计职业道德履行权配置的分析表明，会计职业道德的履行既包含自我履行也包含由独立或政府管制机构以及法院所实施的强制履行。因此，在本质上会计职业道德是一种典型的“自律”与“他律”相结合的行为规范。

机会和暴露是从舞弊者自身的角度对舞弊“必要性”的考虑。（　　）

5. 会计舞弊的本质是通过异化会计伦理以最大化自身效用的机会主义行为，价值观与伦理道德水平最终决定舞弊实施的概率。（　　）

6. 只有执行公共服务的注册会计师才需要以公众利益为导向，遵循职业道德合约，而作为组织雇员的内部会计师则不需要以公众利益为导向。（　　）

7. 如何建立委托人和代理人之间合理的信息通道、进行有效的信息交流就是社会对职业会计师所期望的主要职责和职业角色。（　　）

8. 独立管制在对会计职业道德的履行效果与效率上低于自我管制与政府管制。（　　）

9. 会计职业道德这一隐性的公共合约是会计职业界自身达成的。（　　）

10. 有关受托责任的履行情况总是与会计信息交织在一起。（　　）

（二）单项选择题

1. 下列因素不会对会计信息产生直接影响的是（　　）。

A. 计量偏误　　B. 选择性偏误　　C. 鉴证误差　　D. 审计质量

2. 职业会计师的职责不包括（　　）。

A. 坚持按既定职业标准提供重要的受托服务

B. 对于客户和其他利益相关者的持续关注

C. 发展和保持所要求的知识和技能

D. 保持令人满意的个人声望

3. 会计职业道德的自我履行机制不包括（　　）。

A. 终止服务　　B. 自我管制　　C. 独立管制　　D. 声誉

4. 舞弊行为发生机理的显性因素不包括（　　）。

A. 内部控制　　B. 公司治理　　C. 管理理念　　D. 竞争压力

5. 舞弊风险因子理论，认为舞弊风险因子由个别和一般两种风险因子组成。以下不属于个别风险因子组的是（　　）。

A. 舞弊动机　　B. 舞弊机会　　C. 情绪情感　　D. 道德品质

6. 克莱因（1990）认为，依靠私人惩罚机制界定合约的自我履行范围是可能的。就会计职业道德而言，这种私人惩罚不包括（　　）。

A. 终止服务关系的损失　　B. 会计证券法律制度的惩戒

C. 自我管制机构的惩戒　　D. 声誉贬值有关的损失

7. 下列会计职业团体中，一反过去惯常的禁止性戒律，最先提出了职业道德概念，表述了注册会计师应努力争取的行为和力求达到的目标的是（　　）。

A. AICPA　　B. PCAOB　　C. IFAC　　D. CICPA

8. 以下类型的职业会计师中，受托责任信息报告链的中间环节，在组织内部对这些受托责任信息进行相对独立性的自我评价的是（　　）。

A. 管理会计师　　B. 财务会计人员　　C. 内部审计人员　　D. 注册会计师

9. 以下类型的职业会计师中，受托责任信息报告链的起始环节，通过计划、预算和控制等手段来确定、分解受托责任目标，并协助受托人完成受托责任目标，提出管理业绩报告的是（　　）。

A. 管理会计师　　B. 财务会计人员　　C. 内部审计人员　　D. 注册会计师

10. 会计职业道德的功能不包括（　　）。

A. 指导功能　　B. 教化功能　　C. 评价功能　　D. 监督功能

（三）多项选择题

1. 舞弊的三角理论认为，会计舞弊行为发生的三因素包括（　　）。

A. 压力（pressure）　　B. 机会（opportunity）

C. 自我合理化借口（rationalization）　　D. 需要（need）

2. 注册会计师从组织外部对管理当局编制自我认定、自我计量的受托责任报告，按照公认审计准则（GAAS）的要求，进行（　　）。

A. 重认定　　B. 重计量　　C. 重评定　　D. 重判定

3. 会计职业道德作为一份隐性的公共合约的作用包括（　　）。

A. 塑造职业会计师的优良品格　　B. 降低会计职业服务的“生产成本”

C. 遏制内部成员机会主义行为　　D. 降低谈判、签约、诉讼等交易成本

4. 以下属于会计舞弊的危害的有（　　）。

A. 损害投资者、债权人等利益相关者的切身利益

B. 破坏证券市场的资源配置效率

C. 对国民经济的可持续发展造成严重阻碍

D. 影响职业会计师的公正地位

5. 会计职业道德的强制履行机制包括（　　）。

A. 独立管制　　B. 自我管制　　C. 政府管制　　D. 法律责任

6. 会计行业管制的纯粹形态可分为（　　）。

A. 法律法规　　B. 自我管制　　C. 政府管制　　D. 独立管制

7. 以下说法正确的有（　　）。

A. 职业会计师的行为违反了相关的法律法规或监管标准就意味着一定违反了会计职业道德

B. 会计职业道德这一隐性的公共合约是会计职业界自身达成的

C. 各种主体及社会公众为报告或界定其受托责任关系需要会计师的职业服务，构成会计职业服务的市场需求

D. 社会对职业会计师主要职责和职业角色的期望：建立委托人和代理人之间

合理的信息通道、进行有效的信息交流

（四）简答题

1. 为什么受托责任的履行情况总是与会计信息交织在一起？

2. 如何理解会计职业道德作为一份隐性的公共合约？

3. 请谈一谈自我管制、独立管制和政府管制之间的辩证关系。

4. 请谈一谈为提高会计职业道德的履行效率与效果，如何设计合理的会计职业道德履行机制安排。

5. 如何理解职业会计师在财务报告供应链中扮演的角色？

6. 请论述各种类型职业会计师在受托责任认定、计量与报告系统中的作用。

7. 如何理解会计师事务所的声誉机制对会计职业道德的促进作用？

（五）案例分析

《中国会计报》：职业道德是整个会计师行业的基础
——专访 IESBA 主席斯达沃斯·汤马达基斯[①]

近日，国际会计师职业道德准则理事会（IESBA）主席斯达沃斯·汤马达基斯（Stavros B. Thomadakis）来访中国。《中国会计报》记者对其进行了专访，请斯达沃斯·汤马达基斯回答国际会计师职业道德守则的制定、中国注册会计师职业道德守则与国际职业道德守则的趋同、数字时代职业道德基本原则的适用性、如何提高职业道德观念和职业道德意识等问题。

中国的“与时俱进”

《中国会计报》：IESBA 是如何制定国际会计师职业道德守则的？请介绍国际会计师职业道德守则在全球范围的采用情况。

斯达沃斯·汤马达基斯：IESBA 是一个国际性的、独立的会计师职业道德准则制定机构。在制定和修改准则时，我们的第一个步骤就是在世界各地广泛地磋商和征求意见，征求所有利益相关者的意见。磋商的对象包括会计师行业相关人士、投资人、监管部门官员、政策制定者和各个国家的准则制定机构。我们的准则由一系列原则构成，不是说把各个国家已经制定的规则进行融合折中，然后拿出一个我们自己版本的具体规则，而是要体现一些原则性的规定，这样才能确保准则的普遍适用性。

我们的准则制定过程也是非常严谨、有根据的。所以，我们的守则在全世界的采用率是非常高的，大概被包括中国在内的 120 个国家和地区所采纳，也被 32 个

---

① 本案例的组织与编写参考了中国注册会计师协会网站上发布的“中国会计报 2019-11-15”。

世界上最大的事务所网络所采纳，用于它们的跨国审计。

《中国会计报》：在中国注册会计师职业道德守则与国际会计师职业道德守则的趋同方面，您如何看待中国所做出的努力？

斯达沃斯·汤马达基斯：我非常高兴地看到，中国的准则制定跟国际准则之间实现了非常高度的趋同。中国准则制定者总能与时俱进，他们在这方面的努力也是有目共睹的。中国注册会计师职业道德守则是一个很好的例子。它与国际守则实现了实质性趋同，但在独立性方面有更为严格的要求，如合伙人轮换和亲属关系等，这是我们认同的，因为这些规定比国际守则更为严格，更加适应中国的具体情况，并且这些规定符合国际守则的基本原则，既没有弱化，也没有修改总体目标。

2018 年 4 月，IESBA 发布了新修订的国际会计师职业道德守则（包括国际独立性标准）。新守则对原来的守则进行了全面改写，更易于阅读、理解和执行。除了结构调整之外，新守则还整合了 IESBA 过去 4 年在职业道德标准建设方面的重要成果，更清晰地规范了职业会计师应该如何处理职业道德和独立性问题。

我们正在呼吁各个已经采纳了原来守则的国家和地区，更新到最新的版本。中国注册会计师协会就已经很敏锐、密切地关注了这一动态，并且正在对标国际准则的新版本来修改中国的会计师职业道德准则。

这也是我们希望全球各个国家和地区能做到的，就是要密切关注准则的动态调整，做到与时俱进，跟上步伐。毕竟我们的环境总是在发生变化，国际准则的调整就是一个随时变化的过程。

五大基本原则不会过时

《中国会计报》：在当前飞速发展的数字时代，会计师职业道德五大基本原则是否仍然适用？如何在信息化时代保持职业怀疑能力？

斯达沃斯·汤马达基斯：IESBA 五大基本原则为会计师提供了道德行为基础，这五项基本原则分别为：诚信、客观、专业胜任能力和应有的关注、保密以及良好的职业行为。这五大基本原则是不会过时的，甚至在新的时代，这五大基本原则会更加有适应性、针对性。

实际上，颠覆性技术的出现，会使得五大基本原则的具体内容发生变化。比如，在保密方面，会计师需要为客户保密的内容会包括数字化的内容，要关注数据和网络的安全等。同时，会计师行业要保持客观中立，在新技术面前会面临一些挑战，因为审计师沟通的对象不一定是人，有可能是具有自我学习能力的机器，或者是其他的人工智能设备。

所以，新技术对于行业的影响有两点：一方面会使得我们对于根本原则的应用和理解更加丰富；另一方面是新技术的使用也带来了一定的风险，具体是哪些风险需要我们去评估，同时积极地作出应对。

对于如何在信息化时代保持职业怀疑能力，也是我们正在研究探索的。毕竟在信息化时代，很多数据挖掘和分析工作是由机器完成的，我们没办法检查机器得出结论背后的逻辑、推理分析等中间过程。

事务所管理层要“以身作则”

《中国会计报》：如何平衡公众利益与会计师行业的利益？职业道德在提高审计质量以及会计师行业取得信任当中发挥什么作用？

斯达沃斯·汤马达基斯：会计师行业的一个与众不同的地方就在于，它是承诺要为公众利益服务的。同时，我也相信公众利益与会计师行业利益之间有很多的交叉点，它们是重叠的。因为会计师行业要在乎自己的声誉，要得到公众信任。没有了信任，我们就不再是一个具有专业威望的行业。如一些审计失败的案例，一旦被揭露出来，对这个行业就是极大的打击。所以，公众利益与行业利益之间是能够取得平衡的。

对于职业道德在提高审计质量以及会计师行业取得信任当中发挥的作用，其实不仅仅是有帮助，而是说职业道德是整个行业的基础。会计行业的职业化发展，是离不开职业道德的。我们的五大基本原则，不仅是职业道德守则的制定基础，也是会计师行业获得各个利益相关者信任的基础。

《中国会计报》：如何加强会计师及会计师事务所的道德观念和道德意识？

斯达沃斯·汤马达基斯：会计师行业道德观念和道德意识的培养可以通过如下几个方面：一是会计师行业要接受来自各方面的相关教育培训。二是会计师事务所内部要有正确的企业文化。三是要提高公众意识。也就是说，公众也需要认识到，会计师行业是需要具备很严格的职业道德的。四是会计师事务所的管理层要做到以身作则。除了专业能力以外，他们应该成为职业道德的榜样，并影响自己的下属和同事。

案例研讨问题

1. 请结合本章内容和此案例谈一谈如何理解会计职业道德作为整个会计行业的公约的作用。

2. 请结合本章内容和此案例谈一谈在当前飞速发展的数字化时代，会计职业道德面临的挑战与机遇。

3. 请结合本章内容和此案例谈一谈会计职业道德在提高会计服务质量中发挥的作用。

4. 请结合本章内容和此案例谈一谈如何提高职业会计人员的职业道德。

5. 请简述中国注册会计师职业道德守则与国际会计师职业道德守则趋同方面有哪些阶段性的成果。

三 推荐阅读材料

1. 陈汉文，韩洪灵．审计理论与实务．北京：中国人民大学出版社，2019.

2. Apostolou B, Dull R B, Schleifer L L, et al. A Framework for the Pedagogy of Accounting Ethics. Accounting Education, 2013, 22(1): 1-17.

3. Ayres F L, Ghosh D. Research in Ethics and Economic Behavior in Accounting. Journal of Accounting and Public Policy, 1999: 335-338.

4. Bailey C D, Scott I, Thoma S J, et al. Revitalizing Accounting Ethics Research in the Neo-Kohlbergian Framework: Putting the DIT into Perspective. Behavioral Research in Accounting, 2010, 22(2): 1-26.

5. Boyce G. Accounting, Ethics and Human Existence: Lightly Unbearable, Heavily Kitsch. Critical Perspectives on Accounting, 2013, 25(3): 197-209.

6. Boyce G. The Social Relevance of Ethics Education in a Global(Ising) Era: From Individual Dilemmas to Systemic Crises. Critical Perspectives on Accounting, 2008, 19(2): 255-290.

7. Jackling B, Cooper B J, Leung P, et al. Professional Accounting Bodies' Perceptions of Ethical Issues, Causes of Ethical Failure and Ethics Education. Managerial Auditing Journal, 2007, 22(9): 928-944.

8. Mahdavikhou M, Khotanlou M. New Approach to Teaching of Ethics in Accounting: Introducing Islamic Ethics into Accounting Education. Procedia-Social and Behavioral Sciences, 2012: 1318-1322.

9. Omurgonulsen M, Omurgonulsen U. Critical Thinking about Creative Accounting in the Face of a Recent Scandal in the Turkish Banking Sector. Critical Perspectives on Accounting, 2009, 20(5): 651-673.

10. Sepasi S. Accounting Ethics. International Journal of Ethics and Society, 2019, 2(1).

11. Somerville L. Accounting Changes Boil Down to Principles vs. Rules. The Business Journal, 2003(28).

12. Spalding A D, Oddo A. It's Time for Principles-Based Accounting Ethics. Journal of Business Ethics, 2011, 99(1): 49-59.

13. Wang Y, Ashton J K, Jaafar A, et al. Money shouts! How Effective are Punishments for Accounting Fraud? British Accounting Review, 2019, 51(5).

四 附加模块

无

五 参考答案

（一）判断题

1. √	2. √	3. ×	4. ×	5. √
6. ×	7. √	8. ×	9. ×	10. √

（二）单项选择题

1. D	2. A	3. C	4. C	5. B
6. B	7. A	8. C	9. A	10. D

（三）多项选择题

1. ABC	2. ABCD	3. ABCD	4. ABCD	5. ACD
6. BCD	7. CD			

（四）简答题

1. 首先，会计信息是契约当事人订立契约的基础之一，例如，股票发行是公司管理当局与投资者之间的投资契约，投资者在购买股票之前主要通过公司财务报表了解公司财务状况和经营状况；其次，会计信息本身是构成契约的部分，如贷款契约中对利润等会计指标的规定；最后，会计信息是监督契约执行和评估契约执行结果的手段，例如，责任中心对公司总部的期中报告、预算或计划成本等标准执行情况的报告，都是上级委托人对下级代理人进行监控的工具。

2. 会计职业服务作为一种无形商品，其质量如同会计信息的质量一样是难以观察的，需求者同样面临与供给者间关于服务商品质量的信息分布严重不对称，处于信息劣势地位。对职业会计师的职业服务的生产、提供程序的约定就构成了该种商品交易合约的一个重要组成部分，或可视之为一份子合约。这一约定主要包括两部分内容：其一是关于该商品生产、提供程序的技术方面的约定；其二为关于该商品生产、提供过程中供给者（职业会计师）与相关利益当事人交互行为方面的约定。在某种意义上，可以认为，会计职业服务商品的质量就是这两者的函数。其中，前者作为专业技术，是逐渐累积和发展的，表现为各种专业技术标准（如会计准则和审计准则等）；后者就是会计职业道德，它与前者共同构成了职业会计师的行为规范与技术标准。后者是前者发挥作用的前提和基础条件，因为职业会计师在提供服务的过程中，存在主观判断（即所谓职业判断）和机会主义行为。在此意义上，可以认为，会计职业道德在其性质上是一份会计职业服务市场中的关于职业服务质量的公共合约。

3. 自我管制作为会计职业道德自我履行机制的优点是，会计师职业组织能较好地利用其专业知识优势迅速发现和裁决会员违反会计职业道德的行为，其缺陷是职业会计师及其职业组织可能利用自己在关于职业服务质量的信息不对称中处于信息优势地位形成“专家专制”，以及社会公众对会计行业自我管制的尊重与信任造成自我履约的失效。为此，需要引入独立或政府管制以弥补自我管制对会计职业道德自我履行的失效。由于政府管制具有强权威性、足够的强制力，它作为会计职业道德的强制履行机制较易为社会公众和职业会计师所接受，从而降低履行成本。但政府管制作为会计职业道德的强制履行机制也有其缺点，政府管制机构受规模的限制，其与职业会计师之间关于是否违反职业道德的信息不对称程度远甚于自我管制机构，从而降低了会计职业道德的履行效率。由于独立管制机构既独立于会计行业，又独立于政府，因此在对会计职业道德的履行效果与效率上则介于自我管制与政府管制之间。

4. 对会计职业服务质量具有基础性和决定性作用的会计职业道德关键条款的履行，由政府或独立管制机构享有并保留对条款的修正权或条款修正的批准权或认可权，而其他次要条款的履行及对职业会计师行为日常检查权则由自我管制机构享有，法院享有最终的裁决权。

当然，这种配置权安排本身也是一个动态的过程，它依赖于具体的职业环境和会计职业道德有效自我履行的范围。这种配置权安排应遵循的一个基本原则是：在会计职业道德标准符合理性的基础上，其履行需要在自我履行和强制履行之间达到一个恰当的平衡，否则可能意味着要对会计职业道德标准本身进行修订，进而使其履行机制运行顺畅，最大限度地保护公众利益。

5. 职业会计师在财务报告供给链中扮演关键的角色。无论是在营利性的企业组织中，还是在政府及非营利组织中，有关当事人的行为在最终意义上都是一种关于受托责任的契约行为，而职业会计师作为财务报告供给链上的关键主体所提供的会计信息及其可靠性的鉴证则是界定与解除受托责任的媒介物，其重要意义不言而喻。

如何设计信息系统（财务报告供应链）来解决代理问题极为重要，即如何使财务报告供应链能为契约的订立提供有用的置前信息、对契约的履行提供有用的监控信息、对契约的执行提供有用的评价信息。显然，在财务报告供应链中职业会计师扮演着最重要、最基础、最关键的角色，可以说职业会计师的工作就是人们为解决这一问题而设计的一个通过缓解委托人与受托人之间的信息不对称，从而降低代理成本的社会装置。

6. 从职业会计师在受托责任机制中的具体运作方面来看，管理会计师是起始环节，通过计划、预算和控制等手段来确定、分解受托责任目标，并协助受托人完成受托责任目标，做出管理业绩报告；财务会计人员则按照公认会计原则（GAAP）的要求，对受托责任的完成情况进行自我认定、自我计量，并定期编制各种受托责任报告，为委托人审核受托责任的完成过程和结果提供信息；内部审计师是在组织内部对这些受托责任信息进行相对独立性的自我评价，是受托责任信息报告链的中间环节；而注册会计师则需要从组织外部对管理当局编制自我认定、自我计量的受托责任报告，按照公认审计准则（GAAS）的要求，进行重认定、重评定、重判定。因此，各种类型的职业会计师在受托责任认定、计量与报告系统中是环环相扣的一个有机整体，具有相同的职业角色与属性。

7. 拥有较高声誉的会计师事务所一旦发生错报、违规、审计失败或其他机会主义行为，且被公众知晓，那么审计市场将会传递出该事务所审计质量低的危险信号，事务所将会面临更大的潜在损失，甚至是毁灭性影响。

会计师事务所的高声誉能够有效促使事务所的调查更加尽职，报告信息更为准确，一旦事后发现事务所信息披露错误，则事务所声誉资本将会遭受严重损毁。事务所声誉机制是一种信号显示机制和传递机制，是解决审计市场不完全契约问题的重要工具。事务所声誉机制通过对事务所声誉的信息传递，能够规范审计师职业道德行为，从而保证审计契约的顺利实施。有效的声誉机制下，具有高声誉的会计师事务所可以获得收费溢价。

（五）案例分析

1. 会计职业道德在其性质上是一份会计职业服务市场中的关于职业服务质量的公共合约。其内容是对职业会计师与相关利益当事人交互行为方面的约定，明确界定职业会计师的行为空间。经过会计职业服务市场的长期发展，这些职业行为标准逐渐得到公认和标准化，从而得以从各单份的交易合约中独立出来，由会计职业团体或相关监管部门发布，对全体职业会计师均具约束力，成为一份隐性的公共合约。虽然从表面上看，会计职业道德这一隐性的公共合约仅是会计职业界自身达成的，但实质上是会计师职业界作为职业服务的供给者与其需求者（社会公众）所共同“签署”的。

有了会计职业道德这份公共合约，就减少了社会公众用于收集、获得和处理有关职业会计师服务质量信息方面的时间和精力，使社会公众得以在某些方面免除深思熟虑之苦，从而能应付各种复杂情况及超载的信息，减少复杂的决策行为中所包含的计算量。随着会计职业竞争不断加剧及其职业服务市场的日益细分，会计职业道德作为一份隐性的公共合约，不仅有利于塑造职业会计师的优良品格，增进本职业内部的团队效率，鼓励生产性努力，克服内部成员“搭便车”等不良行为，从而降低职业服务的“生产成本”，提高职业服务的效率与质量；而且其所倡导的正直、公正、客观等行为观念也有助于在与职业外部集团的合作与交往中减少推诿、猜疑与设防，降低谈判、签约、诉讼等交易成本，这是会计职业道德合约所具有的重要功能。此外，会计职业道德作为一份隐性的公共合约，还起到了“信号显示”的功能，它是会计职业界对外就职业信誉和质量做出的公开承诺，也是取得外部信任、树立会计职业形象、保持生存及竞争能力的重要手段。

2. 挑战：首先，颠覆性技术的出现，可能会使得会计职业道德五大基本原则的具体内容发生变化。比如，在保密方面，会计师需要为客户保密的内容会包括数字化的内容，要关注数据和网络的安全等。同时，会计师行业要保持客观中立，在新技术面前会面临一些挑战，因为审计师沟通的对象不一定是人，有可能是具有自我学习能力的机器，或者是其他的人工智能设备。其次，新技术的使用也带来了一定的风险，具体是哪些风险需要我们去评估，同时积极地作出应对。

机遇：首先，大数据时代的到来使得会计职业道德行为的追踪记录制度更能得到普及，会计职业道德的自我履行机制得到强化（特别是声誉贬值机制），会计职业道德履行成本大大降低。其次，新技术的应用会使得我们对于根本原则的应用和理解更加丰富。

（言之有理即可。）

3. 会计职业服务的需求者（社会公众）与供给者（职业会计师）就会计职业服务这一无形商品进行市场交易时，需就该项交易签订合约，对服务的品种、质量、交易金额、完成日期等条款加以约定。然而，会计职业服务作为无形商品，其质量如同会计信息的质量一样是难以观察的，需求者同样面临与供给者间关于服务商品质量的信息分布严重不对称，处于信息劣势地位。

会计职业道德作为交易合约的重要组成部分，对职业会计师与相关利益当事人的交互行为进行了约定，明确界定职业会计师的行为空间，是职业会计师的行为规范与技术标准发挥作用的前提和基础条件。在此意义上，可以认为，会计职业道德在其性质上是一份会计职业服务市场中的关于职业服务质量的公共合约。

4. (1) 加强职业道德教育。将伦理教育纳入会计课程，使会计职业道德规范逐步内化为会计人员自己的思想，提升道德敏感性和判断力，指导和约束自身的行为，形成良好的道德品质。

(2) 完善会计职业道德规范体系。完善会计职业道德的奖惩机制，建立会计职业道德监管组织，建立会计职业道德行为的追踪记录制度。

(3) 改善会计职业道德环境。培养伦理型管理者，为企业内部创造良好的伦理氛围。管理者作为企业的领导者，由于羊群效应的存在，其行为会被其他员工效仿，伦理型管理者的培养对整个企业良好伦理氛围的创造起积极作用。

加大对上市公司与注册会计师监管体制的改革力度，实现监管体制法制化，让外部市场监督约束机制对上市公司及其管理当局形成足够的压力和动力，促使其为公司相关各方的利益而规范经营，为会计职业道德提供好的制度环境。

（围绕几点展开谈即可。）

5. CICPA 在深入调研和广泛征求意见、全面总结以往职业道德建设实践经验、充分研究借鉴 IFAC 职业道德守则建设成果的基础上，于 2009 年首次制定发布了与 IFAC 全面国际趋同的《中国注册会计师职业道德守则》和《中国注册会计师协会非执业会员职业道德守则》，自 2010 年 7 月 1 日起施行。

为注册会计师正确理解职业道德守则、解决实务问题提供细化指导和提示，CICPA 又于 2014 年发布了《中国注册会计师职业道德守则问题解答》，自 2015 年 1 月 1 日起施行。

2020 年 1 月 8 日，为顺应新时代对注册会计师诚信和职业道德水平提出的更高要求，并保持与 IFAC 职业道德守则的持续动态趋同，CICPA 发布了《中国注册会计师职业道德守则》和《中国注册会计师协会非执业会员职业道德守则》修订文本的征求意见稿。

第五章

会计职业道德基本原则

一、本章概要
二、习题
三、推荐阅读材料
四、附加模块
五、参考答案

一 本章概要

基于公众利益导向的关键职业特征，世界主要国家和国际会计师联合会（IFAC）均将职业会计师（包括单位会计人员和注册会计师）应共同遵循的职业道德基本原则设定为诚信、客观公正、专业胜任能力与勤勉尽责、保密、良好职业行为五项通用的基本原则。其中，诚信为会计职业道德的首要原则；客观公正、专业胜任能力与勤勉尽责、保密则为三项核心原则；而良好职业行为则是一项带综合性、兜底性质的基本原则。本章重点阐述这五项通用的会计职业道德基本原则的内涵及其应用。

（一）诚信原则

1. 基本内涵

诚信是我国社会主义核心价值观的重要组成部分，也是一切商业活动的基本行为准则。诚信作为一种道德原则，要求人们以求真务实和知行合一的态度对待各项工作。诚信不仅是一种内在的精神和价值，而且是一种外在的声誉和资源；诚信是道义的化身，也是功利的源泉。

2. 原则应用

诚信原则作为会计职业道德最为首要的基本原则，它要求会计师在为客户保密的前提下，在所有的职业活动中保持正直、诚实守信，并以公众利益为重。当公众利益与客户或雇主利益发生冲突时，应以公众利益作为是非的判断标准；当公众利益、客户或雇主利益与会计师自身利益发生冲突时，应以公众利益为重。

维护公众利益是会计行业的宗旨。公众不仅包括职业会计师服务的客户，也包括广大投资者、债权人、政府机构、社会公众等其他可能依赖会计师提供的信息以作出相关决策的组织或人员。公众利益可以定义为那些可能依赖会计师工作的组织或人员的整体利益。

IFAC（2019）及 CICPA（2020）的职业道德守则均规定，基于诚信原则，会计师如果认为业务报告、申报资料、沟通函件或其他方面的信息存在下列问题，则不得与这些有问题的信息发生关联：（1）含有严重虚假或误导性的陈述；（2）含有缺乏充分根据的陈述或信息；（3）存在遗漏或含糊其词的信息，而这种遗漏或含糊其词可能会产生误导。

会计师如果注意到已与有问题的信息发生关联，应当采取措施消除关联。针对上述情形，如果会计师按照职业准则的规定出具了恰当的业务报告（例如，在审计业务中，出具恰当的非无保留意见审计报告），则不视为违反诚信原则。

（二）客观公正原则

1. 基本内涵

客观，指看待事物的一种态度或事物本来所存在的自然状态，即不以特定人的角度去看待事物，强调以事物本身的属性为标准，而不以人的意志为转移；公正就是公平正直，没有偏颇，平等对待各方。对于职业会计师而言，客观公正的基本内涵是：坚持客观立场，忠实于事实真相，实现公正公平（包括程序公平与结果公平）。其中，坚持客观立场是基石，忠实于事实真相是核心，实现公平公正是目的。简而言之，客观公正就是实事求是。

2. 原则应用

客观公正原则要求会计师必须以实际发生的经济活动为依据，对会计事项进行确认、计量、记录和报告，以达到会计信息的可靠性；同时，在履行职业义务时，必须摒弃单位、个人私利，公平公正、不偏不倚地对待相关利益方，以达到信息的中立或不偏不倚。中立性是判断会计师是否正确选择会计政策的重要标准，如果会计信息没有偏向于某一特定利益方的利益，会计师的立场就是中立的。

IFAC（2019）及 CICPA（2020）的职业道德守则规定：（1）会计师应当遵循客观公正原则，公正处事，实事求是，不得由于偏见、利益冲突或他人的不当影响而损害自己的职业判断。（2）如果存在可能导致职业判断出现偏差，或对职业判断产生不当影响的情形，会计师不得从事与之相关的专业活动。

客观公正原则主要是通过使会计师免于某一方或多方的压力而提升其职业判断的准确性和会计政策选择的中立性，进而提高其专业服务的质量和公正性。会计职业对客观公正原则的选择体现的是公平与正义的道德评判标准。

（三）专业胜任能力与勤勉尽责原则

1. 基本内涵

专业胜任能力，是指会计师按照既定的标准履行工作职责所应具备的基本知识、专业技能及相关的管理能力与职业价值观。会计师的专业胜任能力是其教育、职业经验和持续学习的综合结果。

勤勉尽责，又称应有的职业关注或应有的职业谨慎，是指会计师应持有慎重的实务观念，理智地运用其所拥有的知识，认识并适当注意自己的经验，作出相当于社会合理期望水平的判断。应有的职业关注（勤勉尽责）可以分为两部分：(1) 对人的标准，即要求会计师应树立慎重勤勉的实务家的观念；(2) 对事的标准，即要求会计师在不同的情况下确立职业服务应关注的重点。

2. 原则应用

IFAC（2019）及 CICPA（2020）的职业道德守则均规定：(1) 会计师应当遵循专业胜任能力和勤勉尽责原则，以获取并保持应有的专业知识和技能，确保为客户提供具有专业水准的服务，并做到勤勉尽责。(2) 会计师应当通过教育、培训和执业实践获取和保持专业胜任能力。(3) 会计师应当持续了解并掌握当前法律、技术和实务的发展变化，使专业知识和技能始终保持在应有的水平。(4) 在运用专业知识和技能时，会计师应当合理运用职业判断。(5) 会计师应当勤勉尽责，即遵守职业准则的要求，并保持应有的职业怀疑，认真、全面、及时地完成工作任务。(6) 会计师应当采取适当措施，确保在其授权下从事专业服务的人员得到应有的培训和督导。(7) 在适当时，注册会计师应当使客户或专业服务的其他使用者了解专业服务的固有局限。

对于注册会计师而言，偏离勤勉尽责或应有的职业关注（职业谨慎）可能导致的法律责任包括过失和欺诈（舞弊）。过失依情况的严重程度可分为一般过失和重大过失。前者指注册会计师在执业过程中缺乏合理的关注，即未严格按照审计准则的要求从事审计工作；后者指注册会计师在审计过程中缺乏最起码的关注，即在审计工作中未能遵守审计准则的最低要求。

（四）保密原则

1. 基本内涵

保密原则要求会计师对职业活动中获知的所有涉密信息保密。对于会计职业而言，保密原则与公众利益导向是辩证统一的。当公众利益与保密原则产生直接的冲突时，职业会计师的保密原则需让位于公众利益。此外，注册会计师遵循保密原则与独立性原则在本质上也是辩证统一、相互依存的。

2. 原则应用

对于保密原则，IFAC（2019）及 CICPA（2020）的职业道德守则均规定职业会计师应当遵循下列要求：(1) 警惕无意中泄密的可能性，包括在社会交往中无意中泄密的可能性，特别要警惕无意中向关系密切的商业伙伴或近亲属泄密的可能性；(2) 对所在会计师事务所或受雇单位内部的涉密信息保密；(3) 对拟承接的客户或拟受雇的单位向其披露的涉密信息保密；(4) 在未经客户或受雇单位授权的情况下，不得向第三方披露其所获知的涉密信息，除非法律法规或职业准则规定会计师在这种情况下有权利或义务进行披露；(5) 不得利用因职业关系而获知的涉密信息为自己或第三方谋取利益；(6) 不得在职业关系结束后利用或披露因该职业关系获知的涉密信息；(7) 采取适当措施，确保下级员工以及为会计师提供建议和帮助的人员履行保密义务；(8) 在终止与客户或受雇单位的关系后，会计师应当对以前职业活动中获知的涉密信息保密。如果变更工作单位或获得新客户，会计师可以利用以前的经验，但不得利用或披露以前职业活动中获知的涉密信息。

在下列情况下，会计师可能会被要求披露涉密信息，或者披露涉密信息是适当的，不被视为违反保密原则：(1) 法律法规要求披露，例如，为法律诉讼准备文件或提供其他证据，或者向适当的监管机构报告发现的违反法律法规行为；(2) 法律法规允许披露，并取得客户的授权；(3) 会计师有职业义务或权利进行披露，且法律法规未予禁止，主要包括下列情形：1) 接受会计师协会或监管机构的执业质量检查；2) 答复会计师协会或监管机构的询问或调查；3) 在法律诉讼、仲裁中维护自己的合法权益；4) 遵守职业准则的要求，包括职业道德要求；5) 法律法规和职业准则规定的其他情形。

在决定是否披露涉密信息时，会计师需要考虑下列因素：(1) 客户或受雇单位同意披露的涉密信息，是否为法律法规所禁止；(2) 如果客户或受雇单位同意会计师披露这些涉密信息，这种披露是否可能损害相关人的利益；(3) 是否已在可行的范围内了解和证实了所有相关信息，信息是否完整；(4) 信息披露的方式和对象，以及披露对象是否恰当；(5) 可能承担的法律责任和后果。

（五）良好职业行为原则

1. 基本内涵

良好职业行为旨在促使所有的职业会计师自觉地践行会计职业所共有的价值观念与职业信仰，并成为自觉维护会计职业整体声誉的内在动力和精神追求。其在性质上具有以下几个特征：(1) 职业整体性；(2) 正向引导性；(3) 兜底性；(4) 综合性。兜底特征和综合特征主要体现的是权利与义务的道德评判标准；职业整体特征和正向引导特征主要体现的是美德伦理学的道德评判标准。

2. 原则应用

IFAC (2019) 及 CICPA (2020) 的职业道德守则规定，职业会计师不得在明知的情况下，从事任何可能损害诚信原则、客观公正原则或良好职业声誉，从而可能违反职业道德基本原则的业务、职务或活动。如果一个理性且掌握充分信息的第三方很可能认为某种行为将对良好的职业声誉产生负面影响，则这种行为属于可能损害职业声誉的行为。

IFAC (2019) 及 CICPA (2020) 的职业道德守则还规定，职业会计师在向公众传递信息以及推介自己和工作时，应当客观、真实、得体，不得损害职业形象。职业会计师应当诚实、实事求是，不得有下列行为：(1) 夸大宣传提供的服务、拥有的资质或获得的经验；(2) 贬低或无根据地比较他人的工作。

如果职业会计师对其行为是否适当存有疑问，可以向会计职业机构或监管部门咨询，但咨询本身并不能减轻职业会计师对良好职业行为应负有的责任与义务。

二 习题

（一）判断题

1. 诚信是我国社会主义核心价值观的重要组成部分，也是一切商业活动的基本行为准则。（　　）

2. 公众不仅包括职业会计师服务的客户，也包括广大投资者、债权人、政府机构、社会公众等其他可能依赖会计师提供的信息以作出相关决策的组织或人员。（　　）

3. 客观公正就是实事求是。（　　）

4. 如果会计师在程序上遵循了公正、不偏不倚，但最终的会计信息在实质上有利于某一方，那么此时信息就不是中立的。（　　）

5. 会计职业对专业胜任能力这一原则的选择体现的是权利与义务观的道德评判标准；而勤勉尽责（应有的职业关注）体现的则是效用主义的道德评判标准。（　　）

6. 注册会计师在执业过程中缺乏合理的关注，即未严格按照审计准则的要求从事审计工作，会导致重大过失。（　　）

7. 保密原则要求注册会计师对因职业关系而获知的涉密信息保密，即使公众利益与保密原则产生直接的冲突时也不应有所例外。（　　）

8. 如果变更工作单位或获得新客户，会计师在不利用或披露以前职业活动中获知的涉密信息的前提下，可以利用以前的经验。（　　）

9. 职业会计师在向公众传递信息以及推介自己和工作时，应当客观、真实、得体，不得损害职业形象。（　　）

10. 如果职业会计师对其行为是否适当存有疑问，可以向会计职业机构或监管部门咨询，以此减轻其对良好职业行为应负有的责任与义务。（　　）

（二）单项选择题

1. 会计职业道德的首要原则是（　　）。

A. 诚信原则　　B. 客观公正原则

C. 保密原则　　D. 专业胜任能力与勤勉尽责原则

2. 会计行业的宗旨是（　　）。

A. 遵守法律法规　　B. 赢得卓越的职业声誉

C. 提供专业服务　　　　　　　　D. 维护公众利益

3. 以下事项中，会计师违背了诚信原则的是（　　）。

A. 明知被审计单位财务报表含有严重虚假或误导性的陈述，注册会计师拒绝承接业务

B. 审计单位财务报表所包含的信息缺乏充分依据，注册会计师未能出具恰当的审计报告

C. 未经客户授权或法律法规允许，向第三方披露其所获知的涉密信息

D. 被审计单位财务报告存在重大遗漏，注册会计师出具了恰当的审计报告

4. 注册会计师在对某公司的财务报表进行审计时，由于个人不赞同被审计单位的经营理念，遂将重大错报风险评估为高水平，则该注册会计师违反了（　　）原则。

A. 诚信　　　　　　　　B. 客观公正

C. 专业胜任能力与勤勉尽责　　　　D. 良好职业行为

5. 下列对会计师专业胜任能力的表述中，不恰当的是（　　）。

A. 会计师的专业胜任能力是其教育、职业经验和持续学习的综合结果

B. 如果会计师缺乏足够的知识、技能和经验，就违背了职业道德基本原则

C. 会计师拥有了专业胜任能力就能够胜任所有业务

D. 专业胜任能力要求会计师在提供专业服务时合理运用职业判断

6. 注册会计师在审计过程中缺乏最起码的关注，即在审计工作中未能遵守审计准则的最低要求，将会导致的审计法律责任是（　　）。

A. 普通过失　　B. 重大过失　　C. 共同过失　　D. 欺诈

7. 注册会计师遵循了独立性要求，但未遵循保密原则，其行为将导致的后果是（　　）。

A. 理想状态　　　　　　　　B. 潜在的审计合谋

C. 损害客户利益　　　　　　D. 审计失败与损害客户利益并存

8. 注册会计师的下列行为违反保密原则要求的是（　　）。

A. 接受监管机构的执业质量检查时提交包含客户信息的审计工作底稿

B. 将审计过程中知悉的客户信息转卖给他人获利

C. 在法庭审理过程中向法庭呈送包含客户信息的审计工作底稿

D. 经客户允许将审计过程中知悉的客户信息告知后任注册会计师

9. 带综合性、兜底性质的会计职业道德基本原则是（　　）。

A. 诚信原则　　　　　　　　B. 客观公正原则

C. 专业胜任能力与勤勉尽责原则　　D. 良好职业行为原则

10. 保密原则总体上体现为职业会计师应履行的一项职业义务，因此会计职业对保密原则的选择主要体现的是（　　）的道德评判标准。

A. 效用　　B. 权利与义务　　C. 正义与公平　　D. 关怀

（三）多项选择题

1. 会计职业道德的三项核心原则包括（　　）。

A. 诚信原则　　B. 客观公正原则

C. 专业胜任能力与勤勉尽责原则　　D. 保密原则

2. 维护公众利益是会计行业的宗旨，其中所指的“公众”包括（　　）。

A. 投资者　　B. 债权人　　C. 政府机构　　D. 社会公众

3. 良好职业行为原则在性质上具有（　　）特征。

A. 职业整体性　　B. 正向引导性　　C. 兜底性　　D. 综合性

4. 下列行为中，注册会计师违反保密原则的有（　　）。

A. 利用获知的客户信息买卖客户的股票

B. 向监管机构报告发现的客户或受雇单位违反法律法规的行为

C. 与客户发生意见分歧时，诉诸媒体

D. 接受同业复核提供底稿

5. 以下针对会计师专业胜任能力的表述中，恰当的有（　　）。

A. 专业胜任能力包括获取和保持两个阶段

B. 如果会计师在缺乏足够的知识、技能和经验的情况下提供专业服务，其行为的性质属于欺诈

C. 只要取得了注册会计师职业资格，就意味着该会计师具备专业胜任能力

D. 专业胜任能力基本原则要求会计师在提供专业服务时合理运用职业判断

（四）简答题

1. 如何理解会计职业的公众利益导向？其与会计职业道德基本原则的关系如何？

2. 为什么诚信是会计职业道德首要的基本原则？

3. 客观公正原则的含义与要求是什么？

4. 未尽勤勉尽责可能会导致哪些法律责任？

5. 如何理解保密原则与公众利益导向之间辩证统一的关系？

（五）案例分析

世界通信（WorldCom），还是世界骗局（World-Con）？

2002 年对美国世界通信公司（WorldCom，简称“世通”）来说，无疑是厄运连连的一年。自 20 世纪 90 年代以来，世通利用兼并、收购等手段疯狂扩张，不到

20年便成长为美国第二大长途电话公司、全球第一大互联网供应商。这家曾风光无限的电信行业巨头，却在2002年因财务造假丑闻轰然倒塌……

世通神话的破灭

2001年，世通高额负债的状况引起美国证券监管机构的关注。2002年2月8日，世通降低了2002年度的收入和盈余预测，并计划第二季度计提150亿～200亿元的无形资产减值准备。2002年3月，美国证券交易委员会（SEC）宣布对世通过往的兼并事件和公司向CEO伯纳德·埃伯斯（Bernard Ebbers）提供3.66亿美元巨额贷款一事进行调查。此后，世通经历了前后两次裁员，其债券的信用等级也被穆迪和菲奇等信用评级机构降至“垃圾债券”级别。4月30日，其CEO埃伯斯迫于董事会和大股东的强大压力黯然辞职。6月20日，世通因资金周转紧张，推迟了优先股的股息支付。6月24日，其股价跌破1美元，而在1999年6月，其最高股价曾达到64.50美元！

在经历了这接二连三的打击后，世通的风波远未平息。2002年6月，世通新任CEO主持的一次内部审计暴露出更大的丑闻：从2001年开始，世通与扩建电信系统工程有关的大量费用没有作为正常成本入账，而是作为资本支出处理，这一会计“技巧”为世通带来了38亿美元的巨额“利润”。6月25日，迫于SEC的压力，世通不得不发布声明，承认至少有38亿美元的支出被做了手脚，用来虚增现金流和利润；同时，该公司2001年14亿美元的利润和2002年第一季度1.3亿美元的盈利也属子虚乌有。

假账丑闻给世通带来了灭顶之灾。丑闻曝光的第二天，SEC即以民事欺诈罪正式起诉世通；正在加拿大出席西方七国首脑会议的美国总统布什怒不可遏，表示要全面调查世通一案。与此同时，世通股票市值急剧缩水到3.35亿美元，公司成为一具空壳，信用等级被降为最低级；一年前允诺向世通提供25亿美元融资的25家投资银行也相继控告世通诈骗25亿美元。许多美国主流媒体将世界通信的英文缩写“WorldCom”改为“World-Con（世界骗局）”。

7月21日，世通不得不申请破产保护，申报的资产总额高达1 070亿美元，成为美国历史上最大的破产案。此后，又发现的两笔错账更是使财务丑闻涉及金额进一步增加到90亿美元，创下了空前的财务舞弊世界纪录。

世通编造了哪些“世界骗局”？

据调查，在1999—2000年的两年间，世通虚构的营业收入达90多亿美元；截至2003年底，公司总资产被虚增约110亿美元，其财务舞弊手法主要包括冲销成本费用、虚增资本支出、造假营业收入等。

（一）冲销营业成本，虚增资产

2000年10月和2001年2月，在审阅了2000年第三、四季度公司的财务报表后，世通的首席财务官斯科特·苏利文（Scott Sullivan）认为线路成本占营业收入的比例偏高，体现的利润达不到华尔街财务分析师的盈利预期，也不符合此前世通向投资者提供的盈利预测。为此，其下令让手下的主计长大卫·迈耶斯（David Myers）和会计部主任巴福特·耶特斯（Buford Yates）将第三、四季度的线路成本分别调减 8.28 亿美元和 4.07 亿美元，并按相同金额借记已计提的递延税款、坏账准备和预提费用等准备金科目，以保持借贷平衡。利用该类造假手法，世通成功夸大对外报告的利润。经 SEC 和司法部查实，世通该类造假金额高达 16.35 亿美元。

（二）冲回线路成本，夸大资本支出

2001 年 4 月，苏利文发现线路成本占营业收入的比例仍高居不下，于是他决定将已计入经营费用的线路成本，以“预付容量”的名义转至固定资产等资本支出账户。为将该造假伎俩付诸实施，苏利文授意迈耶斯和耶特斯，要求总账会计部给各地分支机构分管固定资产记录的会计人员下达指令，在季度结账后，根据指令借记固定资产账户，贷记线路成本账户。借助这一方法，世通成功降低经营费用，调高经营利润，SEC 和司法部已查实的该类造假金额高达 38.52 亿美元。

（三）利用收购兼并，蓄意低估商誉

除了在线路成本方面弄虚作假外，世通还在收购兼并过程中利用所谓的未完工研发支出粉饰报表。世通尽可能地将收购价格分摊至未完工研发支出，并作为一次性损失在收购当期予以确认，以达到在未来期间减少商誉摊销或避免减值损失的目的。

（四）随意计提固定资产减值，虚增未来期间经营业绩

世通一方面通过确认未完工研发支出压低商誉，另一方面通过计提固定资产减值准备虚增未来期间的利润。收购微波通信公司（MCI）时，世通将 MCI 固定资产的账面价值由 141 亿美元调减为 107 亿美元，使得收购 MCI 的商誉虚增了 34 亿美元。按 MCI 的会计政策，通过计提 34 亿美元的固定资产减值损失，可使世通在收购 MCI 后的未来 4 年内，每年可减少约 7.8 亿美元的折旧。而虚增的 34 亿美元商誉则分 40 年摊销，每年约为 0.85 亿美元。每年少提的 7.8 亿美元折旧和多提的 0.85 亿美元商誉摊销相抵后，世通在 1999—2001 年每年约虚增了 6.95 亿美元的税前利润。

（五）借会计准则变化之机，大肆进行巨额冲销

1997—2001 年，世通的商誉及其他无形资产占其资产总额的比例一直在 50% 左右徘徊，高额的商誉成为制约其经营业绩的沉重包袱。美国财务会计准则委员会（FASB）2001 年 7 月颁布了 142 号准则《商誉及其他无形资产》，不再要求上市公司对商誉以及没有明确使用年限的无形资产进行摊销，而改为减值测试并计提减值准备。于是在 2001 年度财务报告中，世通发出了 2002 年度业绩将大幅下降的预警，拟在 2002 年第二季度计提 150 亿～200 亿美元的商誉减值准备。其高层直言不

讳地表示，由于142号准则不再要求对商誉及其他没有明确使用期限的无形资产进行摊销，世通每年可减少13亿美元的摊销费用。

"告密者"为何人?

揭开世通财务舞弊这一丑闻序幕的，是其内部审计人员辛西亚·库伯（Cynthia Cooper)。辛西亚自1994年起受雇于世通的前身LDDS，从事内部审计工作，直接对世通的首席财务官苏利文负责。

2002年3月初，与世通无线通信业务负责人的一次会面，辛西亚得知了公司为抬升对外报告的盈利而无根据地冲回4亿美元的坏账准备一事，她由此对公司的会计处理产生了怀疑。加之SEC宣布对世通的财务状况进行正式调查，这进一步引起了她的怀疑。于是，辛西亚开始了其"寻找真相"的艰难历程。

根据世通的职责分工，内部审计部只负责经营绩效审计，从事业绩评估和预算控制，财务审计不在其工作职责范围之内，而是外包给安达信。辛西亚承受着苏利文的警告和压力，毅然决定私自将其职责范围扩张至全面的财务审计，并与其下级对世通会计处理的真相进行秘密调查。为获取世通会计造假的直接证据，辛西亚与其下级甚至另辟蹊径，侵入公司会计信息系统调阅相关的会计分录和凭证，最终发现世通将20亿美元经营费用"包装"成资本性支出进行利润造假的证据。

但证据的获得反而使辛西亚陷入了痛苦的思想斗争中。她深知，揭露世通的这一罪行，公司很有可能遭受灭顶之灾，且其自身也将失去工作。但她认识到，舞弊行为越晚暴露会导致更多的投资者遭受损失。理性最终战胜了感情，私利让位于正义，辛西亚决定将调查进行到底，并将此事汇报给世通审计委员会主席和负责其审计事宜的毕马威，并使得世通被加速还原为"世界骗局"。

审计师扮演了什么角色?

具有讽刺意味的是，为世通提供审计服务的是当年3月在安然破产案中被控犯有妨碍司法罪的安达信会计师事务所。尽管世通存在前所未有的财务舞弊，其财务报表严重歪曲失实，但安达信会计师事务所至少从1999年起一直为世通出具无保留意见的审计报告。世通丑闻曝光后，虽安达信声称"审计员的工作依赖于世通公司管理层的诚实和正直"，意欲洗脱干系，但世通高层却认为安达信未能发现世通的账目有问题"是难以置信的"。安达信对世通的审计失败，主要归因于以下几方面：

（一）未善尽职业专注

世通的管理当局具有提供虚假财务报告的强烈动机，包括：(1) 世通迫切需要保持高股价来维持以换股方式进行收购兼并的吸引力；(2) 世通需要保持较高的投资和信用等级以发行票据和债券。另外，世通所处电信行业发生逆转，风险居高不下，表现为竞争激烈、市场饱和、盈利下降、倒闭不断、坏账剧增。对于这些信息，安达信并未去了解，即使有所了解，也视而不见，连起码的职业敏感性都没有。

（二）未能保持应有的职业审慎和职业怀疑

安达信对于世通管理当局蓄意将财务审计排除在内部审计部的法定职责之外，对只准予内部审计从事经营绩效审计这一举动不加怀疑。另外，世通的会计记录存在大量的高层调整，及公司总部直接给子公司等分支机构下达账项调整指令，但没有提供相关的授权签字和原始凭证等书面材料。对于这一事实，安达信也不予理睬。

（三）未适当设计及规划审计程序

安达信没有按照GAAS的要求，对世通的下列相关会计控制和程序进行充分了解，导致其未能合理制定和实施有助于发现财务舞弊的审计程序：结账后调整分录、准备金转回的规定、重组准备和其他准备金、线路成本的估计判断、资产减值的计提和转回的估计判断及相关控制程序。

（四）过分依赖管理当局的声明，未获取足以支持其审计意见的审计证据

对于世通在2000年第三、四季度以及2001年第三季度将过去计提的16.35亿美元的准备金用于冲销线路成本的舞弊行为，和另外一起将38.52亿美元的线路成本由经营费用转入厂房、设备和财产科目的重大舞弊行为，安达信由于过分信赖管理当局的声明而没发现。

案例研讨问题

1. 请结合本章内容和此案例，简述世通的首席财务官苏利文、主计长迈耶斯和会计部主任耶特斯各违背了哪些会计职业道德基本原则。

2. 世通的内审工作人员辛西亚的行为是否违背了会计职业道德基本原则中的保密原则呢？请说明原因。

3. 安达信对世通的审计失败源于未尽勤勉尽责，结合本章内容谈一谈此案中其行为将导致何种法律责任？

三 推荐阅读材料

1. 陈汉文，王光远．国外对民间审计保密性的规范及启示．审计研究，1999(4)：42-46.

2. 陈汉文，韩洪灵．审计理论与实务．北京：中国人民大学出版社，2019.

3. 陈汉文．注册会计师职业行为准则研究．北京：中国金融出版社，1999.

4. 裘宗舜，韩洪灵．美国安然骗局及其对应议论的剖析．葛家澍，裘宗舜．会计信息丛书：会计热点问题．5辑．北京：中国财政经济出版社，2003.

5. 国际会计师职业道德守则．

6. 中国注册会计师职业道德守则第 1 号——职业道德基本原则（征求意见稿）.

7. 中国注册会计师协会非执业会员职业道德守则（征求意见稿）.

8. 爱弥尔·涂尔干．职业伦理与公民道德．渠东，付德根，译．上海：上海人民出版社，2001.

9. Lynne McFall. Integrity. Ethics, 1987(10).

10. Financial Accounting Standards Board(FASB). Statement of Financial Accounting Concepts No. 2. 1980.

11. Spalding A D, Oddo A. It's Time for Principles-Based Accounting Ethics. Journal of Business Ethics, 2011, 99(1): 49-59.

12. Terri L Herron, David L, Gilbertson. Ethical Principles vs. Ethical Rules: The Moderating Effect of Moral Development on Audit Independence Judgments. Business Ethics Quarterly, 2004, 14(3): 499-523.

13. Thomas E Becker. Integrity in Organizations: Beyond Honesty and Conscientiousess. Academy of Management Review, 1998, 23(1), 154-161.

四 附加模块

无

五 参考答案

（一）判断题

1. √	2. √	3. √	4. ×	5. ×
6. ×	7. ×	8. √	9. √	10. ×

（二）单项选择题

1. A	2. D	3. B	4. B	5. C
6. B	7. C	8. B	9. D	10. B

（三）多项选择题

1. BCD	2. ABCD	3. ABCD	4. AC	5. ABD

（四）简答题

1. （1）维护公众利益是会计行业的宗旨。公众不仅包括职业会计师服务的客户，也包括广大投资者、债权人、政府机构、社会公众等其他可能依赖会计师提供的信息以作出相关决策的组织或人员。这种依赖赋予会计师维护公众利益的责任。公众利益可以定义为那些可能依赖会计师工作的组织或人员的整体利益。

公众利益导向即当公众利益与客户或雇主利益发生冲突时，应以公众利益作为是非的判断标准；当公众利益、客户或雇主利益与会计师自身利益发生冲突时，应以公众利益为重。

(2) 公众利益导向对各项基本原则的制定有着指引作用，各项基本原则的内涵及其应用都体现了这一导向。例如，诚信原则要求会计师在为客户保密的前提下，在所有的职业活动中保持正直、诚实守信，并以公众利益为重。客观公正原则要求在会计师履行职业义务时，必须摒弃单位、个人私利，公平公正、不偏不倚地对待相关利益方，使得相关各方的利益不会因会计师提供的专业服务而遭受损害。保密原则也体现了公众利益导向，还设定了例外情形，即当公众利益与保密原则产生直接冲突时，职业会计师的保密原则需让位于公众利益。

2. 诚信是我国社会主义核心价值观的重要组成部分，也是一切商业活动的基本行为准则。诚信通常包含讲真话、诚实和公正公允等道德要素。对于会计职业而言，诚信所包含的道德内涵与会计职业的关键责任义务和会计信息的关键质量特征高度相关，如会计信息的真实、忠诚反映、财务报表的公允性、会计信息可验证性。因此，诚信是会计职业的基石，是会计职业道德最为首要的基本原则。

3. (1) 客观公正原则包含客观和公正两个紧密关联的要素。客观指看待事物的一种态度或事物本来所存在的自然状态，即不以特定人的角度去看待事物，强调以事物本身的属性为标准，而不以人的意志为转移。公正就是公平正直，没有偏颇，平等对待各方。对于职业会计师而言，客观公正的基本内涵是：坚持客观立场、忠实于事实真相、实现公正公平（包括程序公平与结果公平）。其中，坚持客观立场是基石，忠实于事实真相是核心，实现公平公正是目的。简而言之，客观公正就是实事求是。

(2) 客观公正原则要求会计师必须以实际发生的经济活动为依据，对会计事项进行确认、计量、记录和报告，以达到会计信息的可靠性；同时，在履行职业义务时，必须摒弃单位、个人私利，公平公正、不偏不倚地对待相关利益方，以达到信息的中立或不偏不倚。

IFAC（2019）及 CICPA（2020）的职业道德守则规定：(1) 会计师应当遵循客观公正原则，公正处事，实事求是，不得由于偏见、利益冲突或他人的不当影响而损害自己的职业判断。(2) 如果存在可能导致职业判断出现偏差，或对职业判断产生不当影响的情形，会计师不得从事与之相关的专业活动。

4. 对于注册会计师而言，偏离勤勉尽责或应有的职业关注（职业谨慎）可能导致的法律责任包括过失和欺诈。其中，因未尽勤勉尽责而引起的过失，依情况严重程度可分为一般过失和重大过失。具体而言，不同程度的偏离勤勉尽责将导致的法律责任如下：

(1) 一般过失：在特定情况下缺乏人们期待的合理谨慎。评价审计人员是否缺乏合理谨慎，依据的是在相同情况下其他具有胜任能力的审计人员将会怎样做。

(2) 重大过失：缺少人们期待的最起码的谨慎，相当于草率行为。

(3) 共同过失：受害方自己也未能保持合理的谨慎。

(4) 推定欺诈：虽非蓄意欺诈或伤害他人，却存在极端的或不同寻常的过失。推定欺诈也可以定义为草率行为，即尽管不是蓄意欺诈报表使用者，但明知没有执行充分审计，却仍然发表了审计意见。

(5) 欺诈：对于发生的错报，既知道其虚假性，又进行蓄意欺诈。

5. 受雇单位（客户）作为公众群体中的一员，与单位会计人员（注册会计师）之间存在着一种直接的合约关系，其基础是相互信赖。如果职业会计师在接受委托或受雇后不能保守客户或受雇单位的秘密，那么客户或受雇单位就会认为其利益没有得到很好的维护，就会对职业会计师产生不信任。相互信任关系的缺失，必然导致两者之间职业服务合约关系的解体。比如，职业会计师披露客户或受雇单位的商业机密、主管人员的薪金数额、产品定价、广告计划、内幕消息、顾客名单或组织计划等，将会使客户或受雇单位在商业竞争中处于劣势地位。可见，对于会计职业而言，保密原则与公众利益导向是辩证统一的。

对于单位会计人员而言，他们本身就是单位重要的、机密的信息生产者，所以他们自然应遵循保密原则。对于注册会计师而言，如果不遵守保密原则，客户会因担心秘密泄露而在是否允许注册会计师检查某些重要文件时表现出犹豫不决，而获取关键资料与信息是注册会计师能否提供高质量的审计、审阅或其他鉴证与非鉴证业务的关键环节和重要条件。相反，如果注册会计师能够遵循保密原则，信息提供者就可以放心地向注册会计师提供从事职业活动所需的全部信息，而不必担心该信息为其他方获知，这在本质上更加有利于注册会计师更好地维护公众利益。

此外，保密原则还存在例外情形，当公众利益与保密原则产生直接的冲突时，职业会计师的保密原则需让位于公众利益。

（五）案例分析

1. (1) 首席财务官苏利文的行为违背了诚信原则。

诚信原则要求会计师在为客户保密的前提下，在所有的执业活动中保持正直、诚实守信，并以公众利益为重。该原则容许会计师无意的差错和不同的诚实观点，但不允许欺骗和对原则的妥协。它要求会计师在形式上和实质上如实地遵守各项技术标准和道德准则。此案例中，苏利文为使公司利润达到华尔街财务分析师的盈利预期，并符合此前世通向投资者提供的盈利预测，而将公众利益弃置一旁，“指导”

其手下的财务人员进行财务舞弊，为公众提供虚假的财务信息，显然是违背了诚信原则。

(2) 主计长迈耶斯和会计部主任耶特斯的行为违背了诚信原则和客观公正原则。

IFAC (2019) 及 CICPA (2020) 的职业道德守则均规定，基于诚信原则，会计师如果认为业务报告、申报资料、沟通函件或其他方面的信息存在下列问题，不得与这些有问题的信息发生关联：(1) 含有严重虚假或误导性的陈述；(2) 含有缺乏充分根据的陈述或信息；(3) 存在遗漏或含糊其词的信息，而这种遗漏或含糊其词可能会产生误导。

迈耶斯和耶特斯作为世通的财务人员，明知公司的财务数据有问题，却未对苏利文有悖会计职业道德的指令提出质疑，而是在其领导下直接参与造假，篡改财务数据，与有问题的信息发生关联，其行为违背了诚信原则。

此外，客观公正原则要求会计师坚持客观立场、忠实于事实真相、实现公正公平。在履行职业义务时，会计师必须摒弃单位、个人私利，公平公正、不偏不倚地对待相关利益方，以达到信息的中立或不偏不倚。此案例中，迈耶斯和耶特斯听从公司高层的指令进行财务造假，以使得财务数据符合公司高层的期望，从而有利于公司，这一行为有悖于客观公正原则。

2. 辛西亚的行为并没有违背保密原则。

保密原则虽要求会计师对职业活动中获知的所有涉密信息保密，但也存在例外情形。在下列情况下，会计师披露涉密信息是适当的，不被视为违反保密原则：(1) 法律法规要求披露，如为法律诉讼准备文件或提供其他证据，或者向适当的监管机构报告发现的违反法律法规行为；(2) 法律法规允许披露，并取得客户的授权；(3) 会计师有职业义务或权利进行披露，且法律法规未予禁止，主要包括下列情形：1) 接受会计师协会或监管机构的执业质量检查；2) 答复会计师协会或监管机构的询问或调查；3) 在法律诉讼、仲裁中维护自己的合法权益；4) 遵守职业准则的要求，包括职业道德要求；5) 法律法规和职业准则规定的其他情形。

辛西亚虽公布了世通公司的“机密信息”，使其加速走向了破产，但其行为是出于遵守职业准则的考量。世通财务舞弊的行为是违法的，辛西亚的行为揭露了世通的违法行径，维护了公众的利益。会计职业道德准则中指出，当公众利益与保密原则产生直接的冲突时，职业会计师的保密原则需让位于公众利益，因此，辛西亚的行为并非违反了会计职业道德基本原则。

3. 对于注册会计师而言，偏离勤勉尽责或应有的职业关注（职业谨慎）可能导致的法律责任包括过失和欺诈。其不同的偏离程度所导致的不同法律责任如下表所示。

偏离勤勉尽责导致的审计法律责任

审计法律责任	偏离勤勉尽责（应有的职业谨慎）的程度
一般过失	在特定情况下缺乏人们期待的合理谨慎。评价审计人员是否缺乏合理谨慎，依据的是在相同情况下其他具有胜任能力的审计人员将会怎样做。
重大过失	缺少人们期待的最起码的谨慎，相当于草率行为。
共同过失	受害方自己也未能保持合理的谨慎。
推定欺诈	虽非蓄意欺诈或伤害他人，却存在极端的或不同寻常的过失。推定欺诈也可以定义为草率行为：尽管不是蓄意欺诈报表使用者，但明知没有执行充分审计，却仍然发表了审计意见。
欺诈	对于发生的错报，既知道其虚假性，又进行蓄意欺诈。

此案例中，世通的管理当局具有提供虚假财务报告的强烈动机，蓄意将财务审计排除在内部审计部的法定职责之外，只准予内部审计部从事经营绩效审计，这一举动充满疑点且很容易就能被知悉，但安达信却连起码的职业敏感性都没有，均未作出反应。另外，世通的会计记录存在大量的高层调整，及公司总部直接给子公司等分支机构下达账项调整指令，但没有提供相关的授权签字和原始凭证等书面材料，对于这一事实，安达信也不予理睬。

此外，根据案例所述，安达信对世通的多项会计控制和程序未进行充分了解，导致其未能合理制定和实施有助于发现财务舞弊的审计程序，未获取足以支持其审计意见的审计证据，且由于过分信赖管理当局的声明而没发现公司的舞弊事实。

上述种种行为，说明安达信在审计过程中缺乏最起码的职业谨慎，且在执行审计业务的过程中未充分执行审计程序、获取足以支持其审计意见的审计证据，相当于草率行为。因此，其对勤勉尽责原则的偏离将导致重大过失这一法律责任。

第六章

会计职业道德概念框架

一、本章概要

二、习题

三、推荐阅读材料

四、附加模块

五、参考答案

一 本章概要

自1996年英格兰和威尔士特许会计师公会（ICAEW）提出按照概念框架法修订会计职业道德准则后，美国独立性准则委员会（ISB）于2000年将概念框架法应用于独立性准则制定，而国际会计师联合会（IFAC）则于2004年首次发布了全面基于概念框架法的职业道德守则。此后，概念框架成为世界各国主要会计职业团体制定或修订职业道德守则的标准方法。为此，本章将在第五章会计职业道德基本原则的基础上，进而对会计职业道德概念框架的基本作用、构成要素及其应用过程进行较为详细的阐述。

（一）会计职业道德概念框架简介

1. 会计职业道德概念框架的基本作用

会计职业道德概念框架的主要目的在于指导会计职业道德基本原则的应用，为会计师解决职业道德困境问题提供总体思路和方法，也是会计职业道德守则本身演绎、推导与制定的理论基础与逻辑指南。如前所述，职业道德概念框架法实际上隐含了原则导向的理念，其优势正是在于有利于将职业道德基本原则一以贯之地应用于各种不同的或无法预知的道德抉择情景，并有助于形成首尾一贯、逻辑一致的职业道德规则（准则）。

Heath（2007）指出，规则导向（rules-based）的职业道德守则会导致存在许多“在规则上没有被禁止但并非允许的行为”，这种行为没有违反条条框框的规则，但违反了规则背后的职业精神。概念框架法所推动的以原则导向（principles-based）为基础的职业道德守则具有更强的对未来市场环境变革的适应性。与规则导向的职业道德守则相比，原则导向的职业道德守则具有更大的效力，可大幅度减少冗长的规则设定。

Paine（1994）的研究表明，与遵循更健全、更完整的道德标准策略相比，机械的遵从性策略对职业行为的规定过于绝对，有更大的局限性。Mele（2005）指出，基于规则导向的体系促进了一种机械的实用主义，造成了实际运用中的偏激或机械遵循，这种实用主义混淆了道德规则与道德原则之间所存在的手段与目的的区别。因此，职业道德概念框架所倡导的原则导向可以灵活地指导职业会计师根据特定情况进行特定分析，而不是对规则的机械遵循，减少基于规则的边缘性不良职业行为。

2. 会计职业道德概念框架的构成要素

IFAC（2019）发布的《国际会计师职业道德守则》将会计职业道德概念框架所包含的概念要素分为两部分，即适用于所有会计师的核心概念及针对注册会计师的专门概念。CICPA（2020）也制定了概念框架构成要素。

IFAC（2019）和 CICPA（2020）的概念框架针对所有职业会计师的概念均包括以下三个核心概念：识别不利影响（identifying threats）、评价不利影响（evaluating threats）与应对不利影响（addressing threats）。

识别不利影响是指职业会计师对职业道德基本原则的遵循可能受到多种因素的不利影响，会计师应当运用职业判断，识别出这些情形是否对职业道德基本原则的遵循产生不利影响以及产生这些不利影响背后的因素。

评价不利影响是指在运用职业道德概念框架时，会计师应当运用职业判断，如果发现存在可能违反职业道德基本原则的情形，会计师应当从性质和数量两个方面评价其不利影响的严重程度。

应对不利影响是指如果认为对遵循职业道德基本原则的不利影响超出可接受的水平，职业会计师应当确定是否能够采取措施消除不利影响或将其降低至可接受的水平。

需要特别指出的是，IFAC（2019）将独立性与职业怀疑这两个概念作为针对注册会计师的专门概念，将其纳入职业道德概念框架；而 CICPA（2020）则将独立性作为一项单独的职业道德基本原则。

IFAC（2019）要求，注册会计师在计划和执行审计、审阅和其他鉴证业务时应遵循独立性准则的要求。IFAC（2019）认为，独立性是与诚信和客观公正这两项职业道德基本原则内在关联且高度一致的。独立性包括精神独立性（independence of mind）和形式上的独立性（independence in appcarancc）两个方面。

IFAC（2019）要求，注册会计师在计划和执行审计、审阅和其他鉴证业务时应当保持职业怀疑。IFAC认为，职业怀疑是与职业道德的五项基本原则高度关联且内在一致的。在财务报表审计中，遵循职业道德基本原则与保持职业怀疑是内在一致或相互促进的。

（二）会计职业道德概念框架应用

1. 职业道德概念框架的应用过程

（1）识别对遵守基本原则产生的不利影响。对遵守职业道德基本原则产生不利影响的因素是导致会计师产生潜在偏见的关键根源，这些因素可能危及或按理性预期会危及会计师作出无偏决策的能力。鉴别特定的不利影响类型有助于会计师理解它们的性质及其对遵守职业道德基本原则的潜在影响。IFAC（2019）及 CICPA（2020）将可能对职业道德基本原则的遵循产生不利影响的情形分为以下五类：1）因自身利益（self-interest）产生的不利影响；2）因自我评价（self-review）产生的不利影响；3）因过度推介（advocacy）产生的不利影响；4）因密切关系（familiarity）产生的不利影响；5）因外在压力（intimidation）产生的不利影响。

（2）评价不利影响的严重程度。如果识别出对存在对遵循职业道德基本原则产生不利影响的因素，IFAC（2019）及 CICPA（2020）均要求职业会计师应当评价该不利影响的严重程度是否处于可接受的水平。在这一过程中，职业会计师应当关注以下三个方面：可接受的不利影响水平、评价时应考虑的相关因素、考虑新信息或者事实和情况的变化。

（3）应对不利影响。IFAC（2019）及 CICPA（2020）均强调，职业会计师应当运用职业判断，确定如何应对超出可接受水平的不利影响，包括以下三种基本的应对方式：1）消除产生不利影响的情形，包括利益或关系；2）采取可行的防范措施将不利影响降低至可接受的水平；3）拒绝或终止特定的职业活动。

在应对方式选择的过程中还可能涉及与治理层的讨论与沟通以及必要的披露或记录。

1）与治理层的讨论与沟通。当职业会计师运用概念框架解决职业道德问题时，IFAC（2019）及 CICPA（2020）均规定，上述应用过程中就相关情况与客户或雇佣单位治理层取得沟通。在沟通时，会计师应当确定与单位治理结构中的哪些适当人员进行沟通。在确定具体沟通对象时，会计师可能需要考虑下列事项：a. 具体情况的性质和重要程度；b. 拟沟通的事项。

2）必要的披露或记录。IFAC（2019）及 CICPA（2020）均规定，在职业会计师运用概念框架应对不利影响的过程中，有时候需要根据不利影响的性质和严重程度，通过运用职业判断以确定是否有必要进行特定的披露以获取相关方明确的同意，并对相关事项加以记录。IFAC（2019）和 CICPA（2020）强调，在进行披露以获取相关方对特定事项的同意时，应当对保密原则保持警惕。披露通常可以采取一般性披露或具体披露。

2. 概念框架应用过程需强调的事项

当运用概念框架解决职业道德问题时，IFAC（2019）及 CICPA（2020）均强调了职业会计师应该关注以下三个方面：

（1）运用职业判断。职业判断涉及对与具体事实和情况（包括特定职业活动的性质和范围，以及所涉及的利益和关系）相关的教育和培训、专业知识、技能、经验的运用。在从事具体职业活动的过程中，当职业会计师运用概念框架以对可采取的行动作出知情的决策，并确定这些决策在具体情况下是否适当时，应当运用职业判断。

(2) 对新的信息以及事实和情况的变化保持警觉。了解已知的事实和情况是正确运用概念框架的前提。职业会计师在确定为了获取这些了解有必要采取哪些行动，以及就职业道德基本原则是否得以遵循形成结论时，同样应当运用职业判断。职业会计师要对新信息、事实和情况的变化保持警觉，应对职业道德问题时，应当考虑产生该问题的具体事实和情况（包括特定职业活动的性质和范围，以及所涉及的利益和关系）。

(3) 实施理性且掌握充分信息的第三方测试。第三方测试是检验会计师得出的结论是否客观公正的一种测试方法。具体来说，是指职业会计师应当考虑：假设存在一个理性且掌握充分信息的第三方，在相同的情况下是否很可能得出与其自身相同的结论。

二 习题

（一）判断题

1. 概念框架可以指导基本原则在具体规则无法穷尽的领域得到应用。（　）

2. 英格兰和威尔士特许会计师公会（ICAEW）于 1996 年最早提出了职业道德守则制定的概念框架法。（　）

3. 会计职业道德概念框架与财务会计概念框架在性质与功能上是完全相同的。（　）

4. 独立性既包括形式上的独立性，又包括实质上的独立性。（　）

5. 遵循职业道德基本原则与保持职业怀疑是内在一致的或相互促进的。（　）

6. 直接经济利益是指注册会计师个人或其控制的实体通过投资工具拥有与客户相关的经济利益，但没有能力控制这些投资工具，或影响其投资决策。（　）

7. 职业会计师遇到的一种情形只能产生一种不利影响。（　）

8. 在评价不利影响的严重程度时，职业会计师应当从性质和数量两个方面予以考虑，在适当时，需要考虑多项不利影响组合起来的效果。（　）

9. 在判断不利影响（对遵循基本原则的威胁）是否为“明显不重大”时，可以从不利影响发生的可能性以及可能造成的损害程度两个方面综合考虑。只有在不利影响发生的可能性及其可能造成的损害都为“小”时，职业会计师才能将其判定为“明显不重大”。（　）

10. 如果对职业道德基本原则的不利影响超出可接受的水平，职业会计师应当拒绝或终止特定的职业活动。（　）

（二）单项选择题

1. 以下针对会计职业道德概念框架的解释，不正确的是（　　）。

A. 它是解决职业道德问题的思路和方法

B. 只要是职业道德守则未明确禁止的情形就是允许的

C. 当职业会计师运用概念框架解决职业道德问题时，可以就相关情况与客户或雇佣单位治理层取得沟通

D. 在具体运用时，需要职业会计师大量的职业判断

2. 下列各项中不是框架型职业道德规范的优势，可以有效地弥补规则型职业道德规范在结构体系和指导理念上存在的固有缺陷的是（　　）。

A. 具有一套详细的具体规则，具有很强的操作性

B. 强调了会计师应该根据每个项目的具体情况积极考虑其职业行为

C. 可以防止出现会计师通过将法规的要求解释得过窄以逃避道德要求的不良操控行为

D. 处理道德问题时更加灵活，会计人员可以根据具体情况进行具体分析，但是这种具体分析又是建立在合乎逻辑的道德原则和概念框架的制约之下的

3. 如果会计师事务所或单位会计人员以虚假或误导性的方式推销其客户或工作单位的产品，首先从（　　）方面对业务产生不利影响。

A. 自身利益　　B. 自我评价　　C. 过度推介　　D. 密切关系

4. 当工作单位与单位会计人员或其近亲属在会计政策的选择和运用等方面存在分歧时，单位会计人员或其近亲属受到解聘或更换职位的威胁，该情形将产生（　　）的不利影响。

A. 自身利益　　B. 自我评价　　C. 过度推介　　D. 外在压力

5. 下列关于独立性的表述不正确的是（　　）。

A. 独立性是针对注册会计师而不是对非执业会员提出的要求

B. 在执行鉴证业务时，注册会计师必须保持独立性

C. 注册会计师既需要在实质上保持独立，也需要在形式上保持独立

D. 注册会计师只需要在实质上保持独立

6. 下列内部会计师出现的情况中，不会导致密切关系的不利影响的是（　　）。

A. 单位会计人员负责工作单位的财务报告，而在同一单位工作的近亲属可以作出影响财务报告的决策

B. 单位会计人员与工作单位中能够影响经营决策的人员存在长期业务交往

C. 单位会计人员接受可能影响其客观公正的礼品或款待

D. 内部会计师刚刚进入公司担任职务

7. 下列注册会计师出现的情况中，会导致自我评价的不利影响的是（　　）。

A. 注册会计师拥有客户的股票

B. 注册会计师为客户编制用于生成有关记录的原始数据，而这些记录是鉴证业务的对象

C. 审计项目组成员的妻子是审计客户的高级管理人员

D. 注册会计师遭客户威胁，必须同意审计客户某项不恰当的会计处理

8. 下列各情形中，可能不认为对职业道德产生不利影响的情形是（　　）。

A. 单位会计人员参与工作单位的激励性薪酬计划

B. 单位会计人员将公司资产挪为私用具有可行性

C. 单位会计人员负责设计和运行工作单位的内部控制，不再评价其设计和运行情况

D. 单位会计人员对收购决策进行可行性研究后，又确定该项企业合并的会计处理方法

9. 下列情形中，没有违背会计师职业道德相关规定的是（　　）。

A. 注册会计师接受了客户赠予的重要礼品

B. 某项目经理已经连续五年对公司审计，由于对公司较为熟悉，容易发现问题，故本年仍安排其负责公司的年度财务审计工作

C. 注册会计师在客户参加的诉讼中为客户担任辩护人

D. 不承接自己不能胜任的业务

10. 会计师事务所在承办具体鉴证业务时，当采取的措施不足以消除不利影响或不足以将不利影响降低至可接受水平时，会计师事务所应当（　　）。

A. 安排鉴证小组以外的注册会计师复核

B. 拒绝承接业务或解除业务约定

C. 将独立性受到损害的鉴证人员调离

D. 轮换项目负责人及签字注册会计师

（三）多项选择题

1. IFAC（2019）和 CICPA（2020）的概念框架针对所有职业会计师的概念包括的核心概念有（　　）。

A. 识别不利影响　　B. 评价不利影响

C. 应对不利影响　　D. 独立性要求

2. 职业道德概念框架的显著特征包括（　　）。

A. 规则导向思想　B. 原则导向思想　C. 风险导向逻辑　D. 防护法思维

3. 评价不利影响的严重程度时应考虑的因素有（　　）。

A. 公司治理方面的要求

B. 职业会计师所必需的教育、培训和经验要求

C. 有效的投诉举报系统，使会计师和社会公众能够注意到不道德的行为

D. 行业或监管机构的监控和惩戒程序

4. 当运用职业判断了解已知的事实和情况时，职业会计师可能需要考虑的因素有（　　）。

A. 职业会计师的专长和经验是否足以得出结论

B. 是否需要向具有相关专长或经验的人员咨询

C. 职业会计师自身的先入之见或偏见是否可能影响其职业判断

D. 是否有理由担心职业会计师已知的事实和情况可能遗漏了某些相关信息

5. 职业会计师应当考虑新信息或者事实和情况的变化，下列事项有关的新信息或者事实和情况的变化可能会改变不利影响的严重程度的有（　　）。

A. 专业服务的范围扩大

B. 客户或受雇单位成功上市或收购另一业务单位

C. 与另一会计师事务所合并

D. 会计师事务所受两家客户共同委托，而两家客户之间发生纠纷

（四）简答题

1. 会计职业道德概念框架的主要作用有哪些？它包括哪些显著的特征？

2. 会计职业道德概念框架包含哪些构成要素？这些构成要素的含义是什么？

3. 独立性、职业怀疑这两个概念与会计职业道德基本原则的关系是什么？

4. 会计职业道德概念框架的应用过程包括哪些环节？这些环节应该考虑哪些因素？

5. 如何实施理性且掌握充分信息的第三方测试？其理论源于哪些？

（五）案例分析

职业道德规范的结构选择——基于规则型和框架型的比较分析①

会计职业的特点是会计人员利用自身的专业知识和专业技能为社会公众提供专业服务，社会公众之所以能够信赖会计提供的服务成果是基于对会计职业专业胜任能力和职业道德水准的信任。而这一信任的来源是完善的会计职业道德规范。

职业道德规范结构框架发展的历史回顾

职业道德概念框架的提出已有20多年的历史，并得到多个职业团体的支持。20世纪80年代末至90年代初，英国发生了一系列财务舞弊和审计合谋事件。英格

① 沈征．审计职业道德规范的结构选择——基于规则型和框架型的比较分析．中国注册会师，2012（8）：107-110．有改动．

兰和威尔士特许会计师公会（ICAEW）从1996年起按照概念框架修订并应用职业行为准则。ICAEW认为概念框架法更加有效，这种方法强调注册会计师要按照概念框架法对基本原则加以应用，而不是以AICPA为典型代表的规则导向法下对具体规则的机械遵循。

安然事件后，各国都对本国的制约行为准则进行了审查。2000年11月美国独立性准则委员会（ISB）发布了《注册会计师独立性概念框架》征求意见稿，受到广泛重视。AICPA明确表示支持职业道德概念框架，理事会主席和执行总裁于2003年5月联合写信给公众公司会计监管理事会，表示AICPA会按照概念框架对职业行为准则进行大幅度修订或重新制定。AICPA职业道德执行委员会于2004年1月发布类似的《独立性准则之概念框架》。AICPA在2013年版的《职业行为准则》中增加了"概念框架"，于2015年12月15日生效，该概念框架模仿了由IESBA制定的《职业道德守则》概念框架。因AICPA作为国际会计师联合会的组织成员，职业道德守则必将向国际会计师道德准则委员会（IESBA）发布的道德守则靠拢。英国政府、欧洲会计师联合会和国际会计师联合会（IFAC）已基本认可了建立在概念框架法下的准则。

IFAC下设的IESBA于2001年11月第一次在鉴证业务独立性规定中引入了概念框架，在以后的几次修订中将该框架扩大应用至守则的其他部分，包括对执行公共业务的会计师和受雇会计师的规定。2008年7月发布的《职业会计师道德守则》征求意见稿仍坚持这一方向。包括我国在内的各成员组织将直接采用或据此修订道德守则。

为满足新环境对注册会计师职业道德提出的新要求，并充分借鉴国际职业会计师道德守则的最新成果，实现职业道德守则的国际趋同，中国注册会计师协会在2008年12月18日发布的会员职业道德守则征求意见稿中也首次规定运用职业道德概念框架。中国注册会计师协会于2009年10月14日印发了《中国注册会计师职业道德守则》，具体包括了《中国注册会计师职业道德守则第2号——职业道德概念框架》，自2010年7月1日起施行，后续也进行了一系列修改。此项对道德守则的修订发现，道德守则正沿着风险导向职业道德概念框架的方向发展。风险导向审计要求审计人员以审计风险模型为基础，识别、评估和应对审计风险，以将审计风险控制在可接受水平以下。与审计准则中的风险导向思路一致，职业道德守则提出职业道德概念框架，要求会计师识别、评价和应对对遵守职业道德基本原则产生的不利影响。

规则型与框架型职业道德规范的对比

规则型职业道德规范形成于美国，AICPA颁布的职业行为准则是规则型结构的典型代表。这种规则型职业道德规范的形成与美国审计职业界所面临的审计环境有着密切的关系。美国的资本市场非常发达，上市公司数量多，导致社会公众对审计职业提供高质量服务以保护其利益的期望极高，由此而产生的诉讼案件也远比其他国家多。与此同时，美国政府为保护投资者利益，越来越深入地介入对审计职业的管制中来。

相对于美国审计职业所面临的社会公众和政府监管的双重压力，英国审计职业所面临的这两方面压力并不是非常明显，但是自 20 世纪 90 年代初期开始，英国也同样发生了一系列财务舞弊和审计合谋案件。为此，ICAEW 创造性地提出了按照概念框架法构建和应用职业道德规范。

美国的规则导向职业道德规范在结构上是由四个部分构成的：第一部分是职业行为基本原则，展示了职业道德行为的理想标准；第二部分是职业行为规则，明确了职业道德行为的最低标准；第三部分是对职业行为规则的解释，详细说明了各项行为规则在操作层面上各种具体情形下的判断标准；第四部分是职业道德裁决，阐释了职业行为规则在实务中存在的各种特殊问题。

继 ICAEW 率先提出概念框架法之后，包括 IFAC 在内的很多审计职业团体都普遍采用了该方法，使得审计职业道德规范的结构呈现出明显的与规则导向相反的原则导向的发展趋势。职业道德概念框架包括三个层次：一是识别对职业道德基本原则的不利影响；二是评价不利影响的严重程度；三是必要时采取防范措施消除不利影响或将其降低至可接受的水平。

框架型职业道德规范的优势

规则导向的职业道德规范由三部分构成：基本原则、行为规则和规则解释，反映了职业道德规范从抽象到具体的逻辑层次。

与规则导向的职业道德规范相比，原则导向的框架型职业道德规范具有更大的效力，弥补了规则导向型的固有缺陷。职业道德基本原则体现了职业道德的最高理想标准，概念框架体现了指导职业会计师的理念和方法，对具体规则的理解和运用在概念框架的思路下进行，用以指导职业会计师识别、评价和应对对遵守基本原则的不利影响。

首先，原则导向的职业道德概念框架在指导职业会计师处理道德问题时更加灵活，根据特定情况进行特定分析，但这种特定的分析建立在合乎逻辑的道德原则和概念框架的制约之下，而不是机械地逐步检查对每项规则的遵循性。这有利于审计师根据不同的执业环境进行合理判断。其次，有时人们会趋向于密切关注规则并倾向于规则的边缘但又不实际违反规则，原则导向的职业道德概念框架可以避免审计师通过将法规的要求解释过窄以逃避道德要求的不良操控行为。可以起到鼓励遵循规范的作用，减少存在职业故意欺骗行为，不会造成随心所欲的任意行为。最后，原则导向的职业道德概念框架可以应对新情况和新问题的出现，随着审计职业的快速发展和审计环境的不断变迁，只有建立概念框架才能实现与时俱进，有效应对发生的种种变化，避免频繁更新道德规则。

近年来IESBA对职业会计师道德守则的修订显示：原则导向的职业道德概念框架将主导守则的制定。现在的职业道德守则重拾“职业判断”，强调原则导向。

案例研讨问题

1. 请结合本章内容和此案例，简述规则型与框架型职业道德规范的结构对比分析。

2. 请结合本章内容和此案例，谈一谈会计职业道德概念框架的优势所在。

3. 请结合本章内容和此案例，谈一谈职业会计师如何运用职业道德概念框架。

4. 除上述消除不利影响、采取防范措施（将不利影响降低至可接受的水平）和拒绝或终止特定的职业活动等应对方式的选择之外，在应对方式选择的过程中还可能涉及哪些方面？请简述。

三 推荐阅读材料

1. 陈汉文，韩洪灵．审计理论与实务．北京：中国人民大学出版社，2019.

2. 国际会计师职业道德守则．

3. 中国注册会计师职业道德守则第1号——职业道德基本原则．

4. 中国注册会计师职业道德守则第2号——职业道德概念框架．

5. Bauman Z. Postmodern Ethics. Oxford:Blackwell,1993.

6. Forman-Barzilai F. Whose Context? Which Impartiality? Reflections on Griswold's Smith. Perspectives on Political Science,2001,30(3),146-150.

7. Gonin M. Adam Smith's Contribution to Business Ethics, Then and Now. Journal of Business Ethics,2015,129(1),221-236.

8. Hanley R P. Adam Smith and the Character of Virtue. New York:Cambridge University Press,2009.

9. Heath J. An Adversarial Ethic for Business: Or When Sun-Tzumet the Stakeholder. Journal of Business Ethics,2007,72(4),359-374.

10. Marks G,Miller N. Ten Years of Research on the False-consensus Effect: An Empirical and Theoretical Review. Psychological Bulletin,1987,102(1),72-90.

11. Mele D. Ethical Education in Accounting: Integrating Rules, Values and Virtues. Journal of Business Ethics,2005,57(1),97-109.

12. Paine L S. Managing for Organizational Integrity. Harvard Business Review,1994,72(2),106-117.

13. Robert J. Corporate Governance and the Ethics of Narcissus. Business Ethics Quarterly,2001,11(1),109-127.

14. Shearer T. Ethics and Accountability: From the For-itself to the For-the-other. Accounting, Organizations and Society, 2002, 27(6), 541-573.

15. Spalding A D, Lawrie G R. A Critical Examination of the AICPA's New "Conceptual Framework" Ethics Protocol. Journal of Business Ethics, 2019, 155(4): 1135-1152.

16. Tullberg J. Excesses of Responsibility? Reconsidering Company Liability. Journal of Business Ethics, 2006, 64(1), 69-81.

四 附加模块

无

五 参考答案

(一) 判断题

1. √	2. √	3. ×	4. √	5. √
6. ×	7. ×	8. √	9. ×	10. ×

(二) 单项选择题

1. B	2. A	3. C	4. D	5. D
6. D	7. B	8. C	9. D	10. B

(三) 多项选择题

1. ABC	2. BCD	3. ABCD	4. ABCD	5. ABCD

(四) 简答题

1. 会计职业道德概念框架的主要作用包括如下方面：

(1) 会计职业道德概念框架的主要目的在于指导会计职业道德基本原则的应用，为会计师解决职业道德困境问题提供总体思路和方法，也是会计职业道德守则本身演绎、推导与制定的理论基础与逻辑指南。

(2) 概念框架法所推动的以原则导向为基础的职业道德守则具有更强的对未来市场环境变革的适应性。与规则导向的职业道德守则相比，原则导向的职业道德守则具有更大的效力，可大幅度减少冗长的规则设定。

(3) 职业道德概念框架所倡导的原则导向可以灵活地指导职业会计师根据特定

情况进行特定分析，而不是对规则的机械遵循，减少基于规则的边缘性不良职业行为。

它包括原则导向思想、风险导向逻辑和防护法思维这三大显著特征。

（1）原则导向思想，概念框架法倡导原则导向的职业道德守则，它有利于将各项基本原则逻辑一致地运用于具体规则，且在具体规则无法穷尽的领域透过概念框架的应用以指导基本原则在这些领域的适用。

（2）风险导向逻辑，即要求职业会计师以“可能影响基本原则得到有效遵循的潜在风险”为主线，对存在的潜在风险进行识别、评估与应对。

（3）防护法思维，即职业会计师应用概念框架的目的是寻找有效的防护措施，以消除不利影响或将其降低至可接受的水平。

2. 会计职业道德概念框架针对所有职业会计师的概念均包括以下三个核心概念：识别不利影响、评价不利影响与应对不利影响。针对注册会计师的专门概念包括独立性与职业怀疑。

识别不利影响是指职业会计师对职业道德基本原则的遵循可能受到多种因素的不利影响，会计师应当运用职业判断，识别出这些情形是否对职业道德基本原则的遵循产生不利影响以及产生这些不利影响背后的因素。可能对职业道德基本原则的遵循产生不利影响的情形可以分为以下五类：因自身利益产生的不利影响、因自我评价产生的不利影响、因过度推介产生的不利影响、因密切关系产生的不利影响、因外在压力产生的不利影响。

评价不利影响是指在运用职业道德概念框架时，会计师应当运用职业判断。如果发现存在可能违反职业道德基本原则的情形，会计师应当从性质和数量两个方面评价其不利影响的严重程度。

应对不利影响是指如果认为对遵循职业道德基本原则的不利影响超出可接受的水平，职业会计师应当确定是否能够采取措施消除不利影响或将其降低至可接受的水平。在运用职业道德概念框架时，如果某些不利影响是重大的，或者合理的防范措施不可行或无法实施，会计师可能面临不能消除不利影响或将其降低至可接受水平的情形。如果无法采取适当的防范措施，会计师应当拒绝或终止所从事的特定专业服务，必要时与客户解除合约关系，或向其工作单位辞职。

独立性包括两个方面：（1）精神独立性，即注册会计师在形成结论的时候可以不受干扰地进行职业判断，使其得以按诚信、客观公正和保持职业怀疑的方式加以行事；（2）形式上的独立性，即在一个理性且知情的第三方看来，会计师事务所或审计等鉴证项目团队的成员能保持诚信、客观公正和职业怀疑的态度。

职业怀疑是指注册会计师在计划和执行审计、审阅和其他鉴证业务时应当保持职业怀疑。职业怀疑是与职业道德的五项基本原则高度关联且内在一致的。

3. 独立性与职业道德基本原则高度关联且内在一致。概念框架不仅可以用来识别、评价和应对对基本原则的遵循产生不利影响的情形，也完全可以用来识别、评价和应对对独立性要求的遵循产生不利影响的情形，且对遵循基本原则产生不利影响的情形的类别与对遵循独立性要求产生不利影响的情形类别也是完全一致的。这表明，独立性要求在本质上是诚信、客观公正等会计职业道德基本原则在注册会计师身上的一种具体表现形式，即职业道德基本原则的遵循与维持自然能够保证注册会计师的独立性。

职业怀疑是与职业道德的五项基本原则高度关联且内在一致的。

比如，诚信原则要求注册会计师保持正直、诚实守信，注册会计师可以通过下列方式增进对诚信原则的遵循：（1）在对客户所采取的立场提出质疑时保持正直、诚实守信；（2）当对某项陈述可能包含严重虚假或误导性存有疑虑时，对不一致的信息实施进一步调查并寻求进一步审计证据，以就具体情况下需要采取的恰当措施作出明智决策。同时，上述做法又使得注册会计师能够对审计证据进行审慎评价，有助于其更好地实施职业怀疑。

再比如，客观公正原则要求注册会计师不得由于偏见、利益冲突或他人的不当影响而损害自己的职业判断。注册会计师可以通过下列方式增进对客观公正原则的遵循：（1）识别可能损害注册会计师职业判断的情形或关系，如与客户之间的密切关系；（2）在评价与客户财务报表重大事项相关的审计证据的充分性和适当性时，考虑这些情形或关系对注册会计师职业判断的影响。同时，上述做法又使得注册会计师能够以有利于职业怀疑的方式行事。

对于专业胜任能力和勤勉尽责原则而言，这一基本原则要求注册会计师获取并保持应有的专业知识和技能，确保为客户提供具有专业水准的服务，并勤勉尽责，遵守适用的职业准则。注册会计师可以通过下列方式遵循专业胜任能力和勤勉尽责原则：（1）运用与客户所在特定行业和业务活动相关的知识，以恰当识别重大错报风险；（2）设计并实施恰当的审计程序；（3）当审慎评价审计证据在具体情况下是否充分时运用相关知识和技能。

4. 应用过程包括识别对遵循基本原则产生的不利影响、评价不利影响的严重程度、应对不利影响。职业道德概念框架要求职业会计师沿着“识别——评价——应对”的总体思路解决所遇到的影响基本原则得到有效遵循的道德问题。当运用概念框架解决职业道德问题时，就相关情况与客户或雇佣单位治理层取得沟通。

这些环节中应关注以下方面：运用职业判断、对新的信息以及事实和情况的变化保持警觉和实施理性且掌握充分信息的第三方测试。

职业判断涉及对与具体事实和情况（包括特定职业活动的性质和范围，以及所涉及的利益和关系）相关的教育和培训、专业知识、技能、经验的运用。在从事具体职业活动的过程中，当职业会计师运用概念框架以对可采取的行动作出知情的决策，并确定这些决策在具体情况下是否适当时，应当运用职业判断。当运用职业判断了解已知的事实和情况时，职业会计师可能需要考虑下列事项：(1) 是否有理由担心职业会计师已知的事实和情况可能遗漏了某些相关信息；(2) 已知的事实和情况是否与职业会计师的预期不符；(3) 职业会计师的专长和经验是否足以得出结论；(4) 是否需要向具有相关专长或经验的人员咨询；(5) 所了解到的这些信息是否能够为得出结论提供合理的依据；(6) 职业会计师自身的先入之见或偏见是否可能影响其职业判断；(7) 从现有可获得的信息中是否还可能得出其他合理的结论。

了解已知的事实和情况是正确运用概念框架的前提。职业会计师在确定为了获取这些了解有必要采取哪些行动，以及就职业道德基本原则是否得以遵循形成结论时，同样应当运用职业判断。职业会计师要对新信息、事实和情况的变化保持警觉，应对职业道德问题时，应当考虑产生该问题的具体事实和情况（包括特定职业活动的性质和范围，以及所涉及的利益和关系）。

除不合规风险清单（不利影响）和减少上述风险的策略清单（防范措施）外，概念框架还引入一项认知活动，即实施理性且掌握充分信息的第三方测试。第三方测试是检验会计师得出的结论是否客观公正的一种测试方法。

5. 第三方测试是检验会计师得出的结论是否客观公正的一种测试方法。具体来说，是指职业会计师应当考虑：假设存在一个理性且掌握充分信息的第三方，在相同的情况下是否很可能得出与其自身相同的结论。在这里，理性且掌握充分信息的第三方不一定需要也是职业会计师，但需要第三方具备相关的知识和经验，以使其能够公正地了解和评价职业会计师结论的适当性。若理性且掌握充分信息的第三方，在权衡了职业会计师于得出结论的时点所了解的所有具体事实和情况后，仍认为该不利影响的严重程度超过了可接受的水平，那么就必须采取应对措施。

第三方测试机制的理论源于亚当·斯密的现代主义“公正的旁观者”和伊曼纽尔·莱维纳斯的“他人”后现代主义这两种思想流派。

“公正的旁观者”是一项认知运动，指利用人类想象能力摆脱自我为中心的思想，并将自己置于公正的旁观者位置。亚当·斯密的观点认为，这个假定的“公正的旁观者”是伟大的法官和行为仲裁者，要求我们对所有的疏忽行为和违法行为负责，而“旁观者”的责备使我们为自己的愚蠢行为、欲望私念而愧疚。当置身于“公正的旁观者”时，我们会竭尽所能检查自身的行为，如同我们想象被其他公平公正的旁观者检查。这种形而上学的观点是将个人情感与自身利益区分开来，从更公正合理的平衡视角考虑个人的道德状况。即使假定的观察者最终是个人智力和想象力的产物，公正的旁观者也提供了更加广阔的视野，更容易接受道德美德。

伊曼纽尔·莱维纳斯的“他人”思想源于与主体与他人互动的体验，个人可以自由选择接受或拒绝，但个人的内心认知必定通过事物的介入来实现。这种方法使我们屏蔽了围绕我们的自我认同感，为“重新人格化的道德”，这意味着将道德责任从终点回到道德起点进行处理。事实上，“他人”的视角就是因自身的偏见意识，遇到公正自由给自己带来的耻辱。“认识自身”是他人所关注的主题，以他人的目光凝视自身、衡量自身，使自己服从于道德标准。

考虑公正的“第三人”的思想过程来引导职业会计师应该是一种好的选择，可以为对职业道德问题进行批判性分析奠定基础。与此同步的是“第三人”批判性的思维过程，必然会伴随着对道德方面的相关分析而进行：朝着“第三人”的思维方向扩展自身意识，最终朝着道德标准的方向发展。

（五）案例分析

1. 规则型职业道德规范的主要特点在于建立一套详细的具体规则，在明确注册会计师道德行为理想标准和努力方向的基础上，规定详细的允许性、限制性关系与交易规则，确立注册会计师道德行为的最低可行标准。规则型职业道德规范通常由基本原则、行为规则和规则解释三部分构成，体现了职业道德规范从抽象到具体的逻辑层次。（1）基本原则指明了审计职业的理想道德标准，是职业道德的本源，不仅是形成具体规则的依据，也可以作为处理新问题时的推理依据；（2）行为规则是职业道德基本原则的具体化，明确而肯定地规定了审计职业行为，通常使用“应该”、“必须”、“不得”或“禁止”等术语，具有强制性；（3）规则解释则是根据审计师面临的各种实际情形对行为规则的运用进行的更加具体和有针对性的说明，具有很强的操作性。

所谓的职业道德概念框架，是指解决职业道德问题的思路和方法，主要用于指导职业会计师遵循职业道德的基本原则。职业道德概念框架包括三个层次：一是识别对职业道德基本原则的不利影响；二是评价不利影响的严重程度；三是必要时采取防范措施消除不利影响或将其降低至可接受的水平。框架型职业道德规范的特点就是全面、一致地使用职业道德概念框架规范和指导会计师的职业道德行为，要求会计师首先识别和评价对遵循职业道德基本原则构成的不利影响，进而寻求可以消除或降低这些不利影响的防范措施，最后是对不利影响和防范措施进行权衡以确定是否会对会计师执业的客观性造成不可接受的影响。

2. （1）会计职业道德概念框架强调了审计师应该根据每个项目的具体情况积极考虑其职业行为，如其独立性的责任，而不是机械地逐个检查每项规则的遵循性，例如，IFAC 的规范就要求审计师就其道德问题的处理情况作出负责任的结论声明。

（2）会计职业道德概念框架可以防止出现审计师通过将法规的要求解释得过窄以逃避道德要求的不良操控行为。在某种程度上，规则型职业道德规范将可能导致职业界的欺骗行为，而原则导向的职业道德规范反而可以起到鼓励遵循规范的作用。

（3）会计职业道德概念框架在处理道德问题时更加灵活，从业人员可以根据具体情况进行具体分析，但是这种具体分析又是建立在合乎逻辑的道德原则和概念框架的制约之下，既便于审计师根据不同的执业环境进行最合理的判断，又不会造成随心所欲的任意行为。

（4）会计职业道德概念框架可以实现与时俱进，审计环境和组织结构总是处于激烈的变化之中，只有建立职业道德概念框架才能有效应对不断变化的审计环境，避免“救火式”的频繁更新道德规范的做法。

3. 职业道德概念框架就是解决职业道德问题的思路和方法，它要求职业会计师沿着“识别——评价——应对”的总体思路解决所遇到的影响基本原则得到有效遵循的道德问题。

（1）识别不利影响。会计师对职业道德基本原则的遵循可能受到多种因素导致的不利影响，会计师应当运用职业判断，识别特定情形是否对职业道德基本原则的遵循产生不利影响以及产生这些不利影响背后的因素。

（2）评价不利影响。在运用职业道德概念框架时，会计师应当运用职业判断。如果发现存在可能违反职业道德基本原则的情形，会计师应当从性质和数量两个方面评价其不利影响的严重程度。

（3）应对不利影响。如果认为对遵循职业道德基本原则的不利影响超出可接受的水平，职业会计师应当确定是否能够采取措施消除不利影响或将其降低至可接受的水平。如果无法采取适当的防范措施，会计师应当拒绝或终止所从事的特定专业服务，必要时与客户解除合约关系，或拒绝委托请求。

4. 职业会计师在应对方式选择的过程中还可能涉及与治理层的讨论与沟通以及必要的披露或记录。

（1）与治理层的讨论与沟通。当职业会计师运用概念框架解决职业道德问题时，应用过程中就相关情况与客户或雇佣单位治理层取得沟通。在沟通时，会计师应当确定与单位治理结构中的哪些适当人员进行沟通。如果会计师与治理层的下设组织（如审计委员会）或个人沟通，应当确定是否还需要与治理层整体进行沟通，以使治理层所有成员充分知情。如果会计师与同时承担管理层职责和治理层职责的人员沟通，应当确保这种沟通能够向所有负有治理责任的人员充分传递应予沟通的内容。

在确定具体沟通对象时，会计师可能需要考虑下列事项：具体情况的性质和重要程度以及拟沟通的事项。在某些情况下，治理层全部成员可能均参与管理。例如，在一家小企业中，仅有的一名业主管理该企业，并且没有其他人负有治理责任。在这种情况下，如果与同时承担管理层职责和治理层职责的人员沟通，会计师已经满足了与治理层沟通的要求。

（2）必要的披露或记录。在职业会计师运用概念框架应对不利影响的过程中，有时候需要根据不利影响的性质和严重程度，通过运用职业判断以确定是否有必要进行特定的披露以获取相关方明确的同意，并对相关事项加以记录。在进行披露以获取相关方对特定事项的同意时，应当对保密原则保持警惕。披露通常可以采取以下两种方法之一：一是一般性披露，如特定职业服务的惯例、局限性或原则性声明等；二是具体披露，即披露特定不利影响的详细情况。如果进行披露以获取相关方的同意未采用书面形式，则鼓励职业会计师记录导致不利影响的情形、已采取的防范措施和已获取的同意等信息。

第七章

单位会计人员职业道德

一、本章概要

二、习题

三、推荐阅读材料

四、附加模块

五、参考答案

一 本章概要

本章在会计职业道德的基本原则与概念框架基础上具体讨论单位会计人员[①]的职业道德问题，即如何运用概念框架将基本原则应用于单位会计人员所面临的职业道德困境。对于单位会计人员而言，六大事项类别、五种不利影响和五项基本原则之间的传导关系呈现出一种复杂交错而非简单对应的网状结构。

事项类别、不利影响与基本原则的传导关系（针对单位会计人员）

事项类型	利益冲突	利益诱惑	信息编报过程	财务数据相关利益	缺乏专业技能	违法违规行为
不利影响类型：						
自身利益	◆	◆	◆	◆	◆	◆
自我评价	◆		◆			
过度推介			◆	◆		
密切关系		◆	◆			
外在压力	◆	◆	◆	◆		◆
影响基本原则：						
诚信	●	●				●
客观公正	●	●	●	●		
专业胜任能力与勤勉尽责			●		●	
保密	●		●	●		
良好职业行为		●				●

① 本章所讲的单位会计人员是一个广义概念，它指各种营利与非营利组织内部的会计师（employed accountants or private accountants or accountants in business），他们在职务上可能是单位的董事、高级管理人员、正式员工、临时员工、志愿者等。单位会计人员通常负责编报财务信息或其他信息以供所在单位或第三方使用，也可能负责从事有效的财务管理、税务、投融资工作等。其专业头衔包括出纳人员、簿记员、会计师、会计主管、总会计师、财务经理、财务总监、稽核员、财务分析师、管理会计师和内部审计师等。上述所有人员也可统称为内部会计师（internal accountant），与外部会计师（external accountant，如注册会计师）相对应。

（一）利益冲突与利益诱惑

1. 利益冲突

利益冲突（conflicts of interest），是指与单位会计人员所提供的职业活动相关的双方或多方[①]之间存在某种形式的利益对抗，从而使其职业判断可能偏离客观公正等职业道德基本原则。单位会计人员所面临的利益冲突通常分为两种基本类型：（1）单位会计人员的职业活动会影响其他各方之间的利益（简称“第一类利益冲突”）；（2）单位会计人员的自我利益或自我评价与其他相关方利益存在冲突（简称“第二类利益冲突”）。下表列举了产生这两种利益冲突的部分具体情形。

产生利益冲突的部分具体情形

利益冲突类型	产生利益冲突的部分具体情形
第一类	同时在两家单位担任管理层或治理层职务，从其中一家单位获取的涉密信息可能被单位会计人员用来对另一家单位产生有利或不利影响
	同时为合伙企业的双方合伙人提供专业服务，如协助其解除合伙关系
	为工作单位中正寻求管理层收购的某些管理层成员编制财务信息
第二类	负责为工作单位选择供应商，而单位会计人员的主要近亲属有可能从该交易中获得经济利益
	在工作单位中担任治理层职务，负责审批公司的特定投资事项，而其中的某项投资将为单位会计人员本人或其主要近亲属的投资组合带来增值

IFAC（2019）和 CICPA（2020）均要求，单位会计人员应当采用以下合理步骤来识别上述潜在的利益冲突：（1）识别自身职业活动所涉各方之间的相关利益和关系的性质；（2）识别自身职业活动对相关方利益的影响。

在面对利益冲突时，IFAC（2019）和 CICPA（2020）均要求单位会计人员采取以下防范措施以消除不利影响或将不利影响降低至可接受的水平：（1）退出与利益冲突事项相关的决策流程；（2）对某些责任和义务进行重新规划或分离；（3）引入适当的监督。IFAC（2019）和 CICPA（2020）还鼓励单位会计人员积极向所在单位内部或其他人员（如专业机构、法律顾问或其他会计师）寻求指导。

此外，当单位会计人员面临利益冲突时，仍然应以公众利益为导向，且在保持客观公正的前提下，按如下优先次序处理或平衡各利益方的利益：首先是公众利

① 这里的双方或多方既可能包括、也可能不包括单位会计人员本身，但利益冲突的各方均会受到单位会计人员所提供的职业活动的影响。

益，其次是职业界利益，再次是与冲突相关的各方利益，最后才是职业会计师个人利益。

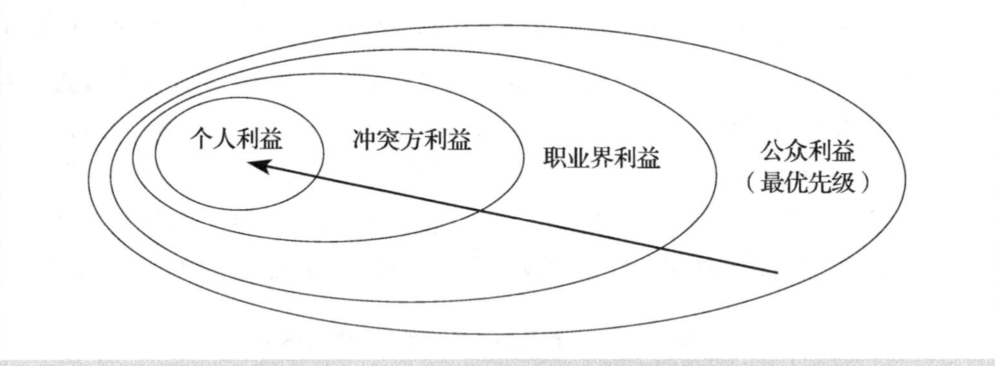

单位会计人员面对利益冲突时的利益考量次序

2. 利益诱惑

利益诱惑（inducements），是指用以影响其他人员行为的物质、情况或行为①，它可能含有或不含不当影响意图②。单位会计人员提供或接受利益诱惑时，可能会因自身利益、密切关系或外在压力对职业道德基本原则的遵循产生不利影响，尤其可能会对诚信、客观公正、良好职业行为原则的遵循产生不利影响。

IFAC（2019）和 CICPA（2020）均规定，单位会计人员不得提供（或接受）或授意他人提供（或接受）任何自身或理性且掌握充分信息的第三方认为含有不当影响意图的利益诱惑。在确定是否含有不当影响意图时，单位会计人员需要运用职业判断。如果单位会计人员知悉或认为利益诱惑可能包含不当影响意图，IFAC（2019）和 CICPA（2020）均要求采取下列防范措施：（1）就该利益诱惑的相关情况告知所在单位或提供方所在单位的高级管理层或治理层；（2）修改或终止与提供方之间的业务关系。

即使单位会计人员认为某项利益诱惑不含不当影响意图，提供或接受此类利益诱惑仍可能对遵循职业道德基本原则产生不利影响。IFAC（2019）和 CICPA（2020）规定，单位会计人员需要运用职业道德概念框架对不含不当影响意图的利益诱惑所产生的不利影响的严重程度进行评估。根据评估结果，单位会计人员可以选择消除不含不当影响意图的利益诱惑所产生的不利影响或将不含不当影响意图的

① 利益诱惑范围非常广泛，小到单位会计人员与同事之间微不足道的正常交往，大到可能违法违规。利益诱惑可能采取以下一种或多种形式的组合：（1）礼品；（2）款待；（3）娱乐活动；（4）政治性或慈善性捐助；（5）表示友谊或忠诚；（6）工作岗位或其他商业机会；（7）特殊待遇、权利或优先权。

② 在这里，所谓不当影响意图，是指利益诱惑的提供方在提供利益诱惑时隐含了旨在影响利益诱惑接受方或接受方之相关者的行为的意图，以使后者最终所作出的行为有利于其所欲达成的目的，这种意图通常在法律、习俗与道德层面上是不正当的。

利益诱惑所产生的不利影响降低至可接受的水平。

此外，如果单位会计人员知悉其近亲属提供或接受某项利益诱惑，并认为（或者理性且掌握充分信息的第三方认为）该利益诱惑可能存在不当影响他自己或交易对方行为的意图，则单位会计人员应当建议其近亲属拒绝提供或接受此类利益诱惑。此时，如果单位会计人员的近亲属未接受其提供的建议，则会对单位会计人员遵循职业道德基本原则产生不利影响。

（二）信息编报及其相关利益

1. 识别和评价信息编报过程中的不利影响

由于信息编报会对依赖这些信息进行决策的各类利益相关者产生广泛的经济后果，IFAC（2019）和 CICPA（2020）均要求，单位会计人员在编报信息时应当遵守：（1）按照适用的财务报告编制基础的规定编报信息（如适用）；（2）编报信息的方式不得误导或者不当影响合同或监管结果①；（3）运用职业判断，在所有重大方面准确、完整地反映事实，清楚地描述交易、活动的真实性质，及时并恰当地分类和记录信息；（4）职业判断中自由裁量权的运用不得有意误导他人或者不当影响合同或监管结果；（5）不得遗漏任何内容以使信息存在误导性，不得不当影响合同或监管结果。

在编报信息的过程中，单位会计人员可能会因自身利益、外在压力或其他原因导致对客观公正等职业道德基本原则的遵循产生不利影响。IFAC（2019）和 CICPA（2020）强调，下列情形可以被认为滥用了职业判断中的自由裁量权：（1）作出不当估计；（2）在适用的财务报告编制基础所允许采用的多项会计政策或方法中进行特定目的的选择或更改；（3）确定交易的时间安排；（4）确定交易的结构；（5）选择性披露。

2. 应对信息编报过程中的不利影响

IFAC（2019）和 CICPA（2020）均规定，当单位会计人员知悉或认为与其职业活动相关的信息存在误导时，应当采取下列行动加以解决：（1）与其所在单位的上级或者适当级别的管理层或治理层讨论，并要求其采取适当行动加以解决，如对信息作出更正，或者在信息已向预期使用者披露的情况下，告知使用者对信息的更正情况；（2）就工作单位内部处理此类问题的政策和程序（如职业道德政策或警示政策）进行咨询。

如果单位会计人员认为所在单位未采取适当的行动，并且有理由相信信息仍然存在误导，则在遵循保密原则的前提下可以采取：（1）向相关专业机构、单位内部或外

① 不当影响合同或监管结果的一个例子是使用不切实际的估计以避免违反合同条款（如债务契约）或监管要求（如针对金融机构的资本充足率要求）。

部审计人员、法律顾问咨询；（2）确定是否存在应当与第三方（包括信息使用者）或监管机构进行沟通的要求；（3）避免与该信息发生关联，即向工作单位提出辞职。

3. 识别、评价和应对与信息编报相关的利益所产生的不利影响

当存在与信息编报相关的利益（如财务利益、薪酬或激励）时，单位会计人员可能就会面临来自上级、同事或其他人员要求其操纵相关业绩指标的压力。IFAC（2019）和 CICPA（2020）规定，单位会计人员不得操纵信息或利用涉密信息谋取个人利益或为他人谋取经济利益。

（三）违法违规行为与缺乏专业技能

1. 违法违规行为

在应对违反法律法规行为时，单位会计人员的目标是：（1）遵循诚信和良好职业行为原则；（2）提醒单位的管理层或治理层（如适用），以阻止、纠正或减轻违法违规行为；（3）采取有助于维护公众利益的进一步措施。

有些法律法规可能已就单位会计人员如何处理违法违规行为作出了规定，单位会计人员应当了解和遵守这些法律法规。IFAC（2019）和 CICPA（2020）要求，当单位会计人员遇到违反这些法律法规时，应当向适当的主管机关报告，并免于引起相关方的警觉。

IFAC（2019）和 CICPA（2020）规定，如果高级会计人员在实施职业活动的过程中知悉相关的违法违规行为，应当了解：（1）违法违规行为的性质及其发生或可能发生时所处的情景；（2）在该情景下对法律法规的运用；（3）该事项可能对所在单位、投资者、债权人、员工或社会公众造成的影响。高级会计人员需要运用专业知识、技能和职业判断①。根据相关事项的性质和重要程度，高级会计人员可以采取适当步骤对该事项开展内部调查，也可以在遵循保密原则的前提下向所在单位或专业机构的其他人员或法律顾问进行咨询。

如果其他内部会计人员在从事职业活动的过程中知悉违法违规行为，应当了解相关事项及其性质与发生时所处的情景。其他内部会计人员需要运用专业知识、技能及职业判断②，在考虑相关事项的性质和严重程度之后，可以在遵循保密原则的前提下向工作单位、法律顾问或其他专业机构的人员进行咨询。

2. 缺乏专业技能

单位会计人员应当遵循专业胜任能力和勤勉尽责原则，不得夸大其专业知识水平或工作经验，以故意误导工作单位。如果单位会计人员存在下列情况，可能因自

---

① 职业道德守则并不要求高级会计人员对法律法规的了解程度超过其在单位中的职责所需的了解程度。某一行为是否构成违法违规，最终需要通过法院或其他适当的审判机构来确定。

② 与高级会计人员一样，职业道德守则并不要求其他内部会计人员对法律法规的了解程度超过其在工作单位中的职责所需的了解程度。某一行为是否构成违法违规，最终需要通过法院或其他适当的审判机构来确定。

身利益对专业胜任能力和勤勉尽责原则的遵循产生不利影响：（1）缺乏足够的时间完成相关职责；（2）在履行职责的过程中获取的信息不完整、不充分或范围受到限制；（3）缺乏应有的经验、培训或教育；（4）在履行职责的过程中缺乏足够的资源。

单位会计人员应当评价不利影响的严重程度，并在必要时采取以下防范措施以消除不利影响或将其降低至可接受的水平：（1）获得具有所需专长的人员的帮助或培训；（2）保证有足够的时间履行相关职责。如果单位会计人员认为没有防范措施可以应对不利影响，则应考虑是否拒绝履行相关义务；如果认为拒绝履行相关义务是适当的，应当与相关方沟通其原因。

二　习题

（一）判断题

1. 对于单位会计人员而言，六大事项类别、五种不利影响和五项基本原则之间的传导关系呈现出一种简单对应的网状结构。（　　）

2. 利益冲突是指与单位会计人员所提供的职业活动相关的双方或多方之间存在某种形式的利益对抗，从而使其职业判断可能偏离职业道德基本原则。（　　）

3. 第一类利益冲突指单位会计人员的自我利益或自我评价与其他相关方利益存在冲突。（　　）

4. 一般来说，单位会计人员的职业活动与产生利益冲突的事项之间关系越直接，其不利影响超出可接受水平的可能性越大。（　　）

5. 当在单位内部进行披露、信息共享时，单位会计人员不需要遵循保密原则。（　　）

6. 单位会计人员辞职后仍应注意保密义务。（　　）

7. 当单位会计人员面临利益冲突时，应以职业界利益为最优先级。（　　）

8. 利益诱惑是指用以影响其他人员行为的物质、情况或行为，它含有不当影响意图。（　　）

9. 法律法规未予禁止的情况下，单位会计人员提供或接受利益诱惑，不会对职业道德基本原则的遵循产生不利影响。（　　）

10. IFAC（2019）和 CICPA（2020）均规定，单位会计人员仅不得提供或授意他人提供任何自身认为含有不当影响意图的利益诱惑。（　　）

（二）单项选择题

1. 供应商向单位会计人员提供兼职工作，可能因（　　）产生不利影响。

A. 自我评价　　B. 自身利益　　C. 密切关系　　D. 过度推介

2. IFAC（2019）和CICPA（2020）要求，在确定是否可能存在不当影响意图时，需要考虑人员之间关系的性质和密切程度，下列各项中无须考虑的是（　　）。

A. 单位会计人员与其近亲属　　B. 近亲属与交易对方

C. 上级人员与交易对方　　D. 单位会计人员与交易对方

3. 针对上级和治理层的回复，高级会计人员应当确定是否需要为了公众利益而采取进一步的措施，在作出判断时，下列各项中不需要考虑的是（　　）。

A. 法律法规框架　　B. 相关情况的紧迫性

C. 对自身利益的影响　　D. 该事项在单位中影响的广泛程度

4. 单位会计人员向相关专业或监管机构咨询时，需要遵循（　　）。

A. 诚信原则　　B. 客观公正原则

C. 良好职业行为原则　　D. 保密原则

5. 下列情况中，不会对单位会计人员遵循专业胜任能力和勤勉尽责原则产生不利影响的是（　　）。

A. 缺乏可以进行披露的主管机构　　B. 缺乏应有的经验、培训或教育

C. 缺乏足够的时间完成相关职责　　D. 缺乏足够的资源

6. 面临会对专业胜任能力和勤勉尽责原则造成不利影响的情况，下列各项中不是单位会计人员在必要时可以采取的措施的是（　　）。

A. 保证有足够的时间履行相关职责

B. 辞职

C. 获得具有所需专长的人员的帮助或培训

D. 拒绝履行相关义务

7. 下列各项中不属于单位会计人员的是（　　）。

A. 审计总监　　B. 投资总监　　C. 兼职出纳　　D. 稽核员

8. 利益冲突事项不会影响的基本原则是（　　）。

A. 诚信　　B. 保密

C. 专业胜任能力和勤勉尽责　　D. 客观公正

9. 利益诱惑不会形成的不利影响类型是（　　）。

A. 自身利益　　B. 外在压力　　C. 密切关系　　D. 自我评价

10. 当单位会计人员面临利益冲突时，应按（　　）优先次序来处理或平衡各利益方的利益。

A. 公众利益→冲突方利益→职业界利益→个人利益

B. 个人利益→冲突方利益→职业界利益→公众利益

C. 公众利益→职业界利益→冲突方利益→个人利益

D. 公众利益→职业界利益→冲突方利益→个人利益

（三）多项选择题

1. IFAC（2019）和 CICPA（2020）均要求，单位会计人员在编报信息时应当遵守（　　）。

A. 按照适用的财务报告编制基础的规定编报信息

B. 编报信息的方式不得误导或者不当影响合同或监管结果

C. 运用职业判断

D. 运用自由裁量权

2. 通常而言，单位会计人员在信息编报过程所面临的主要压力包括（　　）。

A. 为了符合投资者、分析师或贷款人的预期而面临列报误导性财务信息的压力

B. 来自政绩的压力

C. 来自同事的压力

D. 来自上级的压力

3. IFAC（2019）和 CICPA（2020）强调，下列情形可以被认为滥用了职业判断中的自由裁量权的有（　　）。

A. 作出不当估计　　B. 选择性披露

C. 确定交易的时间安排　　D. 确定交易的结构

4. 在应对违反法律法规行为时，单位会计人员的目标包括（　　）。

A. 遵循诚信和良好职业行为原则

B. 只需要对涉及自身的行为采取措施

C. 采取有助于维护公众利益的进一步措施

D. 提醒单位的管理层或治理层

5. 高级会计人员应当评估其上级（如有）和治理层回复的适当性，在评估时通常需要考虑的因素有（　　）。

A. 向主管机关的报告是否充分

B. 上级或治理层是否已采取或批准适当的行动

C. 该事项是否已恰当地向适当的主管机关报告

D. 该回复是否及时

（四）简答题

1. 单位会计人员所面临的利益冲突有哪两种基本类型？如何识别、评价与应对利益冲突所带来的不良影响？

2. 什么是不当影响意图？如何识别、评价和应对含有不当影响意图的利益诱惑？

3. 信息编报有哪两种基本的经济后果？对于单位会计人员而言，其信息编报过程通常会面临哪些外在压力？与信息编报相关的经济利益包括哪些？

4. 高级会计人员发现违法违规时，应如何应对？其他会计人员是否无须对违法违规行为进行识别与应对？

5. 缺乏专业技能主要会导致哪些职业道德基本原则的遵循受到威胁？应如何应对专业技能的缺乏？

（五）案例分析

有些“月”，近水楼台不可伸手“得”①

2019 年 12 月 17 日，锂资源巨头天齐锂业股份有限公司（002466.SZ，下称天齐锂业）财务部税务经理杨欢及其配偶张文淞，收到了中国证券监督管理委员会（下称证监会）海南监管局的行政处罚决定书。根据处罚决定书，证监会对杨欢处以罚款 3 万元，对张文淞处以罚款约 8.36 万元。

内幕信息的形成和公开

根据处罚决定书所述，2017 年 9 月 22 日，天齐锂业启动对智利盐湖锂巨头 SQM 的收购，此为内幕消息形成时期，直到 2018 年 5 月 18 日，天齐锂业对外披露该交易，这期间为《证券法》规定的重大事件内幕信息时段。

作为天齐锂业财务部员工的杨欢，2017 年 11 月 3 日收到天齐锂业战略发展部李某发来的关于天齐锂业收购 SQM 公司股权事项的邮件，参与相关交易架构税务分析的工作，知悉了内幕信息，成为内幕信息知情人。

内幕交易天齐锂业股票

在内幕信息时段内，杨欢配偶张文淞用自己名字开户的证券账户，于 2017 年 11 月 6 日上午首次买入总金额为 77 万元的天齐锂业股票。此前，他并未买过天齐锂业的股票。

张文淞买入天齐锂业股票的金额，占内幕信息敏感期间内账户全部买入金额的 59.18%，且买入天齐锂业的持续时间较长，内幕信息敏感期内未卖出该只股票。此外，张文淞购买天齐锂业股票的 77 万元中，50 万元为借款，每月需支付利息 2 500 元。

证监会海南监管局认为，张文淞交易天齐锂业股票的行为，与杨欢知悉内幕信息的时间高度吻合，交易行为明显异常，且无合理解释。张文淞通过买入天齐锂业股票共获得 8.36 万元收益。该收益被证监会海南监管局认定为违法所得，予以没收。

① 改编自《中国证券监督管理委员会海南监管局行政处罚决定书（杨欢、张文淞）》。

建议他人买卖天齐锂业股票

除此之外，2018 年 3 月 22 日、3 月 26 日，杨欢还通过微信建议其父亲杨某森买入天齐锂业的股票。据调查，2018 年 3 月 23 日至 5 月 18 日期间，杨某森共分四笔买入 1 900 股天齐锂业股票，成交金额 10.054 万元，卖出 300 股，成交金额 1.569 万元。

案例研讨问题

1. 案例内容属于信息编报中的哪一类经济后果？在此类情况下，单位会计人员应如何识别、评价和应对相关不利影响？

2. 在信息编报过程中，单位会计人员应当遵守哪些内容？该如何应对？

三 推荐阅读材料

1. 陈汉文，韩洪灵．审计理论与实务．北京：中国人民大学出版社，2019.
2. 国际会计师职业道德守则．
3. 中国注册会计师协会非执业会员职业道德守则．
4. 丁琳．会计职业道德行为的作用机理及优化控制研究．武汉大学，2014.
5. 蒋玉娟．会计职业判断研究与分析．财会通讯，2012（30）：29-31＋161.
6. 张卉．会计职业判断研究综述．财会通讯，2012（9）：98-100.
7. 杨雄胜．会计诚信问题的理性思考．会计研究，2002（3）：6-12＋65.

四 附加模块

无

五 参考答案

（一）判断题

1. ×	2. √	3. ×	4. √	5. ×
6. √	7. ×	8. ×	9. ×	10. ×

（二）单项选择题

1. B	2. C	3. C	4. D	5. A
6. B	7. B	8. C	9. D	10. C

（三）多项选择题

1. ABCD　　2. ABCD　　3. ABCD　　4. ACD　　5. ABCD

（四）简答题

1. 单位会计人员所面临的利益冲突通常分为两种基本类型：（1）单位会计人员为在某一特定事项中存在利益冲突的两个或多个利益相关方从事与该事项相关的职业活动，即单位会计人员的职业活动会影响其他各方之间的利益（简称“第一类利益冲突”）；（2）单位会计人员自身在某一特定事项中存在利益，且与该事项相关的其他方的利益存在冲突，即单位会计人员的自我利益或自我评价与其他相关方利益存在冲突（简称“第二类利益冲突”）。

单位会计人员应当采用以下合理步骤来识别上述潜在的利益冲突：（1）识别自身职业活动所涉各方之间的相关利益和关系的性质。（2）识别自身职业活动对相关方利益的影响。此外，在实施职业活动时，活动、利益和关系的性质可能随时间而发生变化，单位会计人员应当对其可能导致利益冲突的变化保持关注。

当单位会计人员在面对利益冲突时，应采取以下防范措施以消除不利影响或将不利影响降低至可接受的水平：（1）退出与利益冲突事项相关的决策流程；（2）对某些责任和义务进行重新规划或分离；（3）引入适当的监督，例如，在执行董事或非执行董事的监督下行事。通常而言，如果利益冲突产生的不利影响在采取防范措施后依然无法消除或将其降低至可接受的水平，单位会计人员应首先在单位内部寻求解决，比如，与上级商讨解决方案；如果在重大原则问题上仍存在不一致，则应与更高一级的管理当局或治理层商讨解决方案。在穷尽了所有的解决方法之后，如果仍然不能解决，单位会计人员通常只能选择辞职，但应向所在单位的适当代表提交一份信息备忘录，辞职后仍应注意保密义务。

2. 不当影响意图是指利益诱惑的提供方在提供利益诱惑时隐含了旨在影响利益诱惑接受方或接受方之相关者的行为的意图，以使后者最终所作出的行为有利于其所欲达成的目的，这种意图通常在法律、习俗与道德层面上是不正当的。

IFAC（2019）和CICPA（2020）均规定，单位会计人员不得提供（或接受）或授意他人提供（或接受）任何自身或理性且掌握充分信息的第三方认为含有不当影响意图的利益诱惑。在确定是否含有不当影响意图时，单位会计人员需要考虑综合因素运用职业判断，具体应考虑的因素有：利益诱惑的性质、频繁程度、价值和累积影响等。如果单位会计人员知悉或认为利益诱惑可能包含不当影响意图，IFAC（2019）和CICPA（2020）均要求采取下列防范措施：（1）就该利益诱惑的相关情况告知所在单位或提供方所在单位的高级管理层或治理层；（2）修改或终止与提供方之间的业务关系。

3. 第一类经济后果与单位会计人员无直接关联，但因会影响其他各方的利益，所以其在信息编报过程会受到其他各方的影响或压力，即信息编报过程；第二类经济后果与单位会计人员的自我利益直接关联，即信息编报的相关利益。

通常而言，单位会计人员在信息编报过程所面临的主要压力包括：(1) 为了符合投资者、分析师或贷款人的预期而面临列报误导性财务信息的压力；(2) 来自政绩的压力，要求单位会计人员向有关主管部门作出不符合事实的计划或项目的陈述；(3) 来自同事的压力，要求对收入、支出或回报率作出错报，以就投资方案和收购项目作出存在偏差的决策；(4) 来自上级的压力，要求批准或处理非正当业务的费用支出；(5) 不允许内部审计报告包含负面结果的压力。

与信息编报相关的经济利益包括财务利益、薪酬或激励等。

4. 高级会计人员应当采取下列措施：(1) 与治理层沟通，以就应对该事项拟采取的适当行动获得治理层的同意，从而能够履行自身的职责；(2) 遵循适用的法律法规，包括要求向适当的主管机关报告违法违规行为的法律法规；(3) 纠正或减轻违法违规行为的后果；(4) 设法阻止尚未发生的违法违规行为。

高级会计人员应当评估其上级（如有）和治理层回复的适当性，在评估时通常需要考虑下列因素：(1) 该回复是否及时；(2) 上级或治理层是否已采取或批准适当的行动以纠正或减轻违法违规行为的后果，或阻止违法违规行为的发生；(3) 该事项是否已恰当地向适当的主管机关报告，报告是否充分。

针对上级和治理层的回复，高级会计人员应当确定是否需要为了公众利益而采取进一步的措施，同时考虑下列因素：(1) 法律法规框架；(2) 相关情况的紧迫性；(3) 该事项在单位中影响的广泛程度；(4) 是否仍然对其上级或治理层的诚信有信心；(5) 违法违规行为是否可能再次发生；(6) 是否有可靠证据证明工作单位、投资者、债权人、员工或社会公众已经遭受或存在潜在的实质性伤害。

IFAC (2019) 和 CICPA (2020) 规定，高级会计人员应当运用职业判断确定是否需要采取进一步行动及其性质和范围。作出该项决定时，应当考虑理性且掌握充分信息的第三方是否很可能认为自己的行为符合公众利益。可能采取的进一步行动包括：(1) 如果所在单位属于某一集团的成员，应当将相关事项告知上级管理层；(2) 向适当的主管机关披露相关事项，即使法律法规未要求披露；(3) 从工作单位辞职。鉴于对有关事项的评估可能涉及复杂的分析和判断，高级会计人员需要考虑：(1) 在单位内部进行咨询；(2) 获取相关法律建议，以了解可能的选择以及采取特定行动可能在专业或法律方面产生的影响；(3) 在遵循保密原则的前提下，向相关专业或监管机构咨询。

如果其他内部会计人员在从事职业活动的过程中知悉违法违规行为，应当了解相关事项及其性质与发生时所处的情景。其他内部会计人员需要运用专业知识、技能及职业判断，在考虑相关事项的性质和严重程度之后，可以在遵循保密原则的前提下向工作单位、法律顾问或其他专业机构的人员进行咨询。

如果其他内部会计人员识别出或怀疑存在已发生或可能发生的违法违规行为，应当告知其直接上级，以使其能够采取适当行动。如果该直接上级可能涉及该事项，则应当告知所在单位更高一级的机构。如果认为向适当的机构披露该事项是恰当的，则不被视为违反保密原则。在进行此类披露时，其他内部会计人员应当在陈述或作出认定时保持善意和谨慎。

5. 会对专业胜任能力和勤勉尽责原则的遵循产生不利影响。

单位会计人员应当评价不利影响的严重程度，并在必要时采取以下防范措施以消除不利影响或将其降低至可接受的水平：(1) 获得具有所需专长的人员的帮助或培训；(2) 保证有足够的时间履行相关职责。如果单位会计人员认为没有防范措施可以应对不利影响，则应考虑是否拒绝履行相关义务；如果认为拒绝履行相关义务是适当的，应当与相关方沟通其原因。

（五）案例分析

1. 属于信息编报的相关利益，即第二类经济后果，与单位会计人员的自我利益直接关联。

当存在与信息编报相关的利益（如财务利益、薪酬或激励）时，单位会计人员可能就会面临来自上级、同事或其他人员要求其操纵相关业绩指标的压力。IFAC (2019) 和 CICPA (2020) 规定，单位会计人员不得操纵信息或利用涉密信息谋取个人利益或为他人谋取经济利益。当单位会计人员、其近亲属存在下列情况时，可能因自身利益对客观公正、保密原则的遵循产生不利影响：(1) 有动机和机会通过操纵对价格敏感的信息获益；(2) 在单位中拥有直接或间接经济利益，该经济利益的价值可能直接受单位会计人员决策的影响；(3) 有资格获得与利润挂钩的奖金；(4) 直接或间接持有现在可行权或未来可行权的股票期权，该股票期权的价值可能受单位会计人员所作决策的影响；(5) 参与单位的激励性薪酬方案，该方案以达到特定目标或实现价值最大化为目的。

与信息编报及其决策相关的经济利益所产生的不利影响存在与否及其严重程度主要取决于：(1) 经济利益对单位会计人员、其近亲属个人而言的重要程度；(2) 单位制定的政策和程序，是否规定由独立于管理层的委员会决定高级管理人员的薪酬形式及其水平；(3) 根据内部政策，向治理层披露所有相关利益以及所有相关股票的行权或交易计划；(4) 专门用于处理产生经济利益的问题的内外部审计程序。

2. IFAC (2019) 和 CICPA (2020) 均要求，单位会计人员在编报信息时应当遵守：(1) 按照适用的财务报告编制基础的规定编报信息（如适用）；(2) 编报信息的方式不得误导或者不当影响合同或监管结果；(3) 运用职业判断，在所有重大方面准确、完整地反映事实，清楚地描述交易、活动的真实性质，及时并恰当地分类和记录信息；（4）职业判断中自由裁量权的运用不得有意误导他人或者不当影响合同或监管结果；（5）不得遗漏任何内容以使信息存在误导性，不得不当影响合同或监管结果。

因此，在编报信息的过程中，单位会计人员可能会因自身利益、外在压力或其他原因导致对客观公正等职业道德基本原则的遵循产生不利影响。IFAC（2019）和 CICPA（2020）强调，下列情形可以被认为滥用了职业判断中的自由裁量权：（1）作出不当估计，例如，作出不当的公允价值会计估计以粉饰损益；（2）在适用的财务报告编制基础所允许采用的多项会计政策或方法中进行特定目的的选择或更改，例如，针对长期合同，选择特定会计政策以粉饰损益；（3）确定交易的时间安排，例如，在接近期末时进行资产销售以实施误导；（4）确定交易的结构，例如，安排融资交易的结构以歪曲资产、负债或现金流量的分类；（5）选择性披露，例如，遗漏或模糊披露与财务或经营风险相关的信息以实施误导。

此外，当单位会计人员在从事无须遵守财务报告编制基础的职业活动时，应当运用职业判断来识别和考虑下列事项：（1）信息使用者使用信息的目的；（2）提供信息的背景；（3）信息的致送对象。如果单位会计人员拟利用位内部或外部人员的工作，应当运用职业判断以确定他人的工作是否合理，并考虑：（1）其声誉、专长及其可获得的资源；（2）其是否需要遵守相应的执业准则和职业道德守则。

IFAC（2019）和 CICPA（2020）均规定，当单位会计人员知悉或认为与其职业活动相关的信息存在误导时，应当采取下列行动加以解决：（1）与其所在单位的上级或者适当级别的管理层或治理层讨论，并要求其采取适当行动加以解决，如对信息作出更正，或者在信息已向预期使用者披露的情况下，告知使用者对信息的更正情况；（2）就工作单位内部处理此类问题的政策和程序（如职业道德政策或警示政策）进行咨询。

如果单位会计人员认为所在单位未采取适当的行动，并且有理由相信信息仍然存在误导，则在遵循保密原则的前提下可以采取：（1）向相关专业机构、单位内部或外部审计人员、法律顾问咨询；（2）确定是否存在应当与第三方（包括信息使用者）或监管机构进行沟通的要求；（3）避免与该信息发生关联，即向工作单位提出辞职。

第八章

注册会计师职业道德Ⅰ

一、本章概要
二、习题
三、推荐阅读材料
四、附加模块
五、参考答案

一 本章概要

可能导致注册会计师违反职业道德基本原则的事项主要来自利益冲突与利益诱惑、服务委托与资产保管、服务收费与二次意见、违法违规行为七类。这些事项又会分别形成自我利益、自我评价、过度推介、密切关系、外在压力五种不利影响中的一种或多种，这些不利影响最终又交错地导致违反职业道德基本原则。七大事项类别、五种不利影响和五项基本原则之间的因果关系呈现出一种复杂交错而非简单对应的网状结构。

事项类别、不利影响与基本原则的传导关系（针对注册会计师）

事项类型	利益冲突	利益诱惑	服务委托	资产保管	服务收费	二次意见	违法违规行为
不利影响类型：							
自身利益	◆	◆	◆	◆	◆	◆	◆
自我评价			◆	◆		◆	
过度推介			◆		◆	◆	
密切关系	◆	◆	◆				
外在压力	◆	◆			◆	◆	◆
影响基本原则：							
诚信	●	●	●		●		●
客观公正	●	●	●	●	●	●	
专业胜任能力与勤勉尽责		●	●			●	
保密	●		●			●	
良好职业行为	●	●		●	●		●

（一）利益冲突与利益诱惑

1. 利益冲突

利益冲突，是指与注册会计师所提供的专业服务相关的双方或多方之间存在某种形式的利益对抗，从而使其职业判断可能偏离客观公正等职业道德基本原则。

（1）对利益冲突的识别与评估。一般而言，利益冲突越早被识别，越能有效应对其不利影响。IFAC（2019）和CICPA（2020）均要求，注册会计师在承接新的客户、业务或发生经济关系前应当采取合理措施以识别可能存在的利益冲突，包括识别各方之间的利益、关系的性质和相关服务对各方的影响。建立有效的冲突识别流程，需要考虑：所提供专业服务的性质；会计师事务所的规模；客户群的规模和性质；会计师事务所的组织架构。如果会计师事务所是网络所的成员，并且注册会计师有理由相信由于网络事务所的利益和关系可能存在或产生利益冲突，注册会计师应当考虑该利益冲突。在识别出潜在的利益冲突事项后，注册会计师应定性或（和）定量评估该事项发生的概率及其所产生的不利影响的严重程度。

（2）对利益冲突的应对。IFAC（2019）和CICPA（2020）认为，下列防范措施可以应对因利益冲突产生的不利影响：由不同的项目组分别提供服务，并且这些项目组已被明确要求遵守保密相关的政策和程序；由未参与提供服务或不受利益冲突影响的适当人员复核已执行的工作，以评估关键判断和结论是否适当。

注册会计师根据利益冲突的性质和严重程度，在考虑下列情况的同时运用职业判断以确定是否有必要进行特定的披露并获取明确的同意：产生利益冲突的情形；可能受到影响的各方；可能产生的问题的性质；特定事项以不可预期的方式发展的可能性。如果进行披露或获取同意未采用书面形式，则鼓励注册会计师记录导致利益冲突的情形、已采取的防范措施和已获取的同意。

如果为获取客户的明确同意而进行的披露可能违反保密原则，则无法获取此类同意。此时，只有下列情况下会计师事务所才可以承接或保持相关业务：会计师事务所并未担任推介某一客户的角色，并未就同一事项与另一客户处于对立的位置；已采取特定措施防止向两家客户提供服务的项目组之间泄露涉密信息；限制提供该项专业服务可能反而会给客户或其他相关第三方造成不合理的不利后果。

2. 利益诱惑

利益诱惑，是指用以影响其他人员行为的物质、情况或行为，它可能含有或不含不当影响意图。法律法规可能禁止在特定情况下提供或接受利益诱惑（如有关反腐败和反贿赂的法律法规），注册会计师应当了解并遵守相关法律法规的规定。

（1）对含有不当影响意图的利益诱惑的识别、评价与应对。IFAC（2019）和CICPA（2020）均规定，注册会计师不得提供（或接受）或授意他人提供（或接受）任何自身或理性且掌握充分信息的第三方认为含有不当影响意图的利益诱惑。在确定是否可能存在不当影响意图时，注册会计师可综合考虑多方面因素进行职业判断。

评估是否含有不当影响意图应考虑的因素

序号	具体因素
1	利益诱惑的性质、频繁程度、价值和累积影响
2	提供利益诱惑的时间，这一因素需要结合该利益诱惑可能影响的行动或决策来考虑
3	利益诱惑是否符合具体情形下的惯例或习俗，例如，在节日或婚礼上赠送礼品
4	利益诱惑是否从属于专业服务，例如，提供或接受与商务会议有关的午餐
5	所提供的利益诱惑是仅限于个别接受方还是可以提供给更为广泛的群体，更为广泛的群体可能来自会计师事务所内部或外部，如其他客户或供应商
6	提供或接受利益诱惑的人员在会计师事务所或客户中担任的角色和职位
7	注册会计师是否知悉或有理由相信接受该利益诱惑可能违反客户的政策和程序
8	提供利益诱惑的透明程度
9	该利益诱惑是否由接受方要求或索取
10	利益诱惑提供方以前的行为或声誉

（2）对不含不当影响意图的利益诱惑的识别、评价与应对。即使注册会计师认为某项利益诱惑不含不当影响意图，提供或接受此类利益诱惑仍可能对职业道德基本原则的遵循产生不利影响，因而也应当运用职业道德概念框架识别、评价和应对其可能产生的不利影响。IFAC（2019）和 CICPA（2020）均强调，注册会计师应综合考虑各种信息，运用职业判断对因提供或接受此类利益诱惑产生的不利影响的严重程度进行评估。下表所列示的措施可以将不利影响降低至可接受的水平。

降低不利影响程度的具体措施

序号	具体措施
1	就提供或接受利益诱惑的事情，与会计师事务所或客户的高级管理层保持透明
2	由会计师事务所高级管理层或其他负责会计师事务所职业道德合规性的人员加以监控，或者在由客户维护的日志中登记该利益诱惑
3	针对提供利益诱惑的客户，由未参与提供专业服务的适当复核人员复核注册会计师已执行的工作或作出的决策
4	在接受利益诱惑之后将其捐赠给慈善机构，并向会计师事务所高级管理层成员或提供利益诱惑的人员适当披露该项捐赠
5	支付所接受利益诱惑（如款待）的价值
6	在收到利益诱惑（如礼品）后尽快将其返还给提供者

（3）对注册会计师近亲属提供或接受利益诱惑的识别、评价与应对。IFAC（2019）和 CICPA（2020）要求，注册会计师应对以下情况保持警惕：其近亲属向现有或潜在客户提供利益诱惑；现有或潜在客户向其近亲属提供利益诱惑。在评估是否含有不当影响意图时，除了通常考虑的因素，还需特别考虑注册会计师与其近

亲属、其近亲属与现有或潜在客户、注册会计师与现有或潜在客户之间关系的亲密程度。

如果注册会计师知悉其近亲属提供或接受某项利益诱惑，并认为（或者理性且掌握充分信息的第三方可能也会认为）该利益诱惑可能产生不当影响注册会计师或客户行为的意图，则注册会计师应当建议该近亲属拒绝提供或接受此类利益诱惑。此时，即使注册会计师的近亲属接受了其建议，修改或终止与客户之间的业务关系仍然是可供选择的重要应对措施。

（二）服务委托与资产保管

注册会计师与客户之间业务委托关系的建立、保持、变更呈现复杂性，如果注册会计师知悉客户存在某些问题，可能会对遵循诚信、良好职业行为等原则产生不利影响。此外，持有客户资产可能因自身利益或其他原因而对客观公正、良好职业行为等原则的遵循产生不利影响。

1. 识别、评价与应对专业服务委托中的不利影响

（1）客户和业务的承接（client and engagement acceptance）。IFAC（2019）和CICPA（2020）要求，在客户和业务承接中，应考虑注册会计师和会计师事务所自身的实际情况。通常，下列因素可能与评价此类不利影响的严重程度相关：注册会计师对客户的业务性质、经营复杂程度、业务具体要求以及拟执行工作的目的、性质和范围的了解；注册会计师对相关行业或业务对象的了解；注册会计师拥有的与相关监管或报告要求有关的经验；会计师事务所存在质量控制政策和程序，以合理保证仅承接能够胜任的业务。

IFAC（2019）和CICPA（2020）规定，在综合评估客户、注册会计师和会计师事务所信息的基础上，若确认承接该客户的业务将对职业道德基本原则的遵循产生不利影响，则应采取以下措施予以防范：分派足够的、具有必要胜任能力的项目组成员；就执行业务的合理时间安排与客户达成一致意见；在必要时利用专家的工作。

（2）客户和业务的保持或变更（client and engagement continuance or changes）。IFAC（2019）和CICPA（2020）要求，在连续业务中，注册会计师应当定期评价是否继续保持该业务。如果客户要求注册会计师执行某些工作以作为对现任或前任注册会计师工作的补充，可能因自身利益对专业胜任能力和勤勉尽责原则的遵循产生不利影响。

IFAC（2019）和CICPA（2020）认为，下列防范措施可能能够应对上述因自身利益产生的不利影响：其一，要求现任或前任注册会计师提供其已知的信息，即现任或前任注册会计师认为，拟接任注册会计师在作出是否承接业务的决定前需要了解的信息。其二，从其他渠道获取信息，例如，通过向第三方进行询问，或者对客户的高级管理层或治理层实施背景调查。

在与现任或前任注册会计师沟通前，拟接任注册会计师通常需要征得客户同意，最好能够取得客户的书面同意。如果不能与现任或前任注册会计师沟通，拟接任注册会计师应当采取其他适当措施获取与可能产生的不利影响相关的信息。在与拟接任注册会计师沟通时，现任或前任注册会计师仍然需要遵循保密原则。是否可以或必须与拟接任注册会计师讨论客户的相关事务，取决于业务的性质、现任或前任注册会计师是否已征得客户的同意进行讨论、与此类沟通和披露相关的法律法规或道德要求。

此外，IFAC（2019）和 CICPA（2020）还强调，在财务报表审计或审阅业务中，注册会计师应当要求现任或前任注册会计师提供已知的相关事实或情况，即现任或前任注册会计师认为拟接任注册会计师在作出是否承接业务的决定前需要了解的事实或情况。

2. 识别、评价与应对保管客户资产中的不利影响

持有客户资产可能因自身利益或其他原因而对客观公正、良好职业行为等原则的遵循产生不利影响。因此，除非法律法规允许或要求并且满足相关条件，注册会计师不得提供保管客户资金或其他资产的服务。IFAC（2019）和 CICPA（2020）规定，注册会计师如果接受委托保管客户资金或其他资产，应当符合下列要求：（1）遵守所有与保管资产和履行报告义务相关的法律法规；（2）将客户资金或其他资产与其个人或会计师事务所的资产分开；（3）仅按照预定用途使用客户资金或其他资产；（4）随时准备向相关人员报告资产状况及产生的收入、红利或利得。

在承接客户关系或某项业务时，对于可能涉及保管客户资产的服务，注册会计师应当询问资产的来源，并考虑应履行的相关法定义务。如果客户资金或其他资产来源于非法活动（如洗钱），注册会计师不得提供资产保管服务，并应当向法律顾问征询进一步的意见。

（三）服务收费与二次意见

1. 识别、评价与应对服务收费中的不利影响

注册会计师的专业服务收费水平虽无绝对的标准，但合理的收费水平有利于保证专业服务质量和注册会计师对职业道德基本原则的遵循。

（1）总体要求。IFAC（2019）和 CICPA（2020）认为，收费报价水平可能影响注册会计师按照职业准则提供专业服务的能力。注册会计师可以提供任何报价，只要该报价水平被认为是合理的。会计师事务所在确定收费水平时应当主要考虑下列因素：专业服务所需的知识和技能；所需专业人员的水平和经验；各级别专业人员提供服务所需的时间；提供专业服务所需承担的责任。

IFAC（2019）和 CICPA（2020）规定，在评价与收费相关的不利影响的严重程度时，应考虑：客户是否了解业务约定条款，特别是确定收费的基础以及在此报价范围内所能提供的服务；收费水平是否已由独立第三方（如相关监管部门）作出规定。若确认存在不利影响，应采用下列防范措施加以应对：调整收费水平或业务范围；由适当的复核人员复核已执行的工作。

(2) 或有收费。或有收费，是指收费与否或收费多少以服务工作结果或实现特定目的为条件。IFAC（2019）和 CICPA（2020）规定，除非法律法规允许，注册会计师不得以或有收费方式提供鉴证服务。尽管某些非鉴证服务可以采用或有收费的形式，或有收费仍然有可能对职业道德基本原则的遵循产生不利影响。

IFAC（2019）和 CICPA（2020）要求，若存在任何形式的或有收费，注册会计师应考虑以下因素以审慎评估其不利影响的严重程度：业务的性质；可能的收费区间；确定收费的基础；向报告的预期使用者披露注册会计师所执行的工作以及收费的计算基础；会计师事务所的质量控制政策和程序；是否由独立第三方复核交易和提供服务的结果；收费水平是否已由独立第三方（如监管部门）作出规定。经过评估确认存在不利影响时，会计师事务所和注册会计师可以采取下列防范措施予以应对：由未参与提供非鉴证服务的适当复核人员复核注册会计师已执行的工作；预先就收费的基础与客户达成书面协议。

(3) 介绍费或佣金。如果注册会计师支付或收取与客户有关的介绍费或佣金，将因自身利益对客观公正、专业胜任能力与勤勉尽责等原则的遵循产生不利影响。预期将产生不利影响时，注册会计师通常应采取下列防范措施将不利影响降低至可接受的水平：其一，针对与第三方向客户销售商品或服务相关的佣金安排，预先征得客户同意；其二，向客户披露因介绍服务或产品而向其他方支付或收取的介绍费或佣金。

2. 识别、评价与应对二次意见发表中的不利影响

注册会计师可能被要求就某主体亲自或以其名义运用相关准则处理特定交易或事项的情况提供第二次意见，而这一主体并非注册会计师的现有客户。如果第二次意见不是以前任或现任注册会计师所获得的相同事实为基础，或依据的证据不充分，可能对专业胜任能力和勤勉尽责原则的遵循产生不利影响。IFAC（2019）和 CICPA（2020）指出，下列防范措施可以用来应对此类因自身利益而产生的不利影响：(1) 征得客户同意与现任或前任注册会计师沟通；(2) 在与客户沟通中说明注册会计师发表专业意见的局限性；(3) 向现任或前任注册会计师提供第二次意见的副本。此外，如果要求提供第二次意见的主体不允许与现任或前任注册会计师沟通，注册会计师应当决定是否提供第二次意见。

（四）违反法律法规行为

注册会计师在向客户提供专业服务的过程中可能会遇到或知悉客户某种违反法律法规行为。这些违法违规行为可能会对注册会计师遵循职业道德基本原则产生不利影响。

1. 总体要求

当注册会计师注意到客户的违法违规行为时，可能因自身利益或外在压力对诚信和良好职业行为等原则的遵循产生不利影响。注册会计师应当运用职业道德概念框架识别、评价和应对此类不利影响。在应对时，注册会计师的主要目标是：(1) 遵循诚信、良好职业行为等基本原则；(2) 通过提醒客户的管理层或治理层(如适用)，使其能够纠正或减轻违法违规行为可能造成的后果，或者阻止尚未发生的违反法律法规行为；(3) 采取有助于维护公众利益的进一步措施。

有些法律法规可能已就注册会计师如何处理违法违规行为作出了规定，注册会计师应当了解和遵守这些法律法规。当注册会计师遇到违反这些法律法规时，应当解这些法律法规的要求，尤其是要了解以下方面的要求：(1) 是否需要向适当的主管机关报告；(2) 是否需要免于引起客户的警觉。

如果注册会计师知悉适用于本节所述的违法违规行为，应当及时采取行动。为确保及时采取行动，注册会计师应当同时考虑下列事项：(1) 该行为的性质；(2) 该行为可能对客户、投资者、债权人、员工或社会公众利益造成的损害。如果注册会计师遇到或知悉的事项明显不重要，则无须启动评价与应对程序。在判断事项是否明显不重要时，注册会计师需要考虑事项的性质及其对客户、利益相关方和社会公众的影响（财务或其他影响)。

2. 识别、评价和应对与财务报表审计相关的违法违规行为

在财务报表审计中，如果注册会计师知悉违法违规行为，应当运用专业知识技能以及职业判断了解相关事项，包括违法违规行为的性质，以及这种行为在什么情况下发生。根据事项的性质和重要程度，注册会计师可以在遵循保密原则的前提下，向会计师事务所、网络事务所或专业机构的人员，或者法律顾问进行咨询。

IFAC (2019) 和 CICPA (2020) 要求，如果注册会计师识别出或怀疑存在已经发生或可能发生的违反法律法规行为，应当与适当级别的管理层和治理层（如适用）讨论；如果注册会计师认为违法违规行为涉及管理层，应当与治理层讨论该事项。注册会计师在运用职业判断来确定与哪个适当级别的管理层讨论该事项时，通常需考虑的因素包括：(1) 事项的性质和情况；(2) 事项涉及或可能涉及的人员；(3) 存在串通的可能性；(4) 事项的潜在后果；(5) 该级别的管理层是否能够调查该事项并采取适当行动。

在与管理层和治理层讨论违法违规行为时，注册会计师应当建议其及时采取适当的行动。注册会计师应当考虑管理层和治理层是否了解其对违法违规行为应当承担的法律责任。如果管理层和治理层不了解，注册会计师可以向其提供适当的信息来源或推荐其寻求法律建议。

针对上述讨论，注册会计师应当评估管理层和治理层应对的适当性，评估适当性应考虑的因素如下表之 Panel A 所示；注册会计师根据管理层和治理层的应对确定是否需要出于维护公众利益的目的而采取进一步行动时应考虑的因素如下表之Panel B所示；注册会计师可以采取的进一步行动如下表之Panel C所示；可能导致注册会计师不再对管理层和治理层的诚信抱有信心的情况如下表之Panel D所示。

应对阶段应考虑的因素或行动选择

Panel A	**评估管理层和治理层应对的适当性应考虑的因素**
	应对是否及时
	违法违规行为是否被充分调查
	是否已采取或正在采取相关行动以纠正或减轻违反法律法规行为
	是否已采取或正在采取相关行动以阻止尚未发生的违反法律法规行为
	是否已采取或正在采取相关行动以降低再次发生类似事件的风险，如追加控制程序或进行培训
	是否向适当的主管机关报告违法违规行为（若已报告，是否充分）
Panel B	**是否采取进一步行动时应考虑的因素**
	法律法规框架
	情况的紧迫性、事项对客户影响的广泛程度
	注册会计师是否仍对管理层和治理层的诚信抱有信心
	违法违规行为是否很可能再次发生
	理性且掌握充分信息的第三方是否很可能认为其行为符合公众利益
	是否存在对实体、投资者、债权人、员工或社会公众已造成或可能造成实质性损害的可靠证据
Panel C	**可以采取的进一步行动**
	向适当的机构报告这一事项，即使不存在任何法定报告要求
	法律法规允许的前提下，解除业务约定
Panel D	**不再对管理层和治理层的诚信抱有信心的情况**
	注册会计师怀疑或有证据表明该管理层和治理层曾经参与或曾有意参与违反法律法规行为
	注册会计师意识到该管理层或治理层并未根据法律法规的规定，在合理的时间内及时向适当的主管机关报告或授权他人报告

IFAC（2019）和CICPA（2020）规定，如果注册会计师解除了业务约定，应当按照后任注册会计师的要求提供所有与违法违规行为相关的信息，即前任注册会计师认为后任注册会计师在决定是否接受审计委托之前需要了解的相关信息；即使客户拒绝允许与后任注册会计师讨论这些事项，这一要求仍然适用，除非法律法规禁止。如果后任注册会计师无法与前任注册会计师沟通，应当采取适当措施（包括询问第三方或者对管理层或治理层实施背景调查）通过其他方式获取有关业务委托

变动的信息。

此时，对事项的评估可能涉及复杂的分析和判断，在分析和判断时需要考虑的事项如下表之 Panel A 所示；适合向适当机构披露的情形如下表之 Panel B 所示：确定是否提供此类披露的外部决定因素如下表之 Panel C 所示；针对违法违规行为应当记录的事项如下表之 Panel D 所示。

评估判断应考虑的因素和应记录的事项

Panel A	**分析和判断时需要考虑的事项**
	内部咨询
	获取法律建议，以了解注册会计师可能的选择以及采取任何特定行动可能产生的职业或法律后果
	在遵循保密原则的前提下向监管机构或专业机构咨询
Panel B	**适合向适当机构披露的情形**
	该主体实施贿赂行为（如为获取大额合同而对当地或境外政府官员实施贿赂）
	该主体正在接受管制，而该事项的严重程度足以威胁到其营业资格
	该主体在证券交易所上市，而该事项可能对该实体的证券在市场上公平有序交易产生不利影响，或对金融市场构成系统性风险
	该主体很可能销售危害公众健康或安全的产品
	该实体在向其客户推销一项协助逃税的方案
Panel C	**是否提供此类披露的外部决定因素**
	是否存在能够接收此类信息并促使此类事项得以调查并确定拟采取的行动的适当机构
	是否存在相关法律法规能够针对民事、刑事、职业责任或报复行为提供强有力且可靠的保护（如与举报相关的法律法规）
	是否可能对注册会计师或其他人员的人身安全造成威胁
Panel D	**针对违法违规行为应当记录的事项**
	管理层和治理层是如何应对该事项的
	在实施理性且掌握充分信息的第三方测试后，注册会计师考虑采取的行动、作出的判断和作出的决策
	注册会计师如何确保其履行了遵循相关法律法规的责任

3. 识别、评价和应对与其他业务相关的违法违规行为

如果注册会计师在提供财务报表审计以外的其他专业服务时，知悉有关违法违规行为的信息，注册会计师应当了解相关事项，包括违反法律法规行为的性质以及该行为在何种情况下可能发生。根据事项的性质和重要程度，注册会计师可以在遵循保密原则的前提下向会计师事务所、网络事务所或专业机构的其他人员或者法律顾问进行咨询。某一行为是否构成违反法律法规行为，需要法院或其他适当机构作出裁决。

如果注册会计师识别出或怀疑存在违法违规行为，应当与适当级别的管理层讨论，判断哪个级别的管理层合适应考虑的因素如下表之 Panel A 所示。如果注册会计师能够与治理层沟通，还应当在适当情况下与治理层讨论该事项。讨论的目的是澄清注册会计师对该事项以及潜在后果的了解，同时促使管理层或治理层对该事项展开调查。

如果注册会计师为会计师事务所（或网络事务所）的审计客户或会计师事务所（或网络事务所）审计客户的组成部分提供非审计服务时知悉违法违规行为，除非法律法规禁止，否则应当在会计师事务所（或网络事务所）内沟通该行为。注册会计师应当按照会计师事务所（或网络事务所）的政策和流程进行沟通，如果缺少此类政策和流程，应当直接与审计项目合伙人沟通。如果注册会计师为非审计客户或非审计客户的组成部分提供非审计服务时知悉违法违规行为，应当考虑是否与为该客户提供审计服务的会计师事务所沟通该行为，在确定是否进行沟通时需要考虑的因素如下表之 Panel B 所示。此时，注册会计师还应当考虑是否需要采取进一步行动，在确定是否需要采取进一步行动时需要考虑的因素如下表之 Panel C 所示；注册会计师可能采取的进一步行动如下表之 Panel D 所示；考虑是否向适当的机构披露时需要考虑的因素如下表之 Panel E 所示；相关决策可咨询的途径如下表之 Panel F 所示；针对此类违法违规行为应当记录的事项如下表之 Panel G 所示。

应对其他违法违规行为的基本指南

Panel A	**判断应与哪个级别的管理层进行讨论应考虑的因素**
	事项的性质和情况
	事项涉及或可能涉及的人员
	存在串通的可能性
	事项的潜在后果
	该级别的管理层是否能够调查该事项并采取适当行动
Panel B	**确定是否进行沟通时需要考虑的因素**
	此类沟通是否违反法律法规的规定
	在对违法违规行为展开的持续调查中，是否存在由监管机构或检察机关施加的关于沟通的限制
	非审计服务的目的是否在于调查主体内潜在的违反法律法规行为以使该主体能够采取适当的行动
	管理层或治理层是否已就该事项告知主体的外部审计师
	该事项对财务报表审计的重要性。如果该事项涉及集团的组成部分，对集团财务报表审计的潜在重要性

续表

Panel C	**是否需要采取进一步行动时需要考虑的因素**
	法律法规框架
	管理层和治理层应对的适当性和及时性
	情况的紧迫性
	管理层或治理层对该事项的参与程度
	对客户、投资者、债权人、员工或社会公众的利益造成实质性损害的可能性
Panel D	**可能采取的进一步行动**
	向适当的机构报告该事项，即使不存在对此予以规范的法律法规
	在法律法规允许的情况下解除业务约定
Panel E	**是否向适当的机构披露时需要考虑的因素**
	该披露行为是否与法律法规相抵触
	在对违法违规行为展开的持续调查中，是否存在监管机构或检察机关施加的关于披露的限制
	非审计服务的目的是否在于调查主体内潜在的违反法律法规行为以使其能够采取适当的行动
Panel F	**相关决策可咨询的途径**
	内部咨询
	获取法律建议，以了解采取任何特定行动可能产生的职业或法律后果
	在遵循保密原则的前提下向监管机构或专业机构咨询
Panel G	**应当记录的事项**
	事项本身
	与管理层和治理层（如适用）及其他方的讨论结果
	管理层和治理层（如适用）如何应对该事项
	注册会计师考虑的行动、作出的判断和采取的决策
	注册会计师如何确保其履行了《中国注册会计师职业道德守则》规定的责任

二 习题

（一）判断题

1. 利益冲突是指与注册会计师所提供的专业服务相关的双方或多方之间存在某种形式的利益对抗。（　　）

2. 会计师事务所的经营地域越集中，发生利益冲突的概率通常越低。（　　）

3. 利益诱惑是指用以影响其他人员行为的物质、情况或行为，其中一定会含有不当影响意图。（　　）

4. 若注册会计师认为某项利益诱惑不含不当影响意图，则无须运用职业道德概念框架识别、评价和应对其可能产生的不利影响。（　　）

5. 如果项目组不具备或不能获得恰当执行业务所必需的胜任能力，将因自身利益对专业胜任能力与勤勉尽责原则的遵循产生不利影响。（　　）

6. 如果不能与现任或前任注册会计师沟通，则拟接任注册会计师应当考虑终止该审计业务。（　　）

7. 介绍费或佣金属于注册会计师在服务收费和专业意见出具中可能存在的诸多潜在乱象之一。（　　）

8. 注册会计师职业长期存在与发展的基础是建立在意识到服务有偿性的前提之下的。（　　）

9. 或有收费是指收费与否或收费多少取决于服务工作的结果或是否实现特定的目的。（　　）

10. 根据在财务报表审计中知悉的违法违规行为的性质和重要程度，注册会计师可以在遵循保密原则的前提下，向会计师事务所、网络事务所或专业机构的人员，或者法律顾问进行咨询。（　　）

（二）单项选择题

1. 下列各项中属于第一类利益冲突的是（　　）。

A. 建议客户投资一家企业，而注册会计师的配偶在该企业拥有经济利益

B. 同时为两方提供某项资产的估值服务，而这两方针对该资产处于对立状态

C. 为客户收购某企业提供建议，而会计师事务所同时也有意收购该企业

D. 就客户的竞争地位为其提供战略建议，但同时与该客户的主要竞争对手开设合营企业或享有类似权益

2. 下列对利益冲突的识别与评估的表述中，不正确的是（　　）。

A. 一般而言，利益冲突越早被识别，越能有效应对其不利影响

B. 注册会计师在已确定承接新的客户、业务或发生经济关系后，应当采取合理措施以识别可能存在的利益冲突

C. 在执行业务的过程中，若所提供服务的性质、利益和关系发生变化，则可能导致新的利益冲突出现，注册会计师应当对此类变化保持警惕

D. 在识别出潜在的利益冲突事项后，注册会计师应评估该事项发生的概率及其所产生的不利影响的严重程度

3. 下列各项不含有不当影响的是（　　）。

A. 提供或接受与商务会议有关的午餐

B. 注册会计师在向客户提供公司理财服务的同时，受到客户潜在收购方的款待，可能因自身利益产生不利影响

C. 注册会计师经常邀请现有或潜在客户现场观看体育赛事，可能因密切关系产生不利影响

D. 注册会计师受到客户的款待，而该款待一旦被公开，其性质可能被认为是不适当的

4. 下列关于降低不利影响程度的具体措施的描述中，不正确的是（　　）。

A. 支付所接受利益诱惑的价值

B. 就提供或接受利益诱惑的事情，与会计师事务所或客户的高级管理层保持透明

C. 在接受利益诱惑之后将其捐赠给慈善机构，则无须向会计师事务所高级管理层成员或提供利益诱惑的人员适当披露该项捐赠

D. 由会计师事务所高级管理层或其他负责会计师事务所职业道德合规性的人员加以监控，或者在由客户维护的日志中登记该利益诱惑

5. 下列有关注册会计师接受委托保管客户资金或其他资产的选项中，不正确的是（　　）。

A. 遵守所有与保管资产和履行报告义务相关的法律法规

B. 仅按照预定用途使用客户资金或其他资产

C. 随时准备向相关人员报告资产状况及产生的收入、红利或利得

D. 可暂时将客户资金或其他资产与其个人或会计师事务所的资产共同保管

6. 注册会计师不提供现有客户所要求的特定服务，而将该客户介绍给其他注册会计师或专家，从而收取费用，这种情况属于（　　）类潜在乱象。

A. 低价揽客

B. 或有收费

C. 介绍费或佣金

D. 为获取服务收费而进行的虚假意见兜售

7. 关于注册会计师在向客户提供专业服务的过程中可能会遇到或知悉客户某种违反法律法规行为，下列说法错误的是（　　）。

A. 可能会给客户带来罚款、诉讼或其他后果

B. 可能对投资者、债权人、员工或社会公众造成实质性损害

C. 不会对注册会计师遵循职业道德基本原则产生不利影响

D. 引发更为广泛的公众利益后果，同时可能对财务报表产生重大影响

8. 在评估管理层和治理层应对与财务报表审计相关的违反法律法规行为的适当性时，下列不属于注册会计师应考虑的因素的是（　　）。

A. 应对是否及时

B. 违法违规行为是否被充分调查

C. 是否已采取或正在采取相关行动以降低再次发生类似事件的风险，如追加控制程序或进行培训

D. 是否存在对实体、投资者、债权人、员工或社会公众已造成或可能造成实质性损害的可靠证据

9. 针对与财务报表审计相关的违法违规行为，注册会计师应当记录的事项不包括（　　）。

A. 管理层和治理层是如何应对该事项的

B. 在实施理性且掌握充分信息的第三方测试后，注册会计师考虑采取的行动、作出的判断和作出的决策

C. 是否存在能够接收此类信息并促使此类事项得以调查并确定拟采取的行动的适当机构

D. 注册会计师如何确保其履行了遵循相关法律法规的责任

10. 应对与其他业务相关的违法违规行为时，注册会计师是否需要采取进一步行动时需要考虑的因素不包括（　　）。

A. 法律法规框架

B. 非审计服务的目的是否在于调查主体内潜在的违反法律法规行为以使其能够采取适当的行动

C. 管理层或治理层对该事项的参与程度

D. 对客户、投资者、债权人、员工或社会公众的利益造成实质性损害的可能性

（三）多项选择题

1. 注册会计师建立有效的冲突识别流程时，需要考虑的内容包括（　　）。

A. 所提供专业服务的性质　　B. 会计师事务所的规模

C. 客户群的规模和性质　　D. 会计师事务所的组织架构

2. 下列各项因素中，注册会计师在提供或接受利益诱惑时，可能会因此而对职业道德基本原则的遵循产生不利影响的有（　　）。

A. 自身利益　　B. 密切关系　　C. 外在压力　　D. 胜任能力

3. 评估是否含有不当影响意图应考虑的因素有（　　）。

A. 利益诱惑的性质、频繁程度、价值和累积影响

B. 该利益诱惑是否由接受方要求或索取

C. 利益诱惑提供方以前的行为或声誉

D. 提供或接受利益诱惑的人员在会计师事务所或客户中担任的角色和职位

4. 在连续业务中，注册会计师应当定期评价是否继续保持该业务。当遇到下列情况时，应当确定是否有理由承接该项业务的有（　　）。

A. 潜在客户要求其取代另一注册会计师

B. 考虑以投标方式接替另一注册会计师执行的业务

C. 考虑执行某些工作作为对另一注册会计师工作的补充

D. 收费水平未由独立第三方作出规定

5. 在应对财务报表审计中知悉违法违规行为，注册会计师的主要目标包括（　　）。

A. 免于引起客户的警觉

B. 通过提醒客户的管理层或治理层（如适用），使其能够纠正或减轻违法违规行为可能造成的后果，或者阻止尚未发生的违反法律法规行为

C. 采取有助于维护公众利益的进一步措施

D. 遵循诚信、良好职业行为等基本原则

（四）简答题

1. 哪些防范措施可以应对因利益冲突产生的不利影响？如果客户不知悉利益冲突或提出异议，需要采用哪几种披露方法？

2. 在客户和业务承接中，哪些因素可能与评价注册会计师和会计师事务所是否具备恰当执行任务所必需的胜任能力相关？若确认承接某业务将会对职业道德基本原则的遵循产生不利影响，应采取哪些措施予以防范？

3. 会计师事务所在确定收费水平时应当主要考虑哪些因素？应从哪些方面评价和应对与收费相关的不利影响的严重程度？

4. 注册会计师识别出或怀疑存在已经发生或可能发生的违反法律法规行为时与适当级别的管理层和治理层讨论的目的何在？注册会计师在运用职业判断来确定与哪个适当级别的管理层讨论该事项时，通常需考虑的因素包括哪些？

5. 注册会计师应当建议管理层和治理层及时采取适当的行动，以便实现哪些目的？

（五）案例分析

2019年度北京地区会计师事务所执业质量检查工作总结①

为做好2019年度北京地区会计师事务所执业质量检查工作，贯彻落实中注协“职业化建设年”主题活动精神和《中国注册会计师协会关于开展2019年会计师事

① 改编自《2019年度北京地区会计师事务所执业质量检查工作总结（北京注册会计师协会）》。

务所执业质量检查工作的通知》（会协〔2019〕15号）要求，根据《北京地区会计师事务所执业质量检查办法》（京会协〔2011〕157号），北京注协抽调40多名检查人员、10多位检查专家，对所属120家会计师事务所开展了执业质量检查。

检查中发现普遍存在的问题，主要有以下几个方面：

一、质量控制体系存在的问题

1. 质量控制环境。检查中发现，部分事务所存在主任会计师任由非注册会计师控制、经营的情况，执业中以收益而非质量为导向、内部治理完全缺失、出具报告数量与业务人员数量严重不匹配的严重问题；部分事务所存在股权结构不合理、人力资源管理水平不高的问题，质量控制往往依赖个别核心合伙人，还是按照人管人的方式，而非以制度管人，不利于事务所做大做强；部分事务所合伙人协议中未约定合伙人会议是事务所的最高权力机构，与《会计师事务所内部治理指南》规定不符等问题。

2. 合伙人机制。大部分事务所缺乏以质量为导向的明确的合伙人考核机制，不利于吸引和培养新生力量，不利于新进员工的职业规划；对于一名合伙人长期执行某一客户审计业务的情况，没有制定适当的轮换、质量控制复核等监督措施，缺乏合伙人委派相关的制度规定，不利于风险防范。

3. 客户关系和具体业务的接受与保持。部分事务所虽然规定业务承接与保持需主任会计师或执行事务合伙人审批，但未形成书面的审批记录；部分事务所的项目未按制度规定对业务承接或保持的风险进行评价、形成结论、编制承接（保持）评价表；部分事务所的审计项目未签订业务约定书，或者业务约定书要素不全、不符合执业准则要求等，不利于维护事务所的正当权益。

4. 人力资源。部分事务所未形成书面培训记录、考核记录，有的事务所甚至没有定期开展考核工作，有的事务所考评标准没有突出执业质量的要求和占比，无法将以质量为核心的职业理念落实到事务所管理中。

5. 业务执行。大部分事务所已建立逐级复核制度、编制逐级复核表，但在实际执行中存在复核表仅有签名，但未见将复核过程中提出的问题、与项目组成员的沟通结果、补充工作底稿情况以及负责答复问题的项目组人员和答复日期等复核轨迹的书面记录，致使复核制度可能出现名存实亡的问题，复核效果不佳；部分事务所存在使用“业务报告流转表/审批单”代替复核表的情况，无法起到合理保证执业质量的作用；个别事务所还存在各项目团队的工作底稿、报告模板标准不统一的问题，存在较大的执业风险。

6. 监控。部分事务所未建立监控制度，少部分事务所对监控的内涵和具体要求尚不甚了解，而制定了相关制度的事务所在实际工作中也未能一贯执行。

7. 职业道德。极个别事务所在网购平台以低价广告宣传、低价与中介合作等手段争揽业务，基本上是只获取报表数据就出报告没有底稿，严重违反职业道德规定，扰乱了行业正常经营秩序，对行业形象造成了重大损害；部分事务所未按职业道德守则等相关制度要求，与执业人员签署年度独立性声明，或未按事务所相关制度要求，在接受项目委派时签署项目独立性声明；部分事务所对于鉴证业务和非鉴证业务，没有制定适当的独立性要求的相关制度，以保证执行鉴证业务的从业人员满足独立性的相关规定。

二、项目检查存在的问题

1. 部分事务所风险评估程序实施不到位，仅编制了会计政策和会计估计调查表、财务会计制度及审计情况调查表，未编制总体审计策略、未见穿行测试及风险评估结果汇总表及进一步审计程序方案。

2. 部分事务所大部分项目未编制重要性水平确定底稿。

3. 部分事务所审计底稿中归档的审计报告后附的财务报表及附注未加盖被审计单位公章，财务报表无被审计单位负责人、主管会计工作负责人及会计机构负责人签章及签字。

4. 部分事务所业务承接与保持评价程序实施不到位，大部分未编制业务承接与保持评价表。

5. 部分事务所各级复核记录底稿中均未记录复核出的具体问题及处理情况。

6. 部分事务所业务约定书签订不规范，存在未签订业务约定书或虽签订了业务约定书，但是没有双方授权代表签字、签署日期、约定条款填列不完整、业务约定书签订日期晚于审计报告日等问题。

7. 部分事务所在审计过程中未按准则要求获取管理层声明书，或虽获取了管理层声明书，但存在内容未按准则及时更新、无签署日期、签署日期不正确等问题。

8. 部分事务所的实质性测试程序实施不到位，主要表现为：（1）少部分项目未实施银行函证也未说明不函证的理由，或虽对银行存款实施了函证，但对存在回函不符的账户未实施进一步审计程序；大部分的银行函证均没有函证控制程序。（2）部分项目未实施往来函证程序。（3）部分项目未对存货实施监盘程序。（4）部分项目收入合同检查程序缺失，表现在有的项目获取了少量销售合同，但未形成检查底稿，有的项目未获取销售合同也未形成合同抽查底稿。

案例研讨问题

1. 注册会计师如何正确评价客户关系和具体业务的承接？可以制定何种防范措施应对因自身利益产生的不利影响？

2. 案例中“极个别事务所在网购平台以低价广告宣传、低价与中介合作等手段争揽业务”属于哪种潜在乱象？对于注册会计师收费报价水平的总体要求有哪些？

三 推荐阅读材料

1. 陈汉文．注册会计师职业行为准则研究．北京：中国金融出版社，1999.

2. 国际会计师职业道德守则．

3. 中国注册会计师协会非执业会员职业道德守则．

4. Jia Y,Lent L V,Zeng Y. Masculinity,Testosterone,and Financial Misreporting. Journal of Accounting Research,2014,52(5):1195-1246.

5. Ham C,Lang M,Seybert N,et al. CFO Narcissism and Financial Reporting Quality. Journal of Accounting Research,2017,55(5):1089-1135.

四 附加模块

无

五 参考答案

（一）判断题

1. √	2. ×	3. ×	4. ×	5. √
6. ×	7. √	8. √	9. √	10. √

（二）单项选择题

1. B	2. B	3. A	4. C	5. D
6. C	7. C	8. D	9. C	10. B

（三）多项选择题

1. ABCD	2. ABC	3. ABCD	4. ABC	5. BCD

（四）简答题

1. 下列防范措施可以应对因利益冲突产生的不利影响：（1）由不同的项目组分别提供服务，并且这些项目组已被明确要求遵守保密相关的政策和程序；（2）由未参与提供服务或不受利益冲突影响的适当人员复核已执行的工作，以评估关键判断和结论是否适当。

如果客户不知悉利益冲突或提出异议，需要采取以下两种披露方法之一：（1）一般性披露，即向客户披露以下情况：按照商业惯例，注册会计师不会仅向一家客户提供专业服务，可以在业务约定书的标准条款和条件中作出上述一般性披露，以使客户作出原则性同意。(2) 具体披露，即向受利益冲突影响的客户披露特定冲突的详细情况（包括对相关情况、拟采取的防范措施和所涉及风险的全面说明），使客户作出知情的决策和明确的同意。

2. 通常，下列因素可能与评价此类不利影响的严重程度相关：(1) 注册会计师对客户的业务性质、经营复杂程度、业务具体要求以及拟执行工作的目的、性质和范围的了解；(2) 注册会计师对相关行业或业务对象的了解；(3) 注册会计师拥有的与相关监管或报告要求有关的经验；(4) 会计师事务所存在质量控制政策和程序，以合理保证仅承接能够胜任的业务。

在综合评估客户、注册会计师和会计师事务所信息的基础上，若确认承接该客户的业务将对职业道德基本原则的遵循产生不利影响，则应采取以下措施予以防范：(1) 分派足够的、具有必要胜任能力的项目组成员；(2) 就执行业务的合理时间安排与客户达成一致意见；(3) 在必要时利用专家的工作。

3. 会计师事务所在确定收费水平时应当主要考虑下列因素：(1) 专业服务所需的知识和技能；(2) 所需专业人员的水平和经验；(3) 各级别专业人员提供服务所需的时间；(4) 提供专业服务所需承担的责任。限定其他条件相同，会计师事务所为提供专业服务所投入的时间越长、高级别和资深专业人员越多，需要的成本补偿越大，因而收费水平更高；会计师事务所提供专业服务时所需承担的责任越大，需要的风险补偿越大，因而收费水平也更高。

在评价与收费相关的不利影响的严重程度时，应考虑：(1) 客户是否了解业务约定条款，特别是确定收费的基础以及在此报价范围内所能提供的服务；(2) 收费水平是否已由独立第三方（如相关监管部门）作出规定。

若确认存在不利影响，应采用下列防范措施加以应对：(1) 调整收费水平或业务范围；(2) 由适当的复核人员复核已执行的工作。

4. 讨论的目的在于，一方面澄清注册会计师对该事项以及潜在后果的了解；另一方面促使管理层或治理层对该事项展开调查。

注册会计师在运用职业判断来确定与哪个适当级别的管理层讨论该事项时，通常需考虑的因素包括：(1) 事项的性质和情况；(2) 事项涉及或可能涉及的人员；(3) 存在串通的可能性；(4) 事项的潜在后果；(5) 该级别的管理层是否能够调查该事项并采取适当行动。一般来说，可以遵循下列方法：(1) 适当级别的管理层通常至少比该事项涉及或可能涉及的人员高一级；(2) 在集团的背景下，适当级别可能是对客户实施控制的实体的管理层；(3) 在特定情况下，还可以考虑与内部审计人员进行讨论。

5. 在与管理层和治理层讨论违法违规行为时，注册会计师应当建议其及时采取适当的行动，以实现下列目的：(1) 纠正或减轻违法违规行为的后果；(2) 阻止尚未发生的违法违规行为；(3) 如果法律法规有要求或为了维护公众利益，向适当的主管机关报告该事项。注册会计师应当考虑管理层和治理层是否了解其对违法违规行为应当承担的法律责任；如果管理层和治理层不了解，注册会计师可以向其提供适当的信息来源或推荐其寻求法律建议。

（五）案例分析

1. 在客户和业务承接中，应考虑注册会计师和会计师事务所自身的实际情况。如果项目组不具备或不能获得恰当执行业务所必需的胜任能力，将因自身利益对专业胜任能力与勤勉尽责原则的遵循产生不利影响。通常，下列因素可能与评价此类不利影响的严重程度相关：(1) 注册会计师对客户的业务性质、经营复杂程度、业务具体要求以及拟执行工作的目的、性质和范围的了解；(2) 注册会计师对相关行业或业务对象的了解；(3) 注册会计师拥有的与相关监管或报告要求有关的经验；(4) 会计师事务所存在质量控制政策和程序，以合理保证仅承接能够胜任的业务。

在综合评估客户、注册会计师和会计师事务所信息的基础上，若确认承接该客户的业务将对职业道德基本原则的遵循产生不利影响，则应采取以下措施予以防范：(1) 分派足够的、具有必要胜任能力的项目组成员；(2) 就执行业务的合理时间安排与客户达成一致意见；(3) 在必要时利用专家的工作。

2. 事务所在网购平台以低价广告宣传、低价与中介合作等手段争揽业务属于低价揽客。

收费报价水平可能影响注册会计师按照职业准则提供专业服务的能力。注册会计师可以提供任何报价，只要该报价水平被认为是合理的。尽管报价水平低于另一注册会计师并非一定是不道德的，然而，如果报价水平过低，以致注册会计师难以按照适用的职业准则执行业务，则可能因自身利益会对遵循专业胜任能力与勤勉尽责原则产生不利影响。会计师事务所在确定收费水平时应当主要考虑下列因素：(1) 专业服务所需的知识和技能；(2) 所需专业人员的水平和经验；(3) 各级别专业人员提供服务所需的时间；(4) 提供专业服务所需承担的责任。限定其他条件相同，会计师事务所为提供专业服务所投入的时间越长、高级别和资深专业人员越多，需要的成本补偿越大，因而收费水平更高；会计师事务所提供专业服务时所需承担的责任越大，需要的风险补偿越大，因而收费水平也更高。

在评价与收费相关的不利影响的严重程度时，应考虑：(1) 客户是否了解业务约定条款，特别是确定收费的基础以及在此报价范围内所能提供的服务；(2) 收费水平是否已由独立第三方（如相关监管部门）作出规定。

若确认存在不利影响，应采用下列防范措施加以应对：(1) 调整收费水平或业务范围；(2) 由适当的复核人员复核已执行的工作。

第九章

注册会计师职业道德Ⅱ

一、本章概要
二、习题
三、推荐阅读材料
四、附加模块
五、参考答案

一 本章概要

本章讨论注册会计师在执行鉴证业务[①]时尚须遵循的独立性要求。总体而言，影响独立性的事项类别在性质上可以分为三类，即分别以“利益”（interests）、“关系”（relations）和“服务”（professional services）为基础[②]的不利影响事项，本章以该分类方法和职业道德概念框架为基础，主要阐述注册会计师如何识别、评价与应对其在鉴证业务中对独立性产生不利影响的三大事项类别。

（一）审计与审阅业务独立性：相关概念与基本要求

1. 相关概念

公众利益实体包括：（1）上市实体；（2）法律法规界定的公众利益实体；（3）法律法规规定按照上市公司审计独立性的要求接受审计的实体。一般而言，注册会计师从事针对公众利益实体的审计与审阅业务对独立性的要求高于非公众利益实体。

关联实体[③]是指与客户存在下列关系之一的实体（如下图所示），是审计与审阅客户的重要组成部分。在客户是上市实体的情况下，本章所述的“审计客户”包括该客户的所有关联实体；在客户不是上市实体的情况下，本章所述的“审计客户”则仅包括该客户直接或间接控制的关联实体。

① 当注册会计师对客户仅执行非鉴证业务时，只需遵循本书第八章所述的注册会计师职业道德的基本要求。

② 源于 SEC 及 ISB 的注册会计师独立性要求深刻体现了各种以“关系”为导向的具体规则。本章所述的以“利益”“关系”“服务”对影响独立性的事项进行划分的方法，其本质便是分别指注册会计师（或会计师事务所）与客户（或与客户相关的主体）之间所广泛存在的以下三类基本关系：（1）利益关系（interest relationship）；（2）雇佣关系（employment relationship）；（3）顾问关系（咨询服务）（consulting service）。

③ CICPA（2020）将 entity 译为“实体”，本书认为，译为“主体”可能更为准确。在会计基本理论的中文语境中存在“主体假设”“会计主体”“主体观”“合并报告主体”“结构化主体”“投资性主体”等诸多与“主体”相关的基础性概念，职业道德守则中所言的“公众利益主体”“关联主体”等主体概念则是与之一脉相承的。

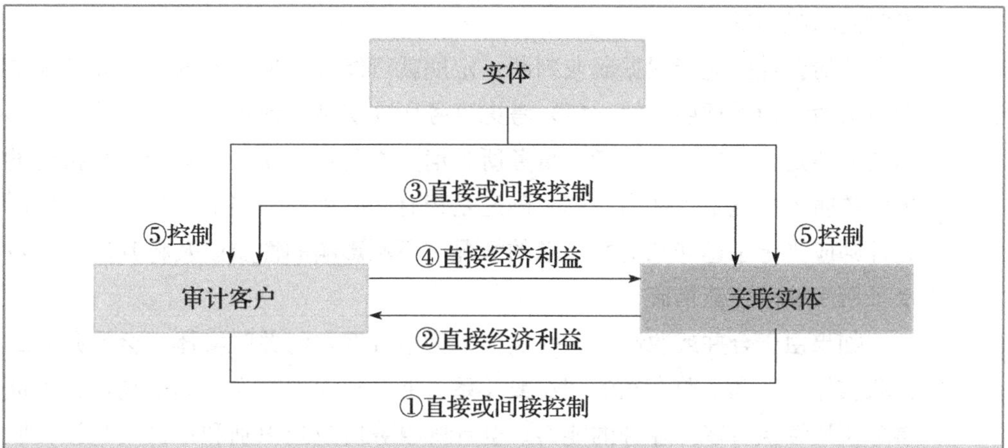

关联实体的不同情形

如果一个联合体旨在通过合作实现下列目的，则应当被视为形成网络（如下图所示）。如果某一会计师事务所被视为网络事务所，则应当与网络中其他会计师事务所的审计客户保持独立。

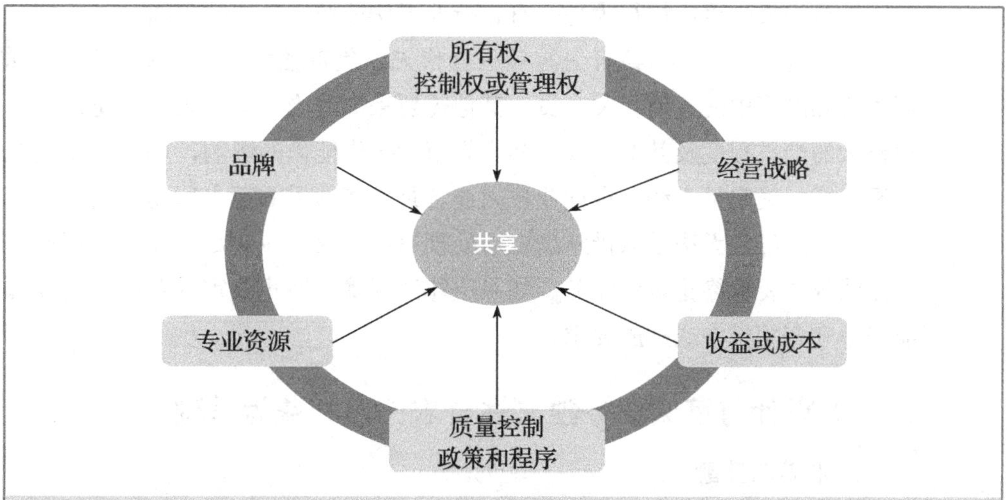

界定网络的共享标准

2. 基本要求

在识别、评价和应对与独立性相关的不利影响的过程中，基本要求包括保持独立性的期间、因合并收购成为关联主体时对独立性的特别考虑、与治理层的沟通、记录相关事项及应对违反独立性规则的措施等。

注册会计师应当在业务期间和财务报表涵盖的期间独立于审计客户。业务期间自审计项目组开始执行审计业务之日起，至出具审计报告之日止。如果审计业务具有连续性，业务期间结束日应以其中一方通知解除业务关系或出具最终审计报告两者时间孰晚为准。

注册会计师应当根据职业判断，定期就可能影响独立性的关系和其他事项与治理层沟通，使治理层能够：(1) 考虑事务所在识别和评价对独立性的不利影响时作出的判断是否正确。(2) 考虑事务所为消除不利影响或将其降低至可接受的水平所采取的防范措施是否适当。(3) 确定是否有必要采取适当的措施。与此同时，注册会计师应当记录遵守独立性要求的情况、不利影响的性质以及将其降低至可接受的水平所采取的防范措施。

如果由于合并或收购，某一实体成为审计客户的关联实体，会计师事务所与该关联实体以往和目前存在的利益或关系可能对独立性产生不利影响，并可能影响该事务所继续执行审计业务的能力。会计师事务所应当识别和评价其与该关联实体以往和目前存在的利益或关系，并在考虑可能的防范措施后确定是否影响独立性，以及在合并或收购生效日后能否继续执行审计业务。

如果会计师事务所认为已发生违反独立性规则的行为，应当采取下列措施：(1) 终止、暂停或消除引发违规的利益或关系，并处理违规后果；(2) 考虑是否存在适用于该违规行为的法律法规，如果存在，遵守该法律法规的规定，并考虑向相关监管机构报告该违规行为是否符合行业惯例或监管机构的预期；(3) 按照事务所的政策和程序，立即就该行为与项目合伙人、负责独立性相关政策和程序的人员、事务所和网络中的其他相关人员、其他需要采取适当行动的人员沟通；(4) 评价违规行为的严重程度及其对客观性和出具审计报告能力的影响；(5) 根据违规行为的严重程度，确定是否终止审计业务，或者是否能够采取适当行动以满意地处理违规后果。如果确定无法采取措施满意地处理违规后果，应当尽快通知治理层，并按照法律法规的要求终止审计业务。如果法律法规禁止终止该审计业务，会计师事务所应当遵守相关报告或披露要求。

（二）审计与审阅业务独立性要求：以利益为基础

1. 收费与薪酬

注册会计师在执行审计审阅业务时，可能导致对独立性产生不利影响的收费问题包括对单一客户的经济依赖性、逾期收费和或有收费等。

如果会计师事务所从某一审计客户收取的全部费用占会计师事务所（或合伙人、分部）的收费总额的比重很大，则对该客户的依赖及对失去该客户的担心将因自身利益或外在压力产生不利影响。会计师事务所应当评价不利影响的严重程度，可选的防范措施包括扩大客户群以降低事务所（或合伙人、分部）对该客户的依赖程度。

如果审计客户长期未支付应付的费用，尤其是在出具下一年度审计报告前仍未支付，可能因自身利益产生不利影响。如果在审计报告出具后审计客户仍未支付该费用，应当评价不利影响存在与否及其严重程度，并在必要时采取防范措施。

或有收费是指收费与否或收费多少取决于交易的结果或所执行工作的结果①。除非法律法规允许，注册会计师不得以或有收费方式提供鉴证服务。

如果某一审计项目组成员的薪酬或业绩评价与其向审计客户推销的非鉴证服务挂钩，将因自身利益产生不利影响。会计师事务所应当评价不利影响的严重程度，并在必要时采取防范措施消除不利影响或将其降低至可接受的水平。

2. 礼品、款待与诉讼

如果会计师事务所或审计项目组成员接受审计客户的礼品或款待，可能因自身利益、密切关系或外在压力对独立性产生不利影响。除非该礼品的价值从性质和金额上来说均明显不重要或微不足道，否则会计师事务所或审计项目组成员不得接受此类礼品；如果款待超出业务活动中的正常往来，应当拒绝接受。若礼品或款待具有不当影响意图，即使其价值从性质和金额上来说均明显不重要或微不足道，注册会计师也不得接受。

对于诉讼而言，如果会计师事务所或审计项目组成员与审计客户发生诉讼或很可能发生诉讼，将因自身利益和外在压力产生不利影响。会计师事务所应当评价不利影响的严重程度，并在必要时采取防范措施消除不利影响或将其降低至可接受的水平。

3. 财务利益

财务利益（financial interests）② 是指因持有某一实体的股权、债券和其他证券以及其他债务性的工具而拥有的利益，包括为取得这种利益享有的权利和承担的义务，分为直接财务利益和间接财务利益两类。下表分类总结了各种财务利益与独立性的关系。

财务利益与独立性的关系

拥有财务利益的人员或实体		在审计客户中拥有财务利益	在控制审计客户的实体中拥有财务利益	与审计客户有共同财务利益	与审计客户的董事、高管或控股股东拥有共同财务利益
会计师事务所		X	XX	X	?
审计项目组成员	本人	X	XX	X	?
	主要近亲属	X	XX	X	?
	其他近亲属	P	N	N	N

① 通过中介机构间接收取的或有收费同样属于本节所讲的或有收费，如果是由法院或政府有关部门规定的，则不视为或有收费。

② 需要特别指出的是，CICPA（2020）将“financial interest”译为经济利益，我们认为，“经济利益”（economic interest）是一个更为广义的概念，它几乎涵盖了本节所述的所有与广义的经济利益相关的事项。

续表

拥有财务利益的人员或实体		在审计客户中拥有财务利益	在控制审计客户的实体中拥有财务利益	与审计客户有共同财务利益	与审计客户的董事、高管或控股股东拥有共同财务利益
与执行审计业务的项目合伙人同处一个分部的其他合伙人	本人	X	N	N	N
	主要近亲属	X	N	N	N
为审计客户提供非审计服务的其他合伙人、管理人员（除非参与程度极低）	本人	X	N	N	N
	主要近亲属	X	N	N	N
除以上提及人员以外的其他人员	合伙人或其主要近亲属	?	?	?	?
	专业人员或其主要近亲属	?	?	?	?
	与审计组成员有密切关系的人员	?	?	?	?

注：X 表示对独立性产生不利影响；
XX 表示对独立性产生非常严重的不利影响，没有防范措施能够将其降低至可接受的水平；
? 表示可能产生不利影响，需要评价不利影响存在与否及其严重程度；
P 表示可能产生不利影响，需要评价不利影响严重程度；
N 表示没有明确要求的情况。

4. 贷款、担保与商业关系

会计师事务所、审计项目组成员及其主要近亲属都不得向审计客户提供贷款或为其提供贷款担保，除非该贷款对贷款提供者、担保人员以及审计客户均不重大。与此同时，上述主体也不得从银行或类似金融机构等审计客户取得贷款或获得贷款担保，除非该贷款或担保是按照正常的程序、条款和条件进行的。[①] 会计师事务所、审计项目组成员或其主要近亲属不得在银行、经纪人或类似金融机构等审计客户开立存款或经纪账户，除非该存款或经纪账户是按照正常的商业条件开立的。会计师事务所、审计项目组成员或其主要近亲属不得从非银行或类似机构的审计客户取得贷款，或由审计客户提供贷款担保，除非该项贷款或担保对取得贷款或担保的会计师事务所或人员以及审计客户均不重大。

① 如按揭贷款、银行透支、汽车贷款和信用卡透支等。

商业关系主要包括以下三类：(1) 在与客户或其控股股东、董事、高管或其他为该客户执行高级管理活动的人员共同开办的企业中拥有财务利益；(2) 按照协议，将会计师事务所与客户双方的产品或服务结合在一起，并以双方名义捆绑销售；(3) 按照协议，会计师事务所（或客户）销售或推广客户（会计师事务所）的产品或服务。会计师事务所、审计项目组成员不得与审计客户或其高管建立密切的商业关系，除非所涉经济利益不重大，并且商业关系对于客户、高管、事务所、审计项目组成员均不重要。

（三）审计与审阅业务独立性要求：以关系为基础

1. 家庭和私人关系

如果审计项目组成员的主要近亲属是审计客户的董事、高管或所处职位能够对事务所将要发表意见的财务报表或会计记录的编制施加重大影响的员工（以下简称"特定员工"），或者在业务期间或财务报表涵盖的期间曾担任上述职务，将对独立性产生非常严重的不利影响，没有防范措施能够消除该不利影响或将其降低至可接受的水平。IFAC（2019）和 CICPA（2020）均要求，拥有此类关系的人员不得成为审计项目组成员。

(1) 审计项目组成员的其他近亲属是审计客户的董事、高管或特定员工；(2) 审计项目组成员与审计客户的董事、高管或特定员工存在密切关系，即使该人员不是审计项目组成员的近亲属；(3) 会计师事务所中审计项目组以外的合伙人或员工，与审计客户的董事、高管或特定员工之间存在家庭或私人关系。以上三种情况下，均可能因自身利益、密切关系或外在压力对独立性产生不利影响，会计师事务所应当评价上述情况不利影响的严重程度，并在必要时采取防范措施消除不利影响或将其降低至可接受的水平。

2. 兼任与雇佣关系

当注册会计师与审计客户之间存在兼任与雇佣关系时，可能因自身利益、自我评价或密切关系对独立性产生不利影响。

兼任与雇佣关系的主要情形包括：(1) 审计项目组成员最近曾担任审计客户的董事、高管或特定员工，如果在被审计财务报表涵盖的期间，将没有防范措施能够将其降低至可接受的水平；如果在被审计财务报表涵盖的期间之前，不利影响存在与否及其严重程度主要取决于该成员在客户中曾担任的职务、该成员离开客户的时间长短和该成员在审计项目组中的角色。(2) 目前兼任审计客户的董事或高管，没有防范措施能够将其降低至可接受的水平。(3) 与审计客户发生雇佣关系，其损害独立性的情形如下图所示。(4) 向审计客户临时借出员工，除非同时满足下列条件，否则会计师事务所不得向审计客户借出员工：仅在短期内向客户借出员工；借出的员工不参与本章所述的禁止提供的非鉴证服务；该员工不承担审计客户的管理层职责，且审计客户负责指导和监督该员工的活动。

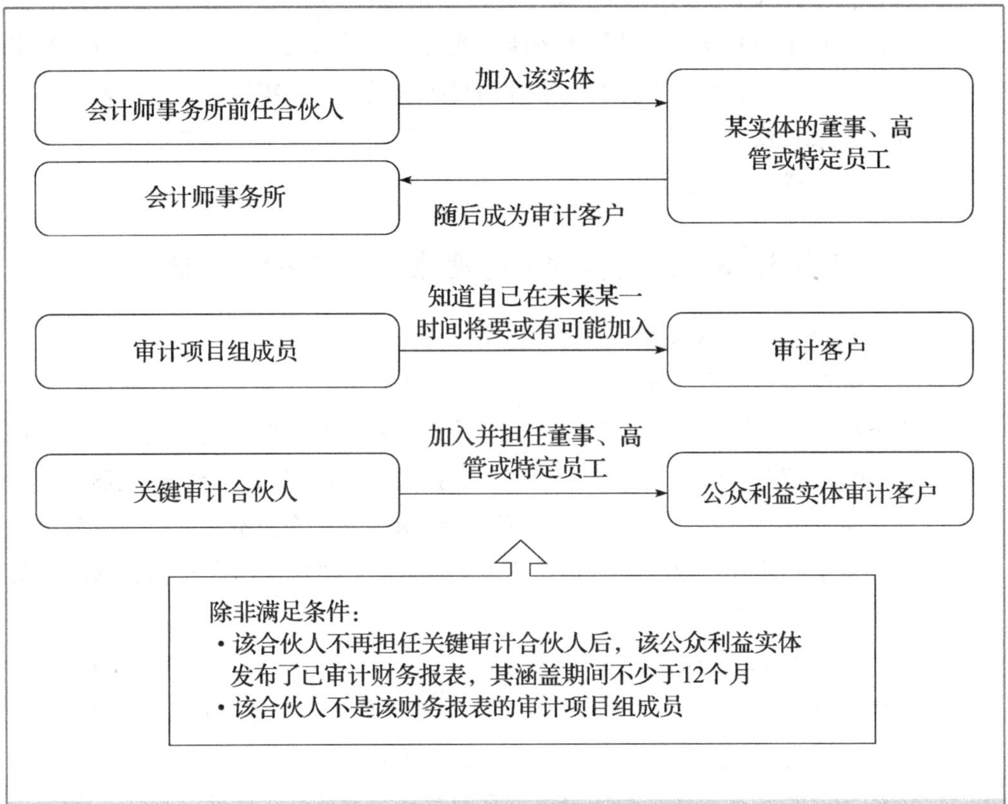

与审计客户发生雇佣关系损害独立性的情形

3. 任期与轮换问题

会计师事务所长期委派同一名合伙人或员工执行某一审计客户的审计业务，将因密切关系和自身利益对独立性产生不利影响。此时，可选的防范措施包括：(1) 将与审计客户存在长期业务关系的人员轮换出审计项目组以消除不利影响；(2) 变更与审计客户存在长期业务关系的人员在审计项目组中担任的角色或其所实施任务的性质和范围，以将不利影响降低至可接受的水平；(3) 由审计项目组以外适当的复核人员复核与审计客户存在长期业务关系的人员所执行的工作，以将不利影响降低至可接受的水平；(4) 定期对该业务实施独立的内部或外部质量复核，以将不利影响降低至可接受的水平。

下表总结了公众利益实体审计客户关键审计合伙人轮换与冷却期的相关规定。

关键审计合伙人轮换期与冷却期：针对公众利益实体审计客户

属于公众利益实体的客户	担任的关键审计合伙人类型			相继担任累计达到三年或以上的关键审计合伙人类型			最长服务年限（年）	冷却期（年）
	项目合伙人	项目质量控制复核人	其他关键审计合伙人	项目合伙人	项目质量控制复核人	其他关键审计合伙人		
一般情况	✓						5	5
	✓				✓		5	3
	✓					✓	5	2
		✓					5	3
		✓		✓			5	5
		✓				✓	5	2
			✓				5	2
特殊情况（因无法预见情形而不能按时轮换）	✓						6	5
	✓				✓		6	3
	✓					✓	6	2
		✓					6	3
		✓		✓			6	5
		✓				✓	6	2
			✓				6	2

下表总结了首次成为公众利益实体审计客户时，其关键审计合伙人的轮换与冷却期规定。

关键审计合伙人轮换期与冷冻期：首次成为公众利益实体审计客户

关键审计合伙人类型			在审计客户成为公众利益实体前的服务年限（X 年）			成为公众利益实体后继续提供服务的年限（年）	冷却期（年）
项目合伙人	项目质量控制复核人	其他关键审计合伙人	$X\leqslant 3$ 年	$X\geqslant 4$ 年	首次公开发行证券		
✓			✓			$5-X$	5
✓				✓		2	5
✓					✓	2	5
	✓		✓			$5-X$	3
	✓			✓		2	3
	✓				✓	2	3
		✓	✓			$5-X$	2
		✓		✓		2	2
		✓			✓	2	2

（四）审计与审阅业务独立性要求：以服务为基础

1. 向审计客户提供非鉴证服务

会计师事务所可能向其审计客户提供与其技能和专长相符的一系列广泛的非鉴证服务。非鉴证服务主要三大类：（1）行政支持与法律服务类，如承担管理层职责、行政事务性服务、诉讼支持服务、法律服务、招聘服务等；（2）会计与财务服务，如会计和记账服务、评估服务、税务服务、内部审计服务、公司财务服务等；（3）信息技术系统服务。不同类型的非鉴证服务对审计独立性的影响有很大差异，如下表所示。

非鉴证服务对审计独立性的不利影响分析

服务类型	不利影响因素					严重程度	可否向审计客户提供服务
	自身利益	自我评价	过度推介	密切关系	外在压力		
承担管理层职责	◆	◆	◆	◆		★	✦
会计和记账服务		◆					①
行政事务性服务							
评估服务		◆	◆				②
税务服务		◆	◆				③
内部审计服务		◆					④
信息技术系统服务		◆					
诉讼支持服务		◆	◆				
法律服务		◆	◆			⑤	
招聘服务	◆			◆	◆		
公司财务服务		◆	◆				⑥

注：◆代表存在该种不利影响因素；
★表示不利影响非常严重；
✦表示不能为审计客户提供该类非鉴证服务；
①考虑客户是否属于公众利益实体、该服务是否属于日常性或机械性的等因素；
②考虑客户是否属于公众利益实体、评估结果是否涉及高度主观性等因素；
③考虑客户是否属于公众利益实体、是否为客户计算当期所得税或递延所得税等因素；
④考虑客户是否属于公众利益实体等因素；
⑤会计师事务所的合伙人或员工担任审计客户的首席法律顾问，将对独立性产生非常严重的不利影响；
⑥会计师事务所不得提供涉及推荐、交易或承销审计客户股票的公司财务服务。

2. 含有使用和分发限制条款的特殊目的财务报表审计服务

对于会计师事务所针对特殊目的财务报表出具含有使用和分发限制性条款的审计报告的服务，仅在同时满足下列条件的情况下，其独立性要求在一般审计业务的基础上作出变通：（1）会计师事务所已与报告的预期使用者就在提供服务时适用的经过变通的独立性要求进行沟通；（2）报告的预期使用者了解报告的目的和限制，并且明确同意变通独立性要求。

特殊目的财务报表审计服务相关要求

<table>
<tr><th colspan="3">特殊目的财务报表审计服务与一般审计服务对独立性要求的差异</th></tr>
<tr><th>要求</th><th>一般审计业务</th><th>特殊目的财务报告审计业务</th></tr>
<tr><td>公众利益实体</td><td>规定了对公众利益实体审计客户的独立性要求，公众利益实体审计业务对独立性的要求一般高于非公众利益实体</td><td>当执行符合条件的审计业务时，可以不执行关于公众利益实体的特别规定</td></tr>
<tr><td>关联实体</td><td>在审计客户是上市实体的情况下，审计客户包括该客户的所有关联实体；在审计客户不是上市实体的情况下，审计客户包括该客户直接或间接控制的关联实体</td><td>当执行符合条件的审计业务时，审计客户不包括其关联实体。仅在项目组知悉或有理由相信涉及客户某一关联实体的情形或关系与评价会计师事务所与客户的独立性相关时考虑</td></tr>
<tr><td>网络与网络事务所</td><td>如果某一会计师事务所被视为网络事务所，应当与网络中其他会计师事务所的审计客户保持独立</td><td>当执行符合条件的审计业务时，会计师事务所不包括网络事务所。仅在会计师事务所知悉或有理由相信某一网络事务所的利益或关系对独立性产生不利影响时考虑</td></tr>
<tr><td>财务利益</td><td>相关规定可能适用于会计师事务所、审计项目组成员及其主要近亲属和其他近亲属、同处一个分部的其他合伙人及其近亲属、为审计客户提供非审计服务的其他合伙人和管理人员及其近亲属、其他人员等</td><td>对于审计项目组成员的其他近亲属、同处一个分部的其他合伙人及其近亲属、为审计客户提供非审计服务的其他合伙人和管理人员及其近亲属和其他人员，仅当项目组有理由相信对独立性产生不利影响时考虑</td></tr>
<tr><td>贷款和担保</td><td>相关规定适用于会计师事务所、审计项目组成员及其主要近亲属</td><td rowspan="5">相关规定仅适用于项目组成员及其主要近亲属，同时评价和应对提供咨询和质量控制复核的人员、其他人员①对独立性的不利影响</td></tr>
<tr><td>商业关系</td><td>相关规定适用于会计师事务所、审计项目组成员及其主要近亲属</td></tr>
<tr><td>家庭和私人关系</td><td>相关规定适用于审计项目组成员及其主要近亲属、会计师事务所中审计项目组以外的合伙人或员工</td></tr>
<tr><td>与审计客户发生雇佣关系</td><td>相关规定适用于会计师事务所合伙人和审计项目组成员</td></tr>
<tr><td>临时借出员工</td><td>相关规定适用于会计师事务所</td></tr>
<tr><td>其他</td><td colspan="2">对于本章第一节至第三节的其他部分，特殊目的财务报表审计业务与一般审计业务对独立性要求一致</td></tr>
</table>

①其他人员通常是可以直接影响审计业务结果的人员，即对审计项目合伙人提出薪酬建议，以及对其直接指导、管理或监督的人员，包括从审计项目合伙人的直接上级至会计师事务所高级或管理合伙人（首席执行官或同等职位）之间的各级别人员。

（五）其他鉴证业务的独立性要求：主要差异比较

同审计、审阅业务一样，IFAC（2019）和 CICPA（2020）均对注册会计师提供其他鉴证业务的独立性要求作了详细规范①，其他鉴证业务对独立性的要求与审计与审阅业务相类似，仅在一些方面略低于审计与审阅业务。

1. 总体要求的基本差异

下表简要总结了其他鉴证业务与审计、审阅业务之间对独立性总体要求的基本差异。

其他鉴证业务与审计、审阅业务独立性总体要求的基本差异

序号	基本要求	审计、审阅业务	其他鉴证业务
1	公众利益实体	强调并详细阐述了公众利益实体的界定标准	没有要求明确区分公众利益实体与非公众利益实体
2	关联实体	分别规定上市实体和非上市实体客户的关联实体	仅要求考虑与评价事务所独立性有关的关联实体
3	与治理层的沟通	要求定期沟通	没有相关要求
4	网络与网络事务所	要求与网络中其他会计师事务所的审计客户保持独立	仅要求当会计师事务所有理由相信产生不利影响时，评价和应对这些不利影响
5	合并与收购	要求识别相关利益与关系，并考虑是否继续执行业务	没有相关要求
6	违反独立性规则的应对措施	除包含其他鉴证业务的措施外，还应考虑向监管机构报告，与相关人员沟通	要求消除相关利益与关系，评价违规行为严重程度，并采取适当行动
7	其他	对于保持独立性的期间和工作记录的要求一致	

2. 具体事项的特定差异

其他鉴证业务与审计、审阅业务之间在具体事项上对独立性的要求差异如下表所示。

其他鉴证业务与审计、审阅业务在具体事项上对独立性要求的特定差异

序号	具体要求	审计、审阅业务	其他鉴证业务
1	薪酬和业绩评价政策	对薪酬或业绩评价与推销非鉴证服务挂钩的情形，要求评价并消除不利影响	没有相关要求

① 详细规则请参见：《国际会计师职业道德守则》中的 PART 4B “Independence for Assurance Engagements other than Audit and Review Engagements” 及《中国注册会计师职业道德守则第 5 号——其他鉴证业务对独立性的要求》。

续表

序号	具体要求	审计、审阅业务	其他鉴证业务
2	财务利益	对同分部合伙人和非审计服务合伙人等人员、拥有共同经济利益等情形，要求评价并消除不利影响	没有相关要求
3	商业关系	特别强调了股东人数有限的实体中商业关系的要求	没有对股东人数有限的实体中的商业关系作特殊要求
4	与客户的雇佣关系	要求确保相关人员与会计师事务所之间不再保持重要交往	仅要求相关人员不得继续参与会计师事务所的业务或专业活动
5	临时借出员工	要求除非满足条件，否则会计师事务所不得向审计客户借出员工	没有相关要求
6	与客户长期存在业务关系	要求评价并消除不利影响，并提出相关的轮换期规定、冷却期规定和其他规定	仅要求确定是否产生不利影响，且没有提出相关的轮换期规定、冷却期规定和其他规定
7	提供非鉴证服务	规定会计师事务所不得承担审计客户的管理层职责，并确定服务是否将对独立性产生不利影响	没有相关要求
8	其他	对于收费，礼品和款待，诉讼和诉讼威胁，贷款和担保，家庭和私人关系，审计项目组成员最近曾担任审计客户的董事、高管或特定员工以及兼任审计客户的董事或高管，其他鉴证业务的要求与审计、审阅业务的要求一致	

二　习题

（一）判断题

1. A注册会计师连续担任项目合伙人五年，为了避免密切关系对独立性产生不利影响，在结束2017年审计工作后，U事务所安排A注册会计师自2018年起担任X银行审计项目质量控制复核人。（　　）

2. 会计师事务所在向审计客户提供非鉴证服务时，可以采用或有收费的方式收取非鉴证服务费用，且无须采取防范措施。（　　）

3. ABC会计师事务所于2017年首次接受委托审计甲公司2017年度财务报表，王敏作为关键审计合伙人，之后取得长期合作关系。在2018年完成甲公司IPO审计工作后，甲公司首次公开发行证券成为上市公司，则王敏作为关键审计合伙人还可以继续服务的年限是三年。（　　）

4. 在确定审计收费金额并写入业务约定书之后，即使发生了与预期情况不同的事项，收费金额也不得变动，否则就属于或有收费，损害事务所的独立性。（　　）

5. 会计师事务所或鉴证小组成员与鉴证客户或其管理层之间存在密切的经营关系，或会计师事务所与审计客户之间存在密切的经营关系，会带来商业的或共同的经济利益，并产生外界压力威胁。（　　）

6. 会计师事务所、审计项目组成员或其主要近亲属不得在审计客户中拥有直接经济利益或重大间接经济利益。（　　）

（二）单项选择题

1. ABC 会计师事务所正在考虑发展 W 公司为审计客户。EFG 会计师事务所与 W 公司之间存在金额重大的借贷关系。假定 ABC 会计师事务所与 EFG 会计师事务所之间相互合作，下列两者之间存在的关系中，不影响 ABC 会计师事务所接受 W 公司的审计业务的是（　　）。

A. 共同分担开发审计方法的成本

B. 使用共同的名字、字号和标识

C. 定期交流客户资料、收费等信息

D. 拥有共同的经营战略和质量控制政策

2. 在考虑审计小组的人员构成时，需要考虑经济利益对独立性的影响。经询问，会计师事务所中共有四名注册会计师与被审计单位存在直接或间接的经济利益关系。这四名注册会计师中，可以直接参与被审计单位审计业务的是（　　）。

A. 丁注册会计师在某小区居住，该小区业委会将临街门面房租给了被审计单位作仓库使用，根据以前三年的情况，平均每户业主可以在年终取得 300 元的租金收入

B. 甲注册会计师持有被审计单位市价约 300 元的股票

C. 乙注册会计师的姑姑于 2018 年购买了被审计单位 5 万元的股票，交与乙注册会计师代为管理。双方约定该股票投资如果出现盈利，则盈利的 20%作为对乙注册会计师的酬谢；如出现亏损，与乙注册会计师无关

D. 丙注册会计师的母亲持有被审计单位 15%的股份，但其母亲并不参与被审计单位的具体经营

3. 甲公司 2018 年财务报表拟由 ABC 会计师事务所进行审计，下列情况中会影响会计师事务所的独立性且导致事务所不能承办该业务的是（　　）。

A. 会计师事务所的注册会计师刘刚兼任鉴证客户的董事

B. 鉴证小组成员李明在甲公司中拥有 5%的股份

C. 鉴证小组成员张帆的姐姐是甲公司的财务总监

D. 在 2018 年 3 月 2 日之前，鉴证小组成员徐敏曾是鉴证客户的财务经理

4. 下列各项不属于公众利益实体的是（　　）。

A. 私营企业　　B. 银行　　C. 保险公司　　D. 上市公司

5. 下列情形中可认定为网络事务所的是（　　）。

A. 天信会计集团采取加盟方式组建审计集团，采取同一质量控制政策和程序，为统一形象，公司名称统一标准为天信万和、天信地明等

B. 由于公司股权发生变化，某事务所已经退出原网络，但协议约定可继续使用原网络事务所的名称一年

C. A 和 B 会计师事务所为提高员工的专业能力进行合作，共同使用双方培训室、共同聘请专家培训、互派公司资深讲师授课等

D. 为提高职业道德水平和在社会公众中的形象，由部分会计师事务所共同发起了“莲花”联盟，联盟组织的成员可在宣传材料上提及本所是“莲花”联盟的成员

6. 甲会计师事务所常年为 A 公司提供财务报表审计服务，2018 年 A 公司因丢失最大采购商，造成存货积压、流动资金不足。2019 年审计前，上一年度审计费用尚有 60%未支付给甲会计师事务所，为此 A 公司与甲会计师事务所协商于 2019 年审计结束后一并支付，针对该事项可能对独立性产生的最直接的不利影响因素是（　　）。

A. 自身利益　　B. 自我评价　　C. 外界压力　　D. 密切关系

7. 2019 年 3 月甲会计师事务所接受委托，对 A 公司 2018 年度财务报表进行审计，项目组成员王英曾于 2017 年 3 月至 2017 年 12 月担任 A 公司会计，针对该事项，以下说法正确的是（　　）。

A. 该事项没有防范措施能够将其降低至可接受的水平，事务所不得将王英分派到审计项目组

B. 王英在被审计单位任职时间在财务报表涵盖期间之前，可以采取防范措施将对独立性的不利影响降低至可接受的水平

C. 项目组可以采取复核该成员已执行的工作防范对独立性的不利影响

D. 项目组可以不安排该成员负责其原来所涉及的相关工作

（三）多项选择题

1. 在评价财务利益威胁的重要性以及用以消除威胁或将其降低至可接受水平的适当防范措施时，以下表述正确的有（　　）。

A. 在评价财务利益的类型时，应当考虑拥有者的投资工具或财务利益没有控制权、拥有控制权或能够影响投资决策等不同情况下的财务利益

B. 当存在控制时，财务利益被认为是直接的，相反，不存在控制时，财务利益应被认为是间接的

C. 如果鉴证小组成员或其直系亲属在鉴证客户内拥有直接财务利益，应当采取让该人员成为鉴证小组成员之前将其直接财务利益处置

D. 如果鉴证小组成员或其直系亲属在鉴证客户内拥有直接财务利益，应当将该鉴证小组成员调离鉴证业务

2. 以下属于注册会计师代行管理层职责的情形有（　　）。

A. 制定政策和战略方针

B. 对交易进行授权

C. 负责按照适用的会计准则编制财务报表

D. 跟踪法定申报资料规定的提交日期，并告知审计客户这些日期

3. 下列情况中，将产生重大的自身利益不利影响以至于没有任何防范措施可以将这种不利影响降低至可接受水平的有（　　）。

A. 审计项目组成员的直系亲属在可以对审计客户施加控制的实体中拥有重大间接财务利益，该审计客户对于该实体重要

B. 如果项目合伙人所在分部的其他合伙人在审计客户中拥有直接财务利益

C. 会计师事务所合伙人兼任审计客户的独立董事

D. 会计师事务所的前任合伙人加入了审计客户，担任审计客户董事，由于会计师事务所股权更替，该合伙人与事务所无实质性联系

4. 注册会计师张芳作为ABC事务所项目合伙人，根据审计业务的要求，组建了甲公司审计项目组，经评价，下列情形会对审计独立性产生不利影响的有（　　）。

A. 甲公司在建造办公大楼过程中流动资金不足，ABC事务所按照正常程序，为甲公司的银行贷款提供了担保

B. 注册会计师张芳的妻子持有甲公司股票500股，目前每股市值1.8元

C. 注册会计师张芳以市场价格购买甲公司开发的房产一套，并一次性支付房款150万元

D. 在审计过程中，甲公司纳税申报员病休，因对电子纳税申报系统不熟悉，甲公司请求ABC事务所帮助其将已经完成的纳税申报表在纳税申报系统中提交

5. 注册会计师在确定审计收费时，下列不违反职业道德守则的有（　　）。

A. 审计费用应考虑从事该业务可能耗用的时间等因素

B. 审计费用根据所提供服务的性质和注册会计师的专业能力等因素来确定

C. 审计费用根据支付给以前的注册会计师的费用来确定

D. 审计费用根据注册会计师关于客户财务报表的报告能否获得银行贷款的批准来确定

6. 为了防范高级人员由于长期执行某一客户的鉴证业务可能对独立性造成的不利影响，下列各项中属于会计师事务所应当制定的政策和程序的有（　　）。

A. 按照法律法规的规定定期轮换高级职员

B. 进行独立的内部质量复核

C. 请鉴证小组成员以外的其他注册会计师复核该高级职员所做的工作，或在必要时提供建议

D. 拒绝承接对独立性产生不利影响的业务

7. 下列关于职业道德的提法中，不正确的有（　　）。

A. 如果客户资金或其他资产来源于非法活动（如洗钱），注册会计师可以提供保管资产服务，但需要与其个人或会计师事务所的资产分开

B. 会计师事务所的高级管理人员可以担任鉴证客户的独立董事

C. 注册会计师至少应口头承诺对在执行业务过程中知悉的客户信息保密

D. 注册会计师在营销专业服务时，不应比较贬低其他会计师事务所

8. 如果审计项目组前任成员或会计师事务所前任合伙人加入审计客户，担任董事、高级管理人员或特定员工，针对以下情形，会计师事务所正确的做法有（　　）。

A. 如果该人员仍与会计师事务所保持重要交往，将产生非常严重的不利影响，导致没有防范措施能够将其降低至可接受的水平

B. 如果该人员与会计师事务所已经没有重要交往，应当评价不利影响的程度，并在必要时采取防范措施消除不利影响或将其降低至可接受的水平

C. 如果该人员仍与会计师事务所保持重要交往，需要采取防范措施将不利影响降低至可接受的水平

D. 如果该人员与会计师事务所已经没有重要交往，仍将产生非常严重的不利影响，导致没有防范措施能够将其降低至可接受的水平

9. 下列审计客户的职位中，职业道德守则规定会计师事务所的合伙人或员工不得兼任的有（　　）。

A. 高级管理人员　　B. 董事　　C. 董事会秘书　　D. 日常行政秘书

（四）简答题

1. 网络事务所通常包括哪几种情形？会计师事务所是否应当与使用同一标志的咨询公司的客户保持独立？

2. 什么是财务利益？项目合伙人或其主要近亲属通过继承从审计客户获得直接财务利益或重大间接财务利益，应当如何处理？

3. 会计师事务所与某一审计客户存在长期业务关系，有哪些防范措施？公众利益实体客户的关键审计合伙人通常适用哪些轮换期规定？冷却期分别为几年（不考虑相继担任多项关键合伙人职责）？

4. 在评价为审计客户提供非鉴证服务的不利影响严重程度时，通常需要考虑哪些因素？哪类非鉴证服务会对独立性产生非常严重的不利影响？

5. 在临时借出员工方面，其他鉴证业务与审计、审阅业务对独立性的要求有什么差异？如果违反独立性的规则，二者的应对措施有什么差异？

（五）案例分析

上市公司甲公司是ABC会计师事务所的常年审计客户，XYZ公司和ABC会计师事务所处于同一网络。审计项目组在甲公司2019年度财务报表审计中遇到下列事项：

（1）甲公司为参与企业并购委托审计，在业务约定书中约定按审计后资产的5‰收取审计费用。

（2）甲公司为审计项目组成员办理了游泳俱乐部会员卡。

（3）乙公司是甲公司的子公司。审计项目组成员A的妻子因继承而获得乙公司股票期权1万股，目前市值5万元。

（4）丙公司是甲公司的子公司，从事小额贷款业务，2017年12月，丙公司和ABC会计师事务所联合对外发布行业研究报告，对该行业现状与前景进行分析，并介绍了丙公司的业务。

（5）在承接甲公司2019年度的财务报表审计工作时，了解到本次审计项目经理B的妻子在甲公司内担任人事部经理，事务所仍安排B注册会计师担任本审计项目的经理。

（6）C注册会计师曾担任甲公司2017年度财务报表审计的项目质量控制复核人，于2018年5月退休，之后未和ABC会计师事务所保持交往。2019年1月1日，C注册会计师受聘担任甲公司独立董事。

（7）丁公司和甲公司同为戊公司的重要子公司。项目组D注册会计师自2014年度起担任甲公司财务报表审计项目合伙人，五年任期结束后轮换出该审计项目，转任丁公司2019年度财务报表审计项目合伙人。

（8）甲公司内审部计划对新并购的子公司执行内部控制审计。因缺乏人手，甲公司聘请XYZ公司协助执行该项工作，但XYZ公司不参与制定内审计划或管理层决策。

案例研讨问题

针对上述第（1）至（8）项，逐项指出是否可能存在违反中国注册会计师职业道德守则有关独立性规定的情况，并简要说明理由。

三 推荐阅读材料

1. 陈汉文，韩洪灵．审计理论与实务．北京：中国人民大学出版社，2019.

2. 国际会计师职业道德守则.
3. 中国注册会计师职业道德守则.
4. 中国注册会计师职业道德守则问题解答.

四 附加模块

无

五 参考答案

（一）判断题

1. ×	2. ×	3. ×	4. ×	5. ×
6. √				

（二）单项选择题

1. C	2. A	3. A	4. A	5. A
6. A	7. A			

（三）多项选择题

1. AB	2. ABC	3. ABC	4. AB	5. ABC
6. ABC	7. ABC	8. AB	9. ABC	

（四）简答题

1. 如果一个联合体旨在通过合作实现下列目的，则应当被视为形成网络：(1) 明确旨在各实体之间共享收益或分担成本；(2) 在各实体之间共享所有权、控制权或管理权；(3) 在各实体之间共享统一的质量控制政策和程序，即由联合体统一设计、实施和监控；(4) 在各实体之间共享同一经营战略，即通过协议实现共同的战略目标；(5) 在各实体之间使用同一品牌，包括共同的名称或标志等；(6) 在各实体之间共享重要的专业资源，包括能够使各会计师事务所或实体之间交流诸如客户资料、收费安排和时间记录等信息的共享系统、合伙人和员工、技术部门、审计方法或审计手册以及培训课程和设施。

对网络事务所独立性的要求，适用于所有符合网络事务所定义的实体，而无论该实体（如咨询公司或法律服务公司）本身是否为会计师事务所。因此，会计师事务所与使用同一标志的咨询公司构成网络事务所，应当遵守独立性要求。

2. 财务利益是指因持有某一实体的股权、债券和其他证券以及其他债务性的工具而拥有的利益，包括为取得这种利益享有的权利和承担的义务，分为直接财务利益和间接财务利益两类。

如果项目合伙人或其主要近亲属通过继承从审计客户获得直接财务利益或重大间接财务利益，应当立即处置全部财务利益，或处置全部直接财务利益并处置足够数量的间接财务利益，以使剩余财务利益不再重大。

3. 可选的防范措施包括：(1) 将与审计客户存在长期业务关系的人员轮换出审计项目组以消除不利影响；(2) 变更与审计客户存在长期业务关系的人员在审计项目组中担任的角色或其所实施任务的性质和范围，以将不利影响降低至可接受的水平；(3) 由审计项目组以外适当的复核人员复核与审计客户存在长期业务关系的人员所执行的工作，以将不利影响降低至可接受的水平；(4) 定期对该业务实施独立的内部或外部质量复核，以将不利影响降低至可接受的水平。

如果审计客户属于公众利益实体，会计师事务所任何人员担任项目合伙人、实施项目质量控制复核的负责人或其他属于关键审计合伙人的职务的累计时间不得超过五年。任期结束后，该人员应当遵守有关冷却期的规定。项目合伙人或项目合伙人以外的签字注册会计师的冷却期为连续五年，质量控制复核人的冷却期为连续三年，其他关键审计合伙人的冷却期为连续两年。

4. 在评价不利影响存在与否及其严重程度时，通常需要考虑下列因素：(1) 非鉴证服务的性质、范围和目的；(2) 审计业务对该非鉴证服务结果的依赖程度；(3) 与提供该非鉴证服务相关的法律和监管环境；(4) 非鉴证服务的结果是否影响将要发表意见的财务报表中的相关事项，如果影响，影响的程度以及注册会计师在确定这些事项的金额或会计处理方法时涉及的客观程度；(5) 客户管理层和员工在该非鉴证服务方面的专长水平；(6) 客户针对重大判断事项的参与程度；(7) 非鉴证服务对与客户会计记录、财务报表、财务报告内部控制相关的系统所产生影响的性质和程度（如有）；(8) 客户是否属于公众利益实体，如果客户属于公众利益实体，通常认为会产生更为严重的不利影响。

会计师事务所承担审计客户的管理层职责，将因自身利益、自我评价、密切关系、过度推介对独立性产生非常严重的不利影响，导致没有防范措施能够将其降低至可接受的水平。

5. 审计、审阅业务对临时借出员工提出要求，如果会计师事务所向审计客户借出员工，可能因自我评价、过度推介或密切关系产生不利影响。除非同时满足仅在短期内向客户借出员工，借出的员工不参与被禁止的非鉴证服务、不承担审计客户的管理层职责，且审计客户负责指导和监督该员工的活动，否则会计师事务所不得向审计客户借出员工。而其他鉴证业务没有提出相关要求。

其他鉴证业务要求，如果会计师事务所认为已违反独立性的相关要求，应当采取下列措施：(1) 终止、暂停或消除引发违规的利益或关系；(2) 评价违规行为的严重程度及其对会计师事务所的客观性和出具鉴证报告能力的影响；(3) 确定是否能够采取适当行动以满意地处理违规后果。而审计审阅业务还要求采取下列措施：(1) 考虑是否存在适用于该违规行为的法律法规，并考虑向相关监管机构报告该违规行为；(2) 立即与项目合伙人、负责独立性相关政策和程序的人员、会计师事务所和网络中其他相关人员等沟通。

（五）案例分析

(1) 违反。按审计后资产的5‰收取审计费用属于或有收费，或有收费会对职业道德产生不利影响。(知识点：收费与薪酬。)

(2) 违反。审计项目组不得接受审计客户任何礼品，否则可能存在因自身利益和密切关系对独立性的不利影响。(知识点：礼品、款待与诉讼。)

(3) 违反。项目组成员主要近亲属不得在审计客户关联公司拥有直接财务利益，否则存在因自身利益对独立性的不利影响。(知识点：财务利益。)

(4) 违反。ABC会计师事务所通过和丙公司共同发布的行业研究报告推广了丙公司的业务，属于禁止的商业关系。(知识点：贷款、担保与商业关系。)

(5) 不违反。B注册会计师的妻子任人事部经理，人事部经理不属于能够对客户会计记录或被审计单位财务报表的编制施加重大影响的职位，因此并不对独立性产生不利影响。(知识点：家庭与私人关系。)

(6) 违反。C注册会计师在2019年已审财务报表发布前就已担任甲公司独立董事，因密切关系和外在压力对独立性产生严重不利影响。(知识点：兼任与雇佣关系。)

(7) 违反。因审计客户属于公众利益实体，又因甲公司与丁公司为关联实体，D注册会计师在任期结束后，在两年内，不得成为甲公司及关联实体审计项目组成员或关键审计合伙人。(知识点：任期与轮换。)

(8) 违反。该内部审计服务涉及甲公司与财务报告相关的内部控制，将因自我评价对独立性产生严重不利影响。(知识点：非鉴证服务。)

第十章 数字时代会计职业道德

一、本章概要
二、习题
三、推荐阅读材料
四、附加模块
五、参考答案

一 本章概要

数字时代，现代技术在会计领域中的广泛应用正在催生信息系统审计师、会计数据分析师、会计数据保护官等新兴职业的兴起。基于上述会计职业变革，数据价值和会计免责将成为会计职业利益诱惑的重要组成部分。会计师正面临新的数据专业胜任能力困境、会计信息系统相关道德困境、会计数据资源管理相关道德困境和会计职业道德物化困境。为此，本章在描述数字时代会计职业变革趋势的基础上，重点阐述数字时代会计职业的利益诱惑、道德困境和职业道德规范。

（一）数字时代的会计职业变革趋势

1. 数字时代会计职业变革背景

社会经济环境的变化必然导致会计发生深刻变革。现代会计在 20 世纪中后期和 21 世纪出现许多重大变革，并取得引人注目的新进展。这些新进展基本都围绕会计管理思想的变迁、数据思维方式以及新兴劳动形态等的出现而展开。

（1）会计职业变革的思想动因。信息竞争理论（theory of information competition）认为，职业会计师正在与其他信息渠道展开竞争；如果会计信息系统提供的信息无法满足使用者的需求，就意味着失去其“顾客”（信息使用者）；没有“顾客”，会计信息系统也将失去其生存的能力（Beaver，1973）。同时，在决策有用观的指引下，现实与理想的差距倒逼会计信息生产与会计管理思想的变革，如何更好地服务于会计信息使用者成为会计理论界与实务界共同面临的重要课题。在此基础上，REA 会计（resource event agent，事项会计）、REAL 会计、ERP（enterprise resource planning，企业资源计划）、FSS（financial shared service，财务共享服务）等思想或理念也应运而生。

（2）会计职业变革的社会动因。推动会计职业变革的社会动因主要包括数据思维方式和劳动形态两个方面。其中，思维变革主要体现在以下四个方面：1）由经验向预测转变；2）由注重因果关系向相关关系转变；3）由抽样分析向整体分析转变；4）从精确性向精确性与非精确性并存转变。劳动形态因素主要在于第四次工业革命将促进灵活就业人数逐步增加，劳动时间的碎片化、劳动场所的灵活化和劳动管理的虚拟化会使以需求为中心的新型劳动形式逐步出现（田思路、刘兆光，2019）。由此，未来会计劳动形态将呈现多样化的特征，远程劳动、共享劳动、人机协同劳动和委托劳动等形态将占据未来会计工作的主导地位。

（3）会计职业变革的技术动因。在数字时代，借助计算机、互联网、物联网、大数据、云计算、区块链和人工智能等现代技术实现会计管理思想和理念、数据思维方式和劳动形态的转变，已经成为会计技术和会计职业发展不可扭转的变革趋势。现代技术在会计领域的应用促使数据思维方式和新型劳动形态成为现实，进而提升了会计信息生产的效率和效果，加速了会计管理思想理念的应用进程。一方面，现代技术以其独特的优势提高了会计信息生产的效率和效果，减少了传统会计师的需求数量；另一方面，将现有会计师从繁杂的基础劳动中解放出来，更好地辅助企业经营管理决策。

2. 数字时代会计职业变革的趋势

数字时代的会计职业将在会计工作信息化、数据化与智能化三大趋势下催生出诸多新兴会计职业：

（1）会计信息系统管理员和信息系统审计师。ERP 系统和 FSSC 等的广泛采用使得信息系统的可靠性受到广泛关注，信息系统的可靠性直接关乎会计数据的真实性和可靠性。由此，信息系统管理员和信息系统审计师将是数字时代最主要的会计职业之一。

（2）会计数据分析师、会计数据库管理员、会计数据保护官。当前，会计专家主要依靠自身判断作出相应的财务决策，而在数字时代，这一现象将发生根本性的变化，即会计领域的决策更多依靠数据作出。受此影响，会计专家的光芒会因为数据分析家的出现而变暗，而数据分析家不会受到旧观念的影响，通过建立财务数据的相关关系分析模型，聆听数据发出的“声音”将变成极为重要的工作。同时，会计工作的自动化将减少传统会计师的需求量，而对会计数据的分析利用将增强，会促使数据分析师等新兴会计职业的兴起。此外，会计数据库管理员和数据保护官将进入会计师的范畴。

（3）会计人工智能操作员。历史经验表明，每次技术变革都会带来传统职业的逐步消亡，也会促进新兴人才需求的增长。无人机、财务智能机器人等人工智能技术的引入，将大幅提升会计工作的智能化程度。人工智能的应用正在改变会计职业的劳动市场结构，未来很多会计师的工作将被类人机器人取代，工作机会将越来越少。随之发生的职业变革将是人工智能操作员在会计领域的出现。

（二）数字时代的会计职业道德困境

1. 数字时代会计职业的利益诱惑

（1）数据价值诱惑。有需求就有市场，有市场则数据的价值就会显现。REA

会计、REAL会计、ERP和FSS等会计管理思想或理念扩大了会计数据采集范围，而传感器、云计算、区块链和人工智能等现代技术促使业务数据与财务数据高度集成，进而形成会计大数据。在会计数据需求方数据思维方式形成的前提下，挖掘市场竞争者或客户数据背后隐藏的商业价值成为其主要竞争手段。一旦认识到数据本身所拥有的价值，利益不对称可能会驱使会计师将所掌握的数据出售或共享给数据中间商或超级平台公司等会计数据需求方，并从中获益。在所有权与经营权分离的情况下，借助消除数据出售或共享日志等手段，成功逃避利益相关者的监管并非难事。由此，数据价值将成为数字时代利益诱惑的新内容。围绕数据价值利益诱惑，数字时代会计职业利益诱惑的参与方将不再局限于股东、管理当局和其他利益相关者，而需求企业数据的第三方将成为数字时代会计职业利益诱惑的参与方，如平台公司、数据竞争对手或数据中间商等会计数据需求方。错综复杂的参与方将促使数据价值的利益诱惑变得更加复杂。

（2）会计免责诱惑。会计师很可能会与利益相关者形成一致同盟，从而侵害受雇单位的利益，具体表现在以下两种情形：1）面对数据价值的利益诱惑时，会计师与数据需求方达成利益一致同盟，利用人工智能窃取受雇单位会计数据，并利用人工智能法律法规的不健全和现代技术手段抹掉违规操作记录，将责任推卸给人工智能，甚至将人工智能毁掉以逃脱法律责任；2）面对物质、情况或行为等利益诱惑时，违规利用人工智能协助其完成不道德行为，降低会计服务供给质量，并利用电子数据无痕修改的特性抹掉违规操作记录，让人工智能成为会计师不道德行为的替代品。

2. 数字时代会计职业的道德困境

数字时代会计职业面临的职业道德困境主要包括数据相关专业胜任能力困境、会计信息系统相关道德困境、会计数据管理相关道德困境以及会计职业道德物化困境这四个方面。

（1）数据相关专业胜任能力困境。数字时代的专业胜任能力困境，是指会计师缺乏信息系统和人工智能应用与管理方面专业技能，或缺乏数据采集、存储、处理以及输出方面专业技能，导致数据保密、数据安全以及资产保全责任不能履行以及其他不道德行为的产生。

（2）会计信息系统相关道德困境。会计信息系统相关道德困境，是指会计师及相关人员在信息系统规划与组织、设计、操作、安全控制、维护与灾难恢复以及鉴证等方面的违规违法操作行为或其他不道德行为，导致数据保密、数据安全以及资产保全责任不能履行以及其他不道德行为的产生。

（3）会计数据管理相关道德困境。会计数据管理相关道德困境，是指会计师的数据采集、存储、分析以及输出行为危及受雇单位的数据资产保全责任，或导致其他不道德行为的产生。会计大数据的产生及其应用价值彰显了会计数据管理道德的重要性，即会计师能否经得起数据利益诱惑的考验。

（4）会计职业道德物化困境。会计职业道德物化困境，是指拥有自由意志或自主能力的人工智能和自主系统违反会计职业道德的行为，危及受雇单位的资产保全责任和经营管理决策，或导致其他不道德行为的产生。在如何应对人工智能的不道德行为方面，人类社会还没有做好充分的准备。如果不良情绪被植入人工智能系统中，将给会计职业道德的履行带来诸多麻烦。

（三）数字时代的会计职业道德规范

1. 数字时代会计师专业胜任能力规范

数字时代会计师应当具备以下几个方面的专业知识和技能：法律法规、信息系统管理与操作、会计数据资源管理、人工智能操作以及其他技能。对不具备数字时代专业胜任能力的会计师应通过专门培训或再教育等形式获取专业胜任能力，并通过继续教育等形式保持专业胜任能力，将专业胜任能力保持在一定的高水平，以确保为受雇单位和其他利益相关者提供高水平的会计专业服务。

2. 数字时代会计信息系统操作行为规范

数字时代会计师信息系统操作具体行为规范应当包括以下几个方面：信息系统规划与组织、信息系统设计、信息系统操作控制、信息系统安全控制、信息系统维护与灾难恢复控制以及信息系统审计，具体包含了每个项目的目标与具体要求。

3. 数字时代会计数据资源管理行为规范

会计数据资源管理行为规范是一项系统工程，不仅需要建立从会计数据采集、数据存储、数据处理到会计数据输出的行为规范，而且还需要建立健全会计数据保护官制度。由此，会计师应根据数据资源管理的整体流程构建从数据采集、数据存储、数据处理，再到数据输出的具体行为规范，以达到防范出售、共享或泄露受雇单位会计数据的目的。鉴于会计数据管理范围的扩大，以及会计数据对于企业的重要意义，企业应在会计机构或组织结构中设置会计数据保护官。会计数据保护官必须具备特定的专业素养，尤其是具备数据保护法律和实践方面的专业知识和履职能力。会计数据保护官应履行如下职责：（1）告知会计师数据保护法规方面的各项义务；（2）监督会计师是否遵循数据方面的法规，会计师对数据的处理是否符合相关法律法规；（3）对会计师进行培训，以提高其在数据处理方面的合规意识；（4）就是否进行数据保密评估、数据安全评估等提供意见；（5）作为企业内部联络人，与外部数据保护监督机构合作；（6）其他与会计数据保护官相关的职责。同时，必须保证会计数据保护官能独立地履行其职责和义务，为会计数据保护官的履职提供充分支持。

4. 数字时代会计人工智能应用行为规范

根据数字时代人工智能伦理的基本原则，会计师应与人工智能构建和谐的人机关系，且会计师对人工智能的应用不能违背人类社会的价值观和伦理行为。基于此，会计师应用人工智能应遵循如下规定：(1) 人工智能不应赋予其会计主体资格或审计主体资格，即不应拥有生存权，不应赋予财产权，不应拥有著作权，不应拥有会计决策的投票权。(2) 会计师与人工智能的人机关系应建立在“命令与服从”的关系上，即人工智能在会计和审计工作中只拥有接受会计师命令和服从命令的功能。(3) 人工智能的应用不能成为会计师免责的替代品。

二 习题

(一) 判断题

1. 依据信息竞争理论，职业会计师正在与其他信息渠道展开竞争。如果会计信息系统提供的信息无法满足使用者的需求，就意味着失去其“顾客”(信息使用者)；没有“顾客”，会计信息系统也将失去其生存的能力。 (　　)

2. REAL 会计模型认为，会计师不仅需要记录经济业务涉及的资源、事件、参与者和地点，还应当对会计数据或非会计数据进行处理以满足决策者使用需求。 (　　)

3. 第三次工业革命背景下，劳动时间的碎片化、劳动场所的灵活化和劳动管理的虚拟化会使以需求为中心的新型劳动形式逐步出现。 (　　)

4. 会计数据管理相关道德困境，是指会计师的数据采集、存储、分析以及输出行为危及受雇单位的数据资产保全责任，或导致其他不道德行为的产生。 (　　)

5. 会计信息系统相关道德困境是指会计师缺乏信息系统和人工智能应用与管理方面专业技能。 (　　)

6. 未来会计师执业的主要形态将是机器为主，人工为辅。 (　　)

7. 在数字时代，会计师面临的利益诱惑主要是数据价值和会计免责的诱惑。 (　　)

8. 会计专业胜任能力规范中的信息系统管理与操作，是指掌握会计数据库管理方面的知识和技能。 (　　)

9. 会计数据保护官的职责之一是对会计师进行培训，以提高其在数据处理方面的合规意识。 (　　)

10. 技术工具论的主要观点是，技术仅仅是工具而已，本身不具有伦理属性，其好坏取决于使用的方式。 (　　)

(二) 单项选择题

1. 下列各项不是会计职业变革的主要趋势的是 (　　)。

A. 信息化　　B. 简单化
C. 数据化　　D. 智能化

2. 会计师不应对业务数据进行处理，而是以更加原始的方式呈现在会计信息使用者的面前，是（　　）思想或理念提出的观点。

A. REA 会计　　B. REAL 会计
C. ERP　　D. FSS

3. 会计师面临的首要的职业道德困境是（　　）。

A. 会计职业道德物化困境　　B. 数据相关专业胜任能力困境
C. 会计信息系统相关道德困境　　D. 会计数据管理相关道德困境

4. 下列不属于数字时代会计师专业胜任能力规范的要求的是（　　）。

A. 熟悉数据保护和人工智能方面的法律法规
B. 掌握会计数据库管理方面的知识和技能
C. 建立完善的信息系统操作管理制度
D. 掌握数据分析技术与方法

5. 下列各项文件中，提出 COBIT 的技术控制目标的是（　　）。

A. ACM 制定的《计算机协会道德与职业行为准则》
B. ACM 制定的《职业道德与标准》
C. ISACA 制定的《计算机协会道德与职业行为准则》
D. ISACA 制定的《职业道德与标准》

6. 下列不属于会计职业道德物化困境的具体情形的是（　　）。

A. 是否应当赋予人工智能以会计主体资格
B. 如何正确认识人工智能与会计师的权责问题
C. 如何处理信息系统安全控制中的不道德行为
D. 如何处理会计师职业道德和机器道德的关系问题

7. 在数据价值利益诱惑中，会计数据的供给方不包括（　　）。

A. 管理当局　　B. 会计师
C. 云服务提供商　　D. 竞争对手

8. 会计数据资源管理行为规范具体不包括（　　）。

A. 数据采集　　B. 数据存储
C. 数据处理　　D. 数据共享

9. 下列不属于会计数据保护官的职责要求的是（　　）。

A. 告知会计师数据保护法规方面的各项义务
B. 保护信息保密性，除非有证据表明其违反法律法规
C. 监督会计师是否遵循数据方面的法规
D. 作为企业内部联络人，与外部数据保护监督机构合作

10. 下列各类型的职业将来最容易被自动化所取代的是（　　）。

A. 经济学家　　B. 出纳

C. 会计师　　D. 审计师

（三）多项选择题

1. ERP 系统整合的资源包括（　　）。

A. 企业物资资源　　B. 人力资源

C. 财务资源　　D. 信息资源

2. 数字时代会计职业变革的背景和驱动力量主要包括（　　）。

A. 思想动因　　B. 社会动因

C. 政治动因　　D. 技术动因

3. 会计工作数据化趋势会催生（　　）类型职业的产生。

A. 信息系统管理员　　B. 会计数据库管理员

C. 数据保护官　　D. 数据分析师

4. 数据价值利益诱惑是（　　）趋势下的结果。

A. 内部控制工作信息化　　B. 会计工作多样化

C. 会计工作数据化　　D. 会计工作智能化

5. 在数字时代，会计师面临的利益诱惑包括（　　）。

A. 经济利益诱惑　　B. 政治利益诱惑

C. 数据价值诱惑　　D. 会计免责诱惑

6. 数字时代会计师信息系统操作行为规范包括（　　）。

A. 信息系统规划与组织　　B. 信息系统设计

C. 信息系统安全控制　　D. 信息系统审计

7. 数字时代会计数据资源管理行为规范中，会计数据处理的具体要求包含（　　）。

A. 建立健全会计数据处理相关的内部控制制度

B. 加强受雇单位数据处理过程的保密工作

C. 对数据处理过程中的侵权与损害等行为承担赔偿责任

D. 建立健全会计数据输出相关的内部控制制度

（四）简答题

1. 如何理解会计职业变革社会动因中的数据思维方式转变？其具体包括哪几个方面？

2. 如何理解会计职业利益诱惑中的会计免责诱惑？

3. 数字时代会计职业的数据相关专业胜任能力困境是什么？它会产生哪些

影响?

4. 数字时代会计职业道德规范具体包括哪几个方面的内容?

5. 数据价值是如何成为大数字时代的利益诱惑的?

6. 会计数据保护官主要应当具备哪些特质? 其应当承担哪些职责?

7. 数字时代会计人工智能应用行为规范的具体内涵是什么?

(五)案例分析

百万条银行客户信息疑被盗卖，黑市“暗网”曝光

百万条用户资料被“白菜价”非法甩卖?

2020年4月15日，一位金融安全技术人士向券商中国记者证实了在暗网看到的盗卖信息。被售卖信息里包含了大规模的金融机构客户数据泄露，其中涉及上海银行80.3万条、浦发银行10万条、招商银行上海分行6.3万条、中国农业银行90万条、兴业银行46万条客户资料，既有储蓄账户也有信用卡账户及私行理财账户，含客户姓名、客户类型、性别年龄、手机号码、开户账号、住址邮编、存款数据等信息。此外，还包括经过初步分类的20万条企业代表资料，包含公司名称、注册资本、企业经营范围等。需指出的是，该部分信息多为公开可获取信息。46万条银行信用卡客户数据标价不到100美元，90万条数据标价只卖3 999美元(折合人民币约2.8万元)，简直是“白菜价”；如果是真实数据，这么庞大的数据量实际售价至少10倍以上。

为了核实上述情况，记者也第一时间联系了涉事银行，各家银行态度相对一致：经过核查比对，与真实数据信息不符；不排除不法分子将不明来源数据冠以金融机构名义兜售，以牟取非法利益。

全国开立银行账户达113.5亿谁在守护安全?

百万条被兜售的数据资料包尽管真实性被驳，但庞大的金融数据尤其是银行用户涉敏信息的安全性如何保障，已足够引起行业及监管对金融数据安全的重视。央行统计显示，银行账户数量稳步增长，截至2019年末，全国共开立银行账户113.52亿户，同比增长12.07%，其中，全国开立单位银行账户6 836.87万户，同比增长11.73%，个人银行账户112.84亿户，同比增长12.07%，全国人均拥有银行账户数达8.09户。

业界公认，金融行业尤其是银行业是风控建设最好的行业，其中信息科技领域的风控建设和落地水平远高于其他行业。依据银保监会《商业银行信息科技风险管理指引》，银行业有严格的风控建设体系和风控监督体系，有严谨的风险控制点的识别、评价、处置、跟踪机制。银行的IT系统不具备大规模向外泄露数据的可能性。按银保监会的相关规定，银行业IT系统基本分为：生产域、测试域、互联网

域等，三个域之间的数据传输受到严格限制。只有在生产域才能看到数据的全貌，测试域只有用于测试的数据，有数据量和脱敏的相关要求，互联网域基本没有客户信息。从技术上、系统上，大规模数据外泄讲不通。

流量经济爆发的安全新挑战：泄密在前端

从近期发布的国有六大行年报来看，其中有四家2019年科技投入总金额突破百亿元，最高的建设银行投入176.33亿元；截至2019年末，工商银行金融科技人员规模多达3.48万名，在全员占比高达7.82%，其次是建设银行、交通银行、中国银行、农业银行金融科技人员占比分别为2.75%、4.05%、2.58%、1.58%。银行加大科技投入、科技人员扩容规模空前。然而，银行数据涉密各个环节，尽管被最高等级的风险防护，仍难有万全之说。

首先是不同金融机构之间、金融机构内部之间的安全能力有差异。大中型的金融机构风险等级高，但是一些分支机构风险能力就较弱，可能账户密码保护不严密。一些地下灰黑产业，就会有组织、有目的地去攻击，抓住一些系统平台存在的漏洞。银行的风控水平并不是一碗水端平，有的银行风控水平高，有的银行风控水平低，实力强的银行所有的模型都是行内专业人员建模；但是对于部分地处偏远地区的银行等，缺乏高端数据专业人才，只能通过外包方式去建模型。甚至部分不具备技术能力的银行直接拿过来就用一些第三方公司流量数据，这些数据包括身份认证三要素和部分行为特征，但是往往这类数据可能在使用前就已经被泄密了。

"泄密环节出在前端。"——在数位金融机构风控资深从业人士看来，这是伴随着近几年的银行线下业务线上化，在风险防控上一个更应该引起行业注意的新变化。

银行数据泄露可能发生的场景，除了信息科技运行领域访问控制策略不当，开发、测试和维护领域三个环节未分离或分离后数据未脱敏，以及信息安全领域系统漏洞之外，其中一个重要的方面就发生在外包管理领域，特别是对外包研发、测试的管理不当。生产环境暴露、数据库过度授权，都会引起数据泄露。

今后银行数据风控管理必将趋严

"为促进金融行业健康发展与风险控制，监管层已经通过发布监管指引并将数据治理与监管评级挂钩的方式，来提高银行业对数据治理工作的重视，不管有没有出现这次的事件，银行今后数据风控管理上必将是趋严的。"数位银行业内人士均认为，尽管这次盗卖数据真实性存疑，但它后续仍然会对业务层面产生影响。

2018年5月，银保监会发布《银行业金融机构数据治理指引》，旨在引导银行业金融机构加强数据治理。2019年12月，金融业移动金融App备案首批试点开启，首批23家试点备案名单中就有16家银行，含5家国有大行、5家股份行、3

家城商行、2 家农商行、1 家农信联社，涉及提升安全防护、加强个人金融信息保护、提高风险监测能力、健全投诉处理机制、强化行业自律五个方面，并划定了涉及个人金融信息采集、使用、留存等方面四大红线。

事实上，银行数据管理趋严背后，是国家层面对个人信息数据管理工作的系统性出击。2019 年下半年，工信部等数次公开点名批评百余款应用软件及其运营企业，涉及未经用户同意超范围及非必要使用个人信息等违规情形。2019 年 5 月份到 8 月份，监管部门密集出台了关于数据安全管理办法、App 违规收集使用个人信息行为认定方法等多项征求意见稿及草案。这也和上述数位银行业人士的判断类似，当前央行对银行数据治理指引已经非常详尽，未来的变化更多出现在相关立法层面。

“在数据确权、数据治理上，中国有着绝对的优势，将是一个世界性的数据资产大国。”京东数科数字技术中心数据资产部总经理张旭认为，数据资产是银行的核心资产，是政府安保数据之外最值得信赖的数据，但数据向前发展必然面临确权，以及海量数据在手之后如何通过人工智能等新技术做深度挖掘、开发应用。

庞大数据黑色交易网：金融相关占比 7 成以上

2018 年被业内认为是数据保护的元年，却也是数据泄露的灰色之年。2018 年 3 月，Facebook 被曝 8 700 多万条用户数据泄露，遭遇其有史以来最大数据泄露危机。而在国内，2018 年初国内某平价连锁酒店传出涉及 5 亿条顾客隐私数据在暗网贩卖；2020 年 3 月，国内某 App 发生信息泄露，在暗网上被以“5.38 亿用户绑定手机号数据，其中 1.72 亿有账号基本信息”的名义进行售卖。

近年来频繁爆发重大企业信息资料或用户数据泄露事件，让暗网这个“地下黑市”逐渐为社会所认知。“暗网，可以简单理解为互联网的一个地址，有一定技术手段都可以访问。最大特性是匿名平台，很难追溯，匿名传输，匿名货币交易。”周君桢告诉记者，“市场规模很难统计，你看到的只是冰山一角，暗网交易的信息非常非常多。”

2018 年以来，随着传统金融数字化转型的加速，银行、证券、保险尤其是互联网金融等类型金融数据明显增多，诸多信息经常在暗网上被倒卖，“金融相关的数据情报数据占到 7 成以上，尤其涉及金融属性的个人隐私信息，如金融开户信息、信用卡等，国内国外都是如此。”

由谁卖出、被谁买入

不少人有类似的经历：在某银行刚办理按揭贷款，随后不断收到各类第三方平台的信贷类、消费类营销电话和短信。这是典型的个人信息泄露的情况，比如，房贷办理需书面填写较多个人信息，不排除有机构人员或信息接触者将信息留存再转手倒卖，如一些信息中介或金融代理机构，联合第三方营销推广平台惯用此操作手法。

早期一般一个团队或者单人来完成，但是目前已经完全产业化、专业化，固定的团队进行脱库，再卖给洗库团队，再卖给撞库团队，互不干涉，通过虚拟化货币交割，追查极其困难。绝大部分被盗数据不会公开出来，而是进入秘密交易环节，作用在特定的场景中，如竞争对手战略分析、同业用户争夺、上下游业务定推等，此类秘密交易也可称为定制化数据交易，特点是数据只卖一次或在某个时间窗口禁售，而公开在暗网交易的数据是多次多家进行贩售。

而在买方上，大多不是在个人论坛买卖，往往是卖给专业信息商或数据商，后者对数据加工、匹配、拼接，数据完整性会更好，层层转包，价值会更高。通过数据加工完善，信息精准度明显提高，国内的电信诈骗、国外的信用卡盗刷往往由此。

另一特征是其全球化趋势，全球都存在数据黑产，且成为数据跨境非法流动的主要渠道。如非洲国家的个人信息，被不法代理用于亚马逊用户注册，进行欺诈和作弊行为。黑客会把数据进行整理并相互交流、形成黑产的大数据服务商，具体来讲就是社工库，在利益的驱使下，黑产向大数据服务和基础设施建设等大规模、高技术发展，这也给数据安全的治理加大了挑战难度。

三大变现途径：精准诈骗、撞库攻击、撒网式诈骗

截至2019年末，中国网民数达8.29亿，手机网民规模达8.17亿，在网民总数中的占比提升至98.6%；数字经济渗透在社会生活方方面面，个人的数据轨迹也无处不在。

暗流涌动的黑市交易侵蚀着用户隐私，而被盗取贩卖的隐私数据在直接变现以外，黑产从业者往往还会利用购得数据进行精准诈骗等犯罪行为，进一步损害个人权益。腾讯安全报告统计显示，信息泄露催生三大变现途径：精准诈骗、撞库攻击以及撒网式诈骗。

一个写在腾讯安全报告的案例是，网购用户买完东西后，收到热心“客服”的电话，“客服”以质量问题、物流问题等事由，发送一个退款网页链接或二维码，用户按照提示操作即可退还高于购物款的退款或退款保证金，之后“客服”会进一步引导用户把多收到的钱退还给网店。而很多人不知道的是，这是诈骗者通过暗网等获得网购用户详细信息后进行的针对性电信诈骗。用户收到的款项其实是一些正规的贷款平台的快速贷款，诈骗者利用网银或第三方支付平台上快速授信贷款等服务，误导用户从贷款平台贷款、然后将“多余”的款项打回诈骗者的网络账户。

案例研讨问题

1. 结合上述案例，您如何看待会计数据价值的供给与需求问题？

2. 随着会计信息系统的广泛应用，上述数据也属于会计数据的范畴之一，上述数据泄露与出售面临哪些道德困境?

3. 应当如何治理上述会计数据泄露与盗卖问题?

三 推荐阅读材料

1. 胡玉明，高级管理会计学 .2 版 . 厦门：厦门大学出版社，2005.

2. 李伦 . 数据伦理与算法伦理 . 北京：科学出版社，2019.

8. 田思路，刘兆光 . 人工智能时代劳动形态的演变与法律选择 . 社会科学战线，2019（2）：1-11.

9. 维克托・迈尔-舍恩伯格，肯尼思・库克耶 . 大数据时代：生活、工作与思维的大变革 . 盛杨燕，周涛，译 . 杭州：浙江人民出版社，2013.

5. 张泽谦 . 人工智能：未来商业与场景落地实操 . 北京：人民邮电出版社，2019.

6. ACM. ACM code of Ethics and Professional Conduct. 2018.

7. GAO. Technology Assessment：Artificial Intelligence：Emerging Opportunities,Challenges,and Implications. 2018.

8. ISACA. IS Auditing Standards,Guidelines and Procedures. 2006.

9. Mayer-Schonberger V,Cukier K. Big data：A Revolution That will Transform How We Live,Work and Think. John Murray Publishers Ltd. 2013.

10. The Economist. Million-Dollar Babies. 2016. http://www. economist. com/news/business/21695908-silicon-valley-fightstalent-uni-versities-struggle-hold-their.

四 附加模块

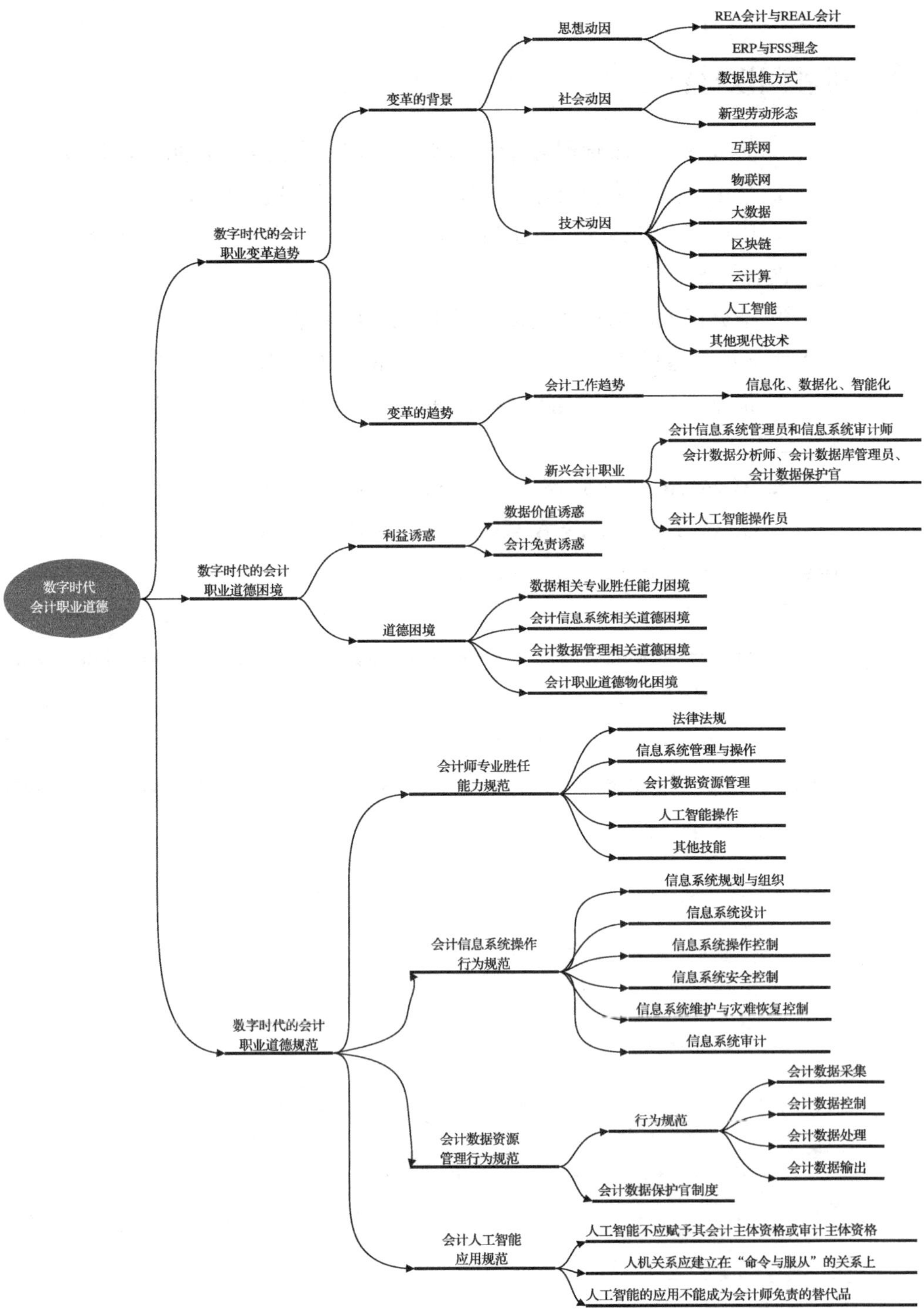
数字时代
会计职业道德
数字时代的会计
职业变革趋势
变革的背景
思想动因
REA会计与REAL会计
ERP与FSS理念
社会动因
数据思维方式
新型劳动形态
技术动因
互联网
物联网
大数据
区块链
云计算
人工智能
其他现代技术
变革的趋势
会计工作趋势
信息化、数据化、智能化
新兴会计职业
会计信息系统管理员和信息系统审计师
会计数据分析师、会计数据库管理员、
会计数据保护官
会计人工智能操作员
数字时代的会计
职业道德困境
利益诱惑
数据价值诱惑
会计免责诱惑
道德困境
数据相关专业胜任能力困境
会计信息系统相关道德困境
会计数据管理相关道德困境
会计职业道德物化困境
数字时代的会计
职业道德规范
会计师专业胜任
能力规范
法律法规
信息系统管理与操作
会计数据资源管理
人工智能操作
其他技能
会计信息系统操作
行为规范
信息系统规划与组织
信息系统设计
信息系统操作控制
信息系统安全控制
信息系统维护与灾难恢复控制
信息系统审计
会计数据资源
管理行为规范
行为规范
会计数据采集
会计数据控制
会计数据处理
会计数据输出
会计数据保护官制度
会计人工智能
应用规范
人工智能不应赋予其会计主体资格或审计主体资格
人机关系应建立在“命令与服从”的关系上
人工智能的应用不能成为会计师免责的替代品

五　参考答案

（一）判断题

1. √	2. ×	3. ×	4. √	5. ×
6. ×	7. ×	8. ×	9. √	10. √

（二）单项选择题

1. A	2. A	3. B	4. C	5. D
6. C	7. D	8. D	9. B	10. B

（三）多项选择题

1. ABCD	2. ABD	3. BCD	4. AC	5. ABCD
6. ABCD	7. ABC			

（四）简答题

1. 第四范式，即数据密集型科学的提出标志着数据对于科学研究的重要性提升，其实质是科学研究将从以计算机为中心转向以数据为中心，在此情况下，数据思维方式发生变革。数据思维方式变革主要体现在以下四个方面：（1）由经验向预测转变；（2）由注重因果关系向相关关系转变；（3）由抽样分析向整体分析转变；（4）从精确性向精确性与非精确性并存转变。

在数字时代，传统会计凭证、账簿和报表和经济业务数据以电子形式存在。若继续采用原有会计处理方式对会计数据进行深加工，一方面会计数据处理速度过慢，会计信息及时性会受到影响；另一方面不能满足经营管理决策对会计信息的多样化需求，以适应瞬息万变的市场环境。信息加工所面临的掣肘倒逼会计职业求助于数据思维方式，将会计、财务管理和审计等分析技术模型化，再将数据导入模型，进而得出分析结论。

2. 人工智能的相关法律法规还不健全，如何划分人工智能与会计师的权责尚属于探索阶段，从而导致在数字时代，会计师因潜在的免责而新增更多的基于利益驱动的不道德行为。相比传统时代，这些新增的不道德行为，可能具有更强的隐蔽性、无痕性与不可追溯性，这更加大了识别、评价与应对相关事项对职业道德所带来的不利影响的难度。

3. 数字时代的专业胜任能力困境，是指会计师缺乏信息系统和人工智能应用与管理方面专业技能，或缺乏数据采集、存储、处理以及输出方面的专业技能，导致数据保密、数据安全以及资产保全责任不能履行以及其他不道德行为的产生。

绝大部分会计师没有获得数字时代会计工作的专业技能，这无疑会对会计服务质量产生影响，甚至导致受雇单位数据保密、数据安全以及资产保全责任不能履行以及其他不道德行为的出现。

4. 数字时代会计职业道德规范具体包括会计师专业胜任能力规范、会计信息系统操作行为规范、会计数据资源管理行为规范以及会计人工智能应用行为规范这四个方面。

5. 数据价值诱惑的产生源于对数据价值的供需关系。在互联网公司、数据中间商、竞争对手等会计数据需求方数据思维方式形成的前提下，挖掘市场竞争者或客户数据背后隐藏的商业价值成为其主要竞争手段。一旦认识到数据本身所拥有的价值，利益不对称可能会驱使会计师将所掌握的数据，出售或共享给数据中间商或超级平台公司等会计数据需求方，并从中获益。在所有权与经营权分离的情况下，借助消除数据出售或共享日志等手段，成功逃避利益相关者的监管并非难事。由此，数据价值将成为数字时代利益诱惑的新内容。

6. 会计数据保护官尤其应当具备数据保护法律和实践方面的专业知识和履职能力。其应当履行如下职责：(1) 告知会计师数据保护法规方面的各项义务；(2) 监督会计师是否遵循数据方面的法规，会计师对数据的处理是否符合相关法律法规；(3) 对会计师进行培训，以提高其在数据处理方面的合规意识；(4) 就是否进行数据保密评估、数据安全评估等提供意见；(5) 作为企业内部联络人，与外部数据保护监督机构合作；(6) 其他与会计数据保护官相关的职责。

7. 根据数字时代人工智能伦理的基本原则，会计师应与人工智能构建和谐的人机关系，且会计师对人工智能的应用不能违背人类社会的价值观和伦理行为。基于此，会计师应用人工智能应遵循如下规定：(1) 人工智能不应赋予其会计主体资格或审计主体资格，即不应拥有生存权，不应赋予财产权，不应拥有著作权，不应拥有会计决策的投票权。(2) 会计师与人工智能的人机关系应建立在“命令与服从”的关系上，即人工智能在会计和审计工作中只拥有接受会计师命令和服从命令的功能。(3) 人工智能的应用不能成为会计师免责的替代品。

（五）案例分析

1. 在数字时代，数据库管理、数据分析技术和机器学习等技能运用的基础是数据这个“金矿”，通过挖掘大数据可以获取市场竞争者或客户背后隐藏的商业价值。数据需求者包括超级平台等互联网公司、数据中间商、竞争对手和其他数据需求者。数据需求量一方面依赖于自身力量获取数据，另一方面可能会从数据拥有者手中获取，甚至从数据中间商处购买，而数据中间商的数据也并不能完全实现自我收集，其也会从企业购买。有需求就有市场，有市场则数据的价值就会显现出现。REA 会计、REAL 会计、ERP 和 FSS 等会计管理思想或理念扩大了会计数据采集范围，而传感器、云计算、区块链和人工智能等现代技术促使业务数据与财务数据高度集成，进而形成会计大数据。在会计数据需求方数据思维方式形成的前提下，挖掘市场竞争者或客户数据背后隐藏的商业价值成为其主要竞争手段。一旦认识到数据本身所拥有的价值，利益不对称可能会驱使会计师将所掌握的数据，出售或共享给数据中间商或超级平台公司等会计数据需求方，并从中获益，进而形成了会计数据供给与需求关系。

2. 上述数据泄露与出售面临如下道德困境：(1) 数据相关专业胜任能力困境，即缺乏信息系统和人工智能应用与管理方面专业技能，或缺乏数据采集、存储、处理以及输出方面的专业技能，导致数据保密、数据安全以及资产保全责任不能履行以及其他不道德行为的产生；(2) 会计信息系统相关道德困境，即相关人员在信息系统规划与组织、设计、操作、安全控制、维护与灾难恢复以及鉴证等方面的违规违法操作行为或其他不道德行为，导致数据保密、数据安全以及资产保全责任不能履行以及其他不道德行为的产生；(3) 会计数据管理相关道德困境，即数据采集、存储、分析以及输出行为危及受雇单位的数据资产保全责任，或导致其他不道德行为的产生。

3. (1) 夯实数据保护方面的法律法规、信息系统管理与操作和会计数据资源管理等方面的知识和技能；(2) 规范信息系统相关行为，即规范信息系统规划与组织、信息系统设计、信息系统操作控制、信息系统安全控制和信息系统维护与灾难恢复控制等行为；(3) 建立从数据采集、数据存储、数据处理到会计数据输出的行为规范，而且还需要建立健全数据保护官制度。此外，国家还应加大相关数据盗卖行为的处罚力度。

第十一章

内部治理系统

一、本章概要

二、习题

三、推荐阅读材料

四、附加模块

五、参考答案

一 本章概要

本章及第十二章基于会计职业道德的履行机制，从组织的内外部分别构建可操作、可执行的商业伦理与会计职业道德风险治理系统。伦理型企业文化、良好的治理结构、伦理型组织结构、内部控制和吹哨机制五方面相互联系，共同发挥作用，构成商业伦理与会计职业道德风险的内部治理系统。

（一）企业文化

1. 企业文化影响伦理道德的路径

企业文化透过影响公司治理水平、公司战略选择、内部控制实施与员工日常行为等因素，进而影响企业及其成员活动的方方面面。具体而言，企业文化会带来如下影响：(1) 影响公司治理，在不同的企业文化下，所有者、董事会和管理层对公司治理的观念和要求可能大相径庭。(2) 影响公司战略，不同的企业文化会影响公司对经营战略的选择。(3) 影响内部管控，企业文化是控制环境的重要部分，有效的内部控制系统中的一项实质性内容就是强有力的控制文化。(4) 影响员工行为，企业文化对员工行为具有导向作用，在一定的企业文化下，企业成员的行为可能趋于一致。

2. 构建伦理型企业文化

伦理型企业文化，即符合商业伦理和会计职业道德要求的企业文化。伦理型企业文化要具备社会道德、生态道德、人际道德、行业道德等属性。要实现建立伦理型企业文化，应当从如下四个方面入手：(1) 支撑机制，指企业的治理机制、组织架构与制度安排。(2) 激励机制，即对于员工彰显企业文化的行为进行物质激励和精神激励。(3) 约束机制，包括自律机制和他律机制。(4) 反馈机制，即关注企业文化推行之后企业内部工作效率和经营成果，科学评价企业文化是否存在问题，在逐渐的调试中，找到最适合本企业发展的企业文化。

3. 加强道德教化

要建立伦理型企业文化，还需要对员工进行道德教化，以使员工明确什么是符合商业伦理和会计职业道德的行为，如何践行商业伦理道德要求。对员工的道德教化方法包括：(1) 制定并实施明确的伦理规范，明确地告诉组织成员哪些行为能做，哪些行为不能做，哪些应该做，哪些不应该做。(2) 进行必要的伦理培训，如通过举办纪念仪式、宣传企业历史等多样化的活动进行伦理培训，提高员工的内在道德素质。(3) 建立激励体系和奖惩制度，处罚组织中的非伦理行为，奖励伦理行为，对组织中个体与群体的行为进行有效的评价与控制。(4) 树立企业伦理典范，发挥模范人物的示范作用，通过企业模范人物的言传身教作用于身边员工。

4. 伦理型企业文化建设：最佳实践示例

在伦理型企业文化的构建与道德教化方面，我国有不少优秀企业代表：(1) 阿里巴巴集团，其明确提出集团的文化关乎维护小企业的利益，阿里巴巴集团倡导的六大价值观对于集团如何经营业务、招揽人才、考核员工以及决定员工报酬扮演着重要的角色。(2) 福耀集团，其通始终坚持“勤劳、朴实、创新、学习”的核心价值观，通过自我的发展贡献客户、企业、产业、员工和社会。(3) 华为投资控股有限公司，其“以客户为中心，以奋斗者为本，长期艰苦奋斗，这是我们二十多年悟出的道理，是华为文化的真实”。(4) 德胜洋楼公司，其坚持品德力量“最重要的动力就是爱心”，并从“公司爱护员工、员工互相爱护、明确划定界限”三方面入手，使得“有爱心”的文化价值理念形成气候并成功落地。

（二）治理结构

1. 治理结构影响伦理道德的路径

公司治理结构，是指为实现资源配置的有效性，所有者对公司经营管理进行监督、激励、控制和协调的一整套制度安排。根据我国《上市公司治理准则》，内部治理结构的组成部分包括股东会、董事会、监事会以及管理层。商业伦理和会计职业道德的遵守，依赖于董事会、监事会和经理层的职能履行和协调运转。

治理结构通过两条路径影响伦理道德，一是影响顶层设计；二是奠定高层基调。具体而言：一方面，治理结构作为公司治理的骨架，在股东会之下，董事会、监事会及经理层通过各自职能的发挥形成互相制衡的机制，从而规避公司违反伦理道德的风险；另一方面，董事会直接对股东会负责，掌握着公司战略方向和重大决策，经理层执行董事会决议，受到董事会、监事会的监管，董事会作为治理层所确定的企业商业伦理道德基调直接影响着经理层行为。

2. 治理结构之首席道德官制度

在公司治理结构中，首席道德官的职责是管理企业规章制度的遵守，监督企业履行商业伦理与社会责任。首席道德官的历史背景可追溯至 20 世纪 80 年代，随着 2002 年安然事件和《萨班斯-奥克斯利法案》的通过，美国公司首次出现了首席道德与合规官。目前，首席道德官的组织方式主要有三种：(1) 独立于总法律顾问和首席财务官，直接向首席执行官报告；(2) 总法律顾问兼任首席道德（合规）官；(3) 首席道德（合规）官向总法律顾问和首席财务官报告。

首席道德官的职责包括但不限于制定、监督、审查与合规及道德相关规则与程序的落实和执行，对可能涉及的利益冲突与董事会协商，采取合理措施确保合规。其具体职责包括七个方面：(1) 制定相关的商业伦理行为准则；(2) 监督企业对商业行为准则的履行；(3) 组织协调企业员工对于商业伦理的学习；(4) 为违反道德准则的行为设定明确的后果；(5) 确保企业道德行为准则的执行；(6) 负责违规举报的处理和调查；(7) 出具年度合规报告。

（三）组织结构

1. 构建伦理型组织结构度

企业组织结构是企业流程运转、部门设置及职能规划等最基本的结构依据，功能在于恰当安排职权结构，处理好各层次、各部门的权力和责任分工及相互关系。运行良好的组织结构，通过岗位分工、岗位轮换、信息沟通以及内部监督等机制的设置，提高企业内部控制水平，增加员工违反商业伦理道德的成本，以“他律”的形式提高伦理水平。通过绩效评价机制和奖惩制度，对员工行为进行监督和考核，提升员工“自律”水平。组织架构的合理设置，将“自律”与“他律”相结合，为商业伦理与会计职业道德提供保障。

组织结构包括劳动分工、决策权及其相应的责任分配、信息传递系统以及绩效评价系统和奖惩机制等四个方面。具体而言，构建伦理型组织结构应注重：(1) 在分工的基础上实现“合工”，使组织既能享有分工的成果又能避免分工带来的负面效应。(2) 拆除不必要的组织权力链条，以使组织结构扁平化。(3) 设立专门负责伦理问题的机构，着眼于积极的事前预防，出现问题之后的消极补救，营造一个对社会负责的、伦理经营的道德形象。

2. 选拔伦理型领导

现有研究将伦理型领导分为中层管理者和高层管理者，其具体内涵参见下表。不同层面伦理型领导的内涵维度既有相似性，也存在一定差异：高层管理者主要强调与组织整体发展关系更紧密的权力分配、道德规范等相关要素，即将其精力更多地投入非员工要素，如组织的制度设计、外部利益相关者等；中层管理者则更注重激励、引导等对直接下属产生影响的要素，即更加关注内部员工关系。

不同层面伦理型领导的内涵维度

研究者（年份）	研究对象	内涵维度
Trevino 等（2003）	高层管理者	坚持以人为本、采取伦理行动、设置伦理标准、拓展伦理意识、执行伦理决策
Khuntia 和 Suar（2004）	高层管理者	授权、动机与性格
Resick 等（2006）	中层管理者	诚信、利他主义、集体动机、激励

续表

研究者（年份）	研究对象	内涵维度
De Hoogh 和 Den Hartog（2008）	高层管理者	道德公平、角色界定、权力分享
Marsh（2008）	高层管理者	细心正念、高度参与、真实可信、持续发展
Martin 等（2009）	中层管理者	诚信、利他主义、集体动机、激励

（四）内部控制

1. 内部控制对伦理道德风险的治理意义

企业出现商业伦理与会计职业道德风险时，通常需要以下几个因素：（1）动机或压力，违背伦理道德规范的动机包括奖金、分红或政治地位提升等，而压力的产生可能源自上级管理人员施压或不合理绩效考核指标的设置政策。（2）机会，指实施突破商业伦理或会计职业道德底线行为的一种可能性和可行性。内部控制对商业伦理和会计职业道德的遵守还有重要的引导作用，当企业整体层面足够重视内部控制时，会在潜移默化中影响员工的理念，增强相关人员的风险意识和控制意识，从而引导其作出符合商业伦理道德的行为。

2. 内部控制对伦理道德风险的治理路径

内部控制对伦理道德风险的治理路径包括内部环境、风险评估、控制活动、信息与沟通和监督五个方面，具体而言：

（1）内部环境（internal environment）。首先，诚信和道德观是形成良好企业文化的重要载体，企业文化在潜移默化中会影响企业员工的行为，从精神层面引导员工自觉遵守商业伦理道德的要求。其次，内部环境强调董事会及其下设审计委员会的独立性和职能发挥。最后，内部环境的人力政策要素，如人员的选拔和任免、培训体系、员工的薪酬、考核、晋升与奖惩等亦发挥极为重要的作用。

（2）风险评估（risk assessment）。风险评估指确认和分析实现企业目标过程中所面对的相关风险的过程，是实施控制活动制定具体控制措施的依据。企业通过开展针对性的风险识别、分析活动，可以更加准确、及时地发现公司内部可能会造成违反商业伦理道德的漏洞，通过分析相关风险发生的可能性和造成的影响判断其重要程度，再根据重要程度的低、中、高等级制定有关商业伦理道德的风险管理措施。

（3）控制活动（control activities）。控制活动是有助于确保管理指令得以实施的政策和程序，有助于确保企业采取必要行动来解决面临的风险，从而实现企业的目标。在实际操作中，控制活动应用于组织的各个层级和业务的各个环节。控制活动包括不相容职务分离、授权审批、实物控制、信息处理控制等，通过多种手段的综合运用来防范企业伦理风险。

(4) 信息与沟通（information and communication)。内部控制需要信息支撑才能正常运转，充分的沟通使信息在企业内得到传递，进而实现信息对企业治理的效用。通过及时的信息获取，能够及时了解企业现状，识别可能引发员工伦理压力的风险，进而形成对内部控制系统的反馈，通过这种反馈及时对内部控制加以调整，从而更好地应对违反伦理道德的风险。

(5) 监督（monitoring)。监督是对内部控制系统有效性进行评估的过程，根据监督行为的性质分为日常监督和独立监督。其中，日常监督内嵌于企业的业务操作过程中，是在实时基础上开展的持续工作。独立监督的范围和频率主要依赖于风险评估和日常监督程序的有效性，通过与日常监督的共同作用，对内部控制体系的运行有效性进行较为全面的评价。

（五）吹哨制度

1. 吹哨的含义与作用

吹哨，亦称告密或举报，是组织员工或前任员工试图披露组织中发生的错误或者整个组织造成的过失，包括违背法律、诈骗、威胁健康或安全、贿赂以及对公众的潜在或实际伤害（曼纽尔，2013)。吹哨人或举报人可能是公司员工、供应商、顾客、股东、竞争者、匿名者、其他等，举报可以分为向公司外部进行的外部举报和向公司内部有关部门和人士进行的内部举报，举报的具体途径包括电话、电子邮件、网站、平信、传真、其他等。

2. 吹哨相关法规

在商业与职业会计师领域，主要的相关法律包括：(1)《证券交易法》，明确规定了职业会计师揭发上市公司舞弊的法律责任。(2)《萨班斯-奥克斯利法案》(《2002公众公司会计改革与投资者保护法案》)，明确为向公共机构报告过失或舞弊行为的上市公司员工（包括职业会计师）提供法律保护。(3)《多德-弗兰克法案》，明确规定对举报人予以经济激励和保护。

3. 吹哨最佳实践：波音伦理热线

波音伦理热线，是波音公司提供的反馈意见的渠道。任何波音员工及相关人员（包括但不限于供应商、合同方、合作伙伴等）都可以实名或匿名拨打该热线。伦理热线可以反馈一切和道德有关的问题，如举报违反公司法规的人或事，咨询能否接受客户的礼物、宴请问题，或者直接向顾问咨询公司的政策等。同时还设立了供内部人员匿名使用的平台及信箱，鼓励员工及时反馈问题，并为有听力障碍的员工设置了专属伦理顾问。此外，为减少打击报复行为的发生，在流程、人员、技术、制度等层面层采取了系列措施与政策。

4. 对吹哨的不同看法

自吹哨出现以来，围绕其相关的争议从未停止，既有反对，也有支持（Stolowy

et al.，2019）。

反对方认为吹哨制度会带来如下不良影响：第一，为不良员工所利用，如Bowen等（2010）所指出的，吹哨人的举报在很多时候是具有误导性甚至是无知的，反映的仅仅是员工的不满而已。① 第二，破坏管理秩序，伦理热线会致使领导层和指挥链条的混乱，影响管理秩序的正常运转，破坏基层管理人员的工作计划（Moberly，2006）②，并造成行政资源的浪费。第三，外部告密违背了雇佣合同协议，作为企业员工，自愿接受公司的聘任，就意味着同意对商业的所有方面保密，有义务维护公司的最佳利益。告密就意味着违反了该协议，侵犯了公司的权利。第四，造就不良公司文化，举报制度会让偏执狂在公司大行其道，偏执文化成为主流，形成恶斗氛围；伦理热线还向雇员发出了一个信号，公司总部不信任地方领导层从而也不会信任地方雇员，养成一种相互猜忌的氛围（Moberly，2006）。

支持方认为吹哨会带来如下积极影响：第一，为有良知的员工提供渠道弘扬公司正气，热线作为公司一种行之有效的资源，是维护公司道德结构战略必不可少的组成部分。第二，通过揭露不愿对外公开的内部问题促使企业整改、提高管理和治理水平。第三，通过减少诉讼官司数量等节约企业成本，如通过伦理热线，降低员工起诉公司的可能性，体现了对他们的人文关怀。第四，避免潜在责任风险，根据《美国联邦量刑指南》，被认定为有罪公司，如果发现已经有一套有效的合规程序，其罚款有可能会减少90%，而有效合规程序的核心就是设置伦理热线。第五，避免事态扩大导致严重后果，如果没有设置伦理热线，员工在目睹不当行为的时候可能保持沉默，但是沉默不会让问题消失，反而导致问题恶化和加剧，最后酿成巨大灾难。

5. 吹哨（举报）的选择

只有当内部举报已经尝试过且不成功，并且如果不通过举报会导致其他人遭受更严重的伤害时，外部举报才合乎道德。具体而言，若决定举报，需从整体上分析如下细节问题：是否有充分的举报理由、是否达到举报的条件、是否会严重伤害企业与其他无辜者、向谁举报、在哪个时间节点举报、以什么方式举报、准备投入多少时间和精力进行举报、举报之后出现各种复杂后果时的处理方案等。

当公众利益与保密原则产生直接的冲突时，职业会计师此时对保密原则的遵循需让位于公众利益。然而，在现实中，对于职业会计师而言，是否举报是一种两难困境：一方是保密性原则；另一方是公众利益的要求。为此，职业会计师可能有三种选择：第一，离开所在组织；第二，向外部组织报告，包括向新闻界、监管组织

---

① Bowen R M, Call A C, Rajgopal S. Whistle-blowing: Target firm characteristics and economic consequences. The Accounting Review, 2010, 85(4): 1239-1271.

② Moberly R E. Sarbanes-Oxley's structural model to encourage corporate whistleblowers. BrighamYoung University Law Review, 2006(5): 1107-76.

和其他人；第三，留在组织中直到舞弊行为败露。

二 习题

（一）判断题

1. 公司内部治理结构的组成部分包括股东会、董事会、监事会以及管理层。（　）

2. 年度合规报告由首席道德官准备、签署并提交给董事会，董事会可根据要求对合规报告进行修改。（　）

3. 组织结构包括劳动分工、决策权及其相应的责任分配、信息传递系统以及绩效评价系统和奖惩机制四个方面。（　）

4. 设立外部人员的举报电话属于内部沟通。（　）

5. 监督是对内部控制系统有效性进行评估的过程，根据监督行为的性质分为日常监督和独立监督。（　）

6. 企业文化经常被分为物质、行为、制度、精神四大要素。（　）

7. 经理层直接对股东会负责，掌握着公司战略方向和重大决策。（　）

8. 独立监督内嵌于企业的业务操作过程中，是在实时基础上开展的持续工作。（　）

9. 当公众利益与保密原则产生直接的冲突时，职业会计师此时对保密原则的遵循需让位于公众利益。（　）

10. 伦理型领导中的高层管理者将其精力更多地投入非员工要素，中层管理者则更加关注内部员工关系。（　）

（二）单项选择题

1. 企业文化影响伦理道德的路径不包括（　）。

A. 影响公司治理　　B. 影响公司战略

C. 影响内部管控　　D. 影响股东行为

2. 下列不属于内部控制环境要素的是（　）。

A. 诚信和道德价值观

B. 员工的工作能力提升和职业发展承诺

C. 风险识别

D. 权责分配以及人力资源政策

3.（　）是有助于确保管理指令得以实施的政策和程序，有助于确保企业采取必要行动来解决面临的风险，从而实现企业的目标。

A. 控制环境　　B. 风险评估　　C. 控制活动　　D. 信息与沟通

4. 下列关于内部控制特征的论述不正确的是（　　）。

A. 内部控制是一个不断发展、完善的过程，随着企业经营管理的新情况适时改进

B. 内部控制由组织中各个阶层的人员共同实施

C. 内部控制从形式上表现为一套互相监督、互相制约、彼此联系的控制方法、措施和程序

D. 制定了严格的内部控制制度，就能确保一个企业的成功

5. 下列不属于内部控制参与主体的是（　　）。

A. 企业董事会　　B. 企业监事会

C. 政府对企业进行审计的人员　　D. 企业全体员工

6. 内部信息沟通是指（　　）。

A. 在企业正式结构、层次系统进行的沟通

B. 通过正式系统以外的途径进行的沟通

C. 企业经营、管理所需的内部信息、外部信息在企业内部的传递与共享

D. 企业与利益相关者之间信息的沟通

7. 公司的治理结构应当按照（　　）顺序进行职能履行。

A. 经理层→监事会→董事会→股东会　B. 经理层→董事会→监事会→股东会

C. 经理层→董事会→股东会　　D. 经理层→董事会→股东会→监事会

8. 不相容职务分离控制的核心是（　　）。

A. 各司其职　　B. 各负其责　　C. 协调合作　　D. 内部牵制

9. 吹哨人制度的好处不包括（　　）。

A. 规范企业运行，防止企业蓄意违反食品安全要求

B. 对公司领导不满时可以举报报复

C. 通过促进监管而对组织内部的不良行为起到威慑作用

D. 通过减少诉讼官司数量等节约企业成本

10. 关于吹哨人制度，以下描述正确的是（　　）。

A. 为了引起关注，可以对举报内容进行夸张

B. 因为不实的举报信息造成第三方损失，吹哨人不需要承担法律责任

C. 如果所举报的问题是非常严重的，如财务造假、高管腐败等，吹哨人制度将对促进问题整改有相当大的作用

D. 举报问题可能会被政府监管部门处理，举报人将不会有奖励

（三）多项选择题

1. 首席道德官的职责包括（　　）。

A. 制定相关的商业伦理行为准则，为企业的商业伦理提供一定的制度标准

B. 为违反道德准则的行为设定明确的后果

C. 负责违规举报的处理和调查，以独立的身份纠察管理人员违反合规体系及伦理道德的行为

D. 出具年度合规报告

2. 企业出现商业伦理与会计职业道德风险时，下列因素应当考虑的有（　　）。

A. 动机或压力　　B. 机会　　C. 借口　　D. 利益

3. 控制活动是有助于确保管理指令得以实施的政策和程序，有助于确保企业采取必要行动来解决面临的风险，从而实现企业的目标。控制活动包括（　　）。

A. 不相容职务分离　　B. 授权审批

C. 实物控制　　D. 信息处理控制

4. 要建立伦理型企业文化，还需要对员工进行道德教化，道德教化的方法包括（　　）。

A. 制定并实施明确的伦理规范

B. 进行必要的伦理培训

C. 建立激励体系和奖惩制度

D. 树立企业伦理典范，发挥模范人物的示范作用

5. 关于内部控制的定义说法正确的有（　　）。

A. 内部控制是一种全员控制

B. 内部控制是一种全面控制

C. 内部控制是由董事会实施的

D. 内部控制是由员工以外的管理层实施的

（四）简答题

1. 企业文化包括哪些要素？企业文化通过何种路径影响企业的商业伦理和会计职业道德？构建伦理型企业文化应从哪些方面着手？

2. 企业内部治理结构由哪几部分组成？首席道德官的组织方式包括哪几类？首席道德官具体承担哪些职责？

3. 如何构建伦理型组织结构？不同层次的伦理型领导分别具备哪些特质？

4. 内部控制对商业伦理和会计职业道德的影响路径包括哪些要素？在具体业务层面的控制需要注意哪些要点？

5. 吹哨人制度的内涵和作用是什么？如何对举报人进行保护？如何辩证看待举报人制度？

（五）案例分析

联想——以诚信文化铸辉煌

联想集团总裁柳传志说：“联想因诚信而成功。”联想取信于银行，取信于员工，取信于投资者，取信于消费者。在联想过去几十年的奋斗中，诚信文化成了联想的一面镜子、一种形象、一个目标；也是联想处理各种关系、解决各类矛盾、指导各项工作的坐标。

进入联想工作，没有人不知道《天条》。它是联想给予员工行为的底线，共四点：“不利用工作之便谋取私利；不收受红包；不从事第二职业；工薪保密。”“诚实做人，注重信誉；坦诚相待，开诚布公”是联想人最基本的道德准则；“取信于用户，取信于员工，取信于合作伙伴”是联想人的待人之道。诚信文化不仅仅是联想与用户之间的纽带，而且还维系着联想与员工的共同利益。联想明确要求员工对待公司恪尽职守，不谋私利，并要求员工主动申明个人利益与公司利益间的潜在冲突，并且根据公司的要求采取回避措施。

此外，联想在不断地开展全员核心价值观推广的文化运动，也就是所有中高层联想干部都要亲自给自己员工讲联想的核心价值观和文化，所有联想人都要对照联想的核心价值观检查自己的行为，并制定行动计划。作为联想的员工，要具备“三心”，即责任心、进取心和事业心。对普通员工来说，要有责任心，这是对所有进入联想的员工的最起码要求。通过文化传递，中高层干部不仅能在自己的下属面前进行“布道”，而且还能够结合公司的核心价值观，带领下属一起讨论部门的现实管理问题，并运用诚信价值观来解决问题，不仅达到了学习公司文化的目的，也帮助部门解决了现实问题和熔炼团队等。

在诚信文化的指引下，联想对于非诚信行为也是采取“零容忍”的姿态，做得好，请留下；做不到，坚决开除。联想曾多次将收受贿赂员工的涉嫌犯罪材料移交司法机关。以员工国明星为例，其曾利用职权，从四家与联想有业务往来的调研公司手里收受贿赂累计超过 100 万元，最终被检察机关正式逮捕。在被移送材料的 7 人中已有 4 人被判刑。而在联想公司的“创业之星”网上投票过程中，发生了员工违背诚信进行重复点击的行为，这引起了联想高层的高度重视，副总裁杜建华找有关当事人 3 次座谈，并进行通报批评。通过对非诚信行为的处罚，避免了对联想诚信文化根基的动摇。

在联想几十年的积累中，诚信是一笔非同小可的财富。联想创业早期主管李勤的故事，至今联想总裁柳传志都对公司年轻人反复提及。早在 1987 年，联想将一台进口服务器卖给一位陕西客户，后来机器损坏，客户要求退修，但由于进出口的限制，联想就没有给予回复。两年后，联想在西安办展览会，这位客户再次反映当年他买的服务器坏了还不能退，主管李勤了解情况后，主动找到那位客户进行了赔偿和致歉，并对当时不能退还的原因进行了解释。还是小公司的时候，联想就注意不骗人、不坑人、不说大话，这种做事风格发展到今天，已被提炼为联想人的核心价值观之一：诚信共享。诚信文化是联想品牌的灵魂，是联想大厦的基石，是联想生命的防线。

案例研讨问题

联想公司在诚信企业文化背景下，采取了哪些对员工进行道德教化的方法？请结合材料内容进行总结。

三 推荐阅读材料

1. 周志友．德胜员工守则．北京：机械工业出版社，2019.

2. 付守永，赵雷．德胜规矩．北京：清华大学出版社，2015.

3. 注册舞弊审查师协会（ACFE）．2016 全球舞弊报告．2017.

4. Andrade J. Reconceptualizing Whistleblowing in A Complex World. Journal of Business Ethics，2015，128（2）：321-35.

5. Bowen R M，Call A C，Rajgopal S. Whistle-blowing：Target Firm Characteristics and Economic Consequences. The Accounting Review，2010，85（4）：1239-1271.

6. Call，A C，Martin G S，Sharp N Y，et al. Whistleblowers and Outcomes of Financial Misrepresentation Enforcement Actions. Journal of Accounting Research，2018，56（1）：123-171.

7. Dyck A，Morse A，Zingales L. Who Blows the Whistle on Corporate Fraud? Journal of Finance，2010，65（6）：2213-2253.

8. Stolowy H，Gendron Y，Moll J，et al. Building the Legitimacy of Whistleblowers：A Multi-case Discourse Analysis. Contemporary Accounting Research，2019，36（1）：7-499.

9. Wilde J H. The Deterrent Effect of Employee Whistleblowing on Firms' Financial Misreporting and Tax Aggressiveness. The Accounting Review，2017，95（2）：247-280.

四 附加模块

无

五 参考答案

（一）判断题

1. √	2. ×	3. √	4. ×	5. √
6. √	7. ×	8. ×	9. √	10. √

（二）单项选择题

1. D	2. C	3. C	4. D	5. C
6. C	7. C	8. D	9. B	10. C

（三）多项选择题

1. ABCD	2. AB	3. ABCD	4. ABCD	5. AB

（四）简答题

1. 企业文化是企业在生产经营实践中逐步形成的、为全体员工所认同并遵守的、带有本组织特点的使命、愿景、宗旨、精神、价值观和经营理念，以及这些理念在生产经营实践、管理制度、员工行为方式与企业对外形象的体现的总和。企业文化经常被分为物质、行为、制度、精神四大要素。

企业文化透过影响公司治理水平、公司战略选择、内部控制实施与员工日常行为等因素，进而影响企业及其成员活动的方方面面。具体而言，企业文化影响企业的商业伦理和会计职业道德的路径包括：（1）影响公司治理，在不同的企业文化下，所有者、董事会和管理层对公司治理的观念和要求可能大相径庭。（2）影响公司战略，不同的企业文化会影响公司对经营战略的选择。（3）影响内部管控，企业文化是控制环境的重要部分。（4）影响员工行为，企业文化对员工行为具有导向作用，在一定的企业文化下，企业成员的行为可能趋于一致。

伦理型企业文化，即符合商业伦理和会计职业道德要求的企业文化。构建伦理型企业文化，应当从支撑机制、激励机制、约束机制、反馈机制四个方面入手。具体而言：（1）支撑机制，指企业的治理机制、组织架构与制度安排。（2）激励机制，即对于员工彰显企业文化的行为进行物质激励和精神激励。（3）约束机制，包括自律机制和他律机制。（4）反馈机制，即关注企业文化推行之后企业内部工作效率和经营成果，科学评价企业文化是否存在问题，在逐渐的调试中，找到最适合本企业发展的企业文化。

2. 公司治理结构，是指为实现资源配置的有效性，所有者对公司经营管理进行监督、激励、控制和协调的一整套制度安排。根据我国《上市公司治理准则》，内部治理结构的组成部分包括股东会、董事会、监事会以及管理层。

首席道德官的组织方式主要有三种。一是独立于总法律顾问和首席财务官，直接向首席执行官报告；二是总法律顾问兼任首席道德（合规）官；三是首席道德（合规）官向总法律顾问和首席财务官报告。

首席道德官的职责包括但不限于制定、监督、审查与合规及道德相关规则与程序的落实和执行，对可能涉及的利益冲突与董事会协商，采取合理措施确保合规。其具体职责包括七个方面：（1）制定相关的商业伦理行为准则；（2）监督企业对商业行为准则的履行；（3）组织协调企业员工对于商业伦理的学习；（4）为违反道德准则的行为设定明确的后果；（5）确保企业道德行为准则的执行；（6）负责违规举报的处理和调查；（7）出具年度合规报告。

3. 构建伦理型组织结构应注重如下几点：（1）在分工的基础上实现“合工”，使组织既能享有分工的成果又能避免分工带来的负面效应。（2）拆除不必要的组织权力链条，以使组织结构扁平化。（3）设立专门负责伦理问题的机构，着眼于积极的事前预防，出现问题之后的消极补救，营造一个对社会负责的、伦理经营的道德形象。

现有研究将伦理型领导分为中层管理者和高层管理者，不同层面伦理型领导的内涵维度既有相似性，也存在一定差异。具体而言，伦理型领导中的高层管理者主要强调与组织整体发展关系更紧密的权力分配、道德规范等相关要素，即将其精力更多地投入非员工要素，如组织的制度设计、外部利益相关者等；中层管理者则更注重激励、引导等对直接下属产生影响的要素，即更加关注内部员工关系。

4. 内部控制对商业伦理与会计职业道德的影响路径包括内部环境、风险评估、控制活动、信息与沟通和监督五个要素，具体而言：

（1）内部环境。首先，诚信和道德观是形成良好企业文化的重要载体，企业文化在潜移默化中会影响企业员工的行为，从精神层面引导员工自觉遵守商业伦理道德的要求。其次，内部环境强调董事会及其下设审计委员会的独立性和职能发挥。最后，内部环境的人力政策要素，如人员的选拔和任免、培训体系、员工的薪酬、考核、晋升与奖惩等亦发挥极为重要的作用。

（2）风险评估。风险评估指确认和分析实现企业目标过程中所面对的相关风险的过程，是实施控制活动制定具体控制措施的依据。企业通过开展针对性的风险识别、分析活动，可以更加准确、及时地发现公司内部可能会造成违反商业伦理道德的漏洞，通过分析相关风险发生的可能性和造成的影响判断其重要程度，再根据重要程度的低、中、高等级制定有关商业伦理道德的风险管理措施。

（3）控制活动。控制活动是有助于确保管理指令得以实施的政策和程序，有助于确保企业采取必要行动来解决面临的风险，从而实现企业的目标。在实际操作中，控制活动应用于组织的各个层级和业务的各个环节。控制活动包括不相容职务分离、授权审批、实物控制、信息处理控制等，通过多种手段的综合运用来防范企业伦理风险。

(4) 信息与沟通。内部控制需要信息支撑才能正常运转，充分的沟通使信息在企业内得到传递，进而实现信息对企业治理的效用。通过及时的信息获取，能够及时了解企业现状，识别可能引发员工伦理压力的风险，进而形成对内部控制系统的反馈，通过这种反馈及时对内部控制加以调整，从而更好地应对违反伦理道德的风险。

(5) 监督。监督是对内部控制系统有效性进行评估的过程，根据监督行为的性质分为日常监督和独立监督。其中，日常监督内嵌于企业的业务操作过程中，是在实时基础上开展的持续工作。独立监督的范围和频率主要依赖于风险评估和日常监督程序的有效性，通过与日常监督的共同作用，对内部控制体系的运行有效性进行较为全面的评价。

在具体业务层面，控制活动应用于组织的各个层级和业务的各个环节，包括不相容职务分离、授权审批、实物控制、信息处理控制等，通过多种手段的综合运用来防范企业伦理风险。具体而言，应注意如下要点：(1) 不相容职务分离。不相容职务分离是一种内部分离式牵制，通过不同人员的权责划分，形成具体业务决策、执行过程中的相互制约。(2) 对业务关键控制点予以重点管控。在内部控制制度设计过程中，一个核心要素是评估业务风险，抓住业务关键控制点，对高风险领域予以重点管控。

5. 吹哨，亦称告密或举报，是组织员工或前任员工试图披露组织中发生的错误或者整个组织造成的过失，包括违背法律、诈骗、威胁健康或安全、贿赂以及对公众的潜在或实际伤害。

为对举报人进行保护，可采取如下措施：(1) 流程层面，举报者可以直接越过自己的直接领导，通过投诉热线，向更高级的管理者举报，保证了举报信息能够及时传达。(2) 人员层面，设置伦理顾问并进行专业培训，在保密的前提下为员工提供有关问题的帮助。(3) 技术层面，对在线举报平台进行自动加密，保障信息不会泄露。(4) 制度层面，制定相关行为准则，要求员工不得对举报者进行打击报复。(5) 当收到打击报复的投诉时，公司的审核组织予以评估，调查发生报复的所有情况，若证实，则通过正常的纪律处分程序由人力资源部进行审查，并给予口头警告、纪律处分、开除乃至移送司法机关等处罚措施。

自吹哨出现以来，围绕其相关的争议从未停止。

反对方认为吹哨制度会带来如下不良影响：第一，为不良员工所利用，吹哨人的举报在很多时候是具有误导性甚至是无知的，反映的仅仅是员工的不满而已。第二，破坏管理秩序，伦理热线会致使领导层和指挥链条的混乱，影响管理秩序的正常运转，破坏基层管理人员的工作计划，并造成行政资源的浪费。第三，外部告密违背了雇佣合同协议，作为企业员工，自愿接受公司的聘任，就意味着同意对商业的所有方面保密，有义务维护公司的最佳利益。告密就意味着违反了该协议，侵犯了公司的权利。第四，造就不良公司文化，举报制度会让偏执狂在公司大行其道，偏执文化成为主流，形成恶斗氛围；伦理热线还向雇员发出了一个信号，公司总部不信任地方领导层从而也不会信任地方雇员，养成一种相互猜忌的氛围。

支持方认为吹哨会带来如下积极影响：第一，为有良知的员工提供渠道弘扬公司正气，热线作为公司一种行之有效的资源，是维护公司道德结构战略必不可少的组成部分。第二，通过揭露不愿对外公开的内部问题促使企业整改、提高管理和治理水平。第三，通过减少诉讼官司数量等节约企业成本，如通过伦理热线，降低员工起诉公司的可能性，体现了对他们的人文关怀。第四，避免潜在责任风险，根据《美国联邦量刑指南》，被认定为有罪公司，如果发现已经有一套有效的合规程序，其罚款有可能会减少90%，而有效合规程序的核心就是设置伦理热线。第五，避免事态扩大导致严重后果，如果没有设置伦理热线，员工在目睹不当行为的时候可能保持沉默，但是沉默不会让问题消失，反而导致问题恶化和加剧，最后酿成巨大灾难。

（五）案例分析

联想公司在诚信企业文化背景下，采取了如下方法对员工进行道德教化：

(1) 制定并实施明确的伦理规范。明确地告诉组织成员哪些行为能做，哪些行为不能做，哪些应该做，哪些不应该做。通过特有的语言、口号、标语等对伦理行为规范进行描述并加以传播。如联想公司的《天条》规范制度，明确地告诉了员工行为的底线。又如“诚实做人，注重信誉；坦诚相待，开诚布公”作为联想人最基本的道德准则，通过标语口号的形式对其诚信文化进行了深入人心的描述和传播。

(2) 进行必要的伦理培训。比如，通过举办纪念仪式、宣传企业历史等多样化的活动进行伦理培训，提高员工的内在道德素质。如联想要求公司内部开展全员核心价值观推广的文化运动，通过中高层联想干部亲自给自己员工讲核心价值观和文化的方式，在检查自己的行为并制定行动计划的同时，通过文化传递，结合公司的核心价值观，并运用诚信价值观解决现实管理问题，从而在学习的同时实现解决问题和熔炼团队等目的。

(3) 建立激励体系和奖惩制度。处罚组织中的非伦理行为，奖励伦理行为，对组织中个体与群体的行为进行有效的评价与控制。联想对于员工的非诚信行为采取“零容忍”的姿态，及使对其进行处罚处理。如联想曾多次将收受贿赂员工的涉嫌犯罪材料移交司法机关，并对员工网络投票过程中违背诚信的重复点击行为予以重视，采取了通报批评的惩罚措施，从而避免了非诚信行为对联想诚信文化根基的动摇。

（4）树立企业伦理典范，发挥模范人物的示范作用。通过企业模范人物的言传身教作用于身边员工。如联想创业早期主管李勤的故事，至今联想总裁柳传志都对公司年轻人反复提及：在客户再次反映当年购买的服务器损坏且不能退货时，主管李勤主动找到那位客户进行了赔偿和致歉，并对当时不能退还的原因进行了解释。通过对这位创业初期的诚信模范人物进行宣传，诚信的做事风格发展至今，成了联想人的核心价值观。

第十二章

外部治理系统

一、本章概要

二、习题

三、推荐阅读材料

四、附加模块

五、参考答案

一 本章概要

商业伦理和会计职业道德风险的治理，除了坚实的内部治理系统基础外，还需要外部治理系统的有效约束。外部治理系统的基本运作机理是：一旦出现商业伦理与会计职业道德风险事件，首先是被媒体披露和追踪报道，相关风险信息被媒体挖掘并迅速传播；做空机构和敌意收购机构闻风而动，固有的资本逐利性使得它们通过做空交易和敌意收购而获利；随着媒体的强烈反应和资本市场的剧烈反响，行业自律组织通过制定行业规范、行业标准、设定准入门槛、行业惩戒等形式施以自律监管；最后可能触动政府监管与法律责任追究防线，对相关组织和个人处以行政责任、民事甚至刑事责任。

（一）媒体监督

1. 媒体监督的方式

媒体监督有社会动员、信息供给与信息传播三种方式。

社会动员，是指通过传播积极事件或主流价值观能够鼓励企业树立正确的商业伦理观。信息供给，是指通过质疑或原创性调查与分析，直接揭露公司商业伦理丑闻或财务舞弊事件，从而约束企业行为。信息传播，是指通过转载加速与扩大信息传播，对涉事公司形成外部舆论压力。

2. 媒体监督的机制

媒体监督机制有声誉机制、市场机制与法律机制三种。

在声誉机制下，媒体会对公司本身、事件和具体责任人进行报道，企业一旦被贴上违背商业伦理或者从事会计舞弊的标签，品牌声誉将会遭到严重损害，丧失公众的信任和支持，受到舆论抨击。管理层的个人道德和形象会受到公众质疑，影响其在职业经理人市场上的声誉与职业前景。因此，管理层为了树立良好的公司品牌和个人形象，有动机规范自身与下属的行为，避免伦理或舞弊事件引发的负面舆情产生。

在市场机制下，在公司出现负面报道后，投资者出于对公司和管理层的不满，会通过“用脚投票”的方式对公司进行惩罚，卖出手中的股票导致股价下跌。债权人也会采取措施来防范公司的道德风险，保护自己的利益不受侵害。消费者会因为情感上对于企业品牌的厌恶或者理性上对于产品质量的不信任而拒绝购买商品，导致市场份额下跌。供应商会因为担心企业诚信问题，无法按时支付货款，而拒绝与其合作。上述市场后果都将使企业的经营陷入困境，最终导致公司管理层薪酬下降、甚至被更换，控股股东丧失控制权乃至公司整体破产等后果。

在法律机制下，一方面，媒体通过挖掘、报道企业涉及违反商业伦理与会计职业道德的问题，为相关政府或司法部门提供线索，引导政府或司法部门介入调查。另一方面，媒体通过传播引发舆论关注、评论，也对政府部门形成压力，促使监管机构依法行使监督权力，加大对媒体披露出来的不法公司的处罚。同时，媒体通过对商业伦理与会计职业道德风险事件的报道和评论，也会引导舆论，推动有关公司法律法规等的制定和实施，填补原有法律空白，加强对企业的监管。

3. 媒体监督的着力点

媒体对于商业伦理丑闻的报道，通常集中在与公众利益密切相关的问题上，由此引发广泛关注。商业伦理和会计职业道德受到媒体的重点关注。

在商业伦理方面，投资者，消费者和市场公平竞争都是媒体报道的关注焦点。公司治理问题背后通常与大股东和管理层的个人道德相关，也更容易引起舆论反馈。除了投资者外，消费者也是媒体报道最广泛的群体，揭露企业假冒伪劣、虚假宣传等问题，同样也会吸引广大读者关注，直接影响企业的品牌声誉。对于社会公众而言，商业贿赂、行政贿赂等行为，破坏市场竞争的公平性，严重背离了商业伦理底线，触犯了法律法规，对公司、管理层的个人声誉产生极为严重的负面影响。

除了商业伦理风险外，媒体也会关注企业的财务舞弊问题。一些专业财经媒体的记者，通常具备一定的财务、会计素养，能够通过外部信息的收集，对企业财务报表数据中存在的异常现象进行抽丝破茧，发现猫腻。同时，他们也会根据一些投资者所提供的线索，咨询专业人士或转载财会领域专家的分析。

4. 媒体监督的治理效应

媒体监督的治理效应表现在两个层面：首先，媒体对公司负面信息的报道，通过影响公司及管理层声誉、市场反应和政府部门介入，使违反商业伦理或财务舞弊的行为受到惩罚；其次，通过上述惩罚机制促使公司调整行为，纠正错误。

（二）资本市场监督

1. 做空机制

做空（又称卖空），美国证券交易委员会 3B-3 规则所给出的定义是："投资者出售自己并不拥有的证券的行为，或者投资者用自己的账户以借来的证券完成交割的任何出售行为。"

做空机构通过事前大量卖空，在发布报告、股价下跌后，以低价买入股票，从中获益。针对特定上市公司的做空，做空主要包括五阶段：（1）选定做空对象；（2）进行分析调查；（3）建立卖空仓位；（4）发布做空报告；（5）与公司博弈并平仓。

做空会通过一系列机制影响商业伦理和会计职业道德。首要机制是市场机制。做空机构在报告中的各项证据指向公司当期的股价高估，投资者会通过卖掉手中的股票使股价下跌。随着公司一旦遭到做空、股价下跌，声誉机制就会开始启动，经理人员薪酬将随之下降，甚至遭到更换而失去工作机会。注册会计师也会受到牵连。做空导致股价下跌，原有投资者成为无辜受害者。此时，可以启动法律监督机制。如果公司涉嫌违规违法，监管部门会介入进行调查。

除了市场机制和法律机制外，社会监督机制也是做空发挥治理功能的重要途径。在做空机构发布报告后，往往会引来众多媒体关注、跟进报道。媒体报道使得公司的商业丑闻和财务舞弊事件在社会上广泛传播，从而扩大影响力，让更多投资者了解到信息，加剧了股价下跌。

公司的商业伦理问题或者财务舞弊风险，会对公司价值产生直接损害，一旦被投资者所了解，将造成股价严重下挫。这其中包含了两个要素：首先，公司存在损害公司股票价值的问题；其次，这些问题未被市场获悉。因此，做空机构通常以上市公司的信息披露或商业伦理问题作为切入点提出质疑。

2. 敌意收购机制

敌意收购，指的是收购公司在没有获得目标方董事会的认同甚至是不知情的情况下，对目标方进行股份收购，最终取得目标方实际控制权的行为。敌意收购的特点主要是强烈的对抗性。收购方对目标对象进行收购，目标企业的管理层团队为了防范恶意收购，往往会通过各种反收购行为进行对抗。

敌意收购有两种方式。其一是要约收购，是指收购人向被收购的公司发出收购的公告，待被收购上市公司确认后，方可实行的收购行为。要约收购包含部分自愿要约与全面强制要约两种要约类型。其二是证券交易所的集中竞价方式，是指收购方通过在二级市场连续收购流通股而实现控股上市公司目的的行为。

敌意收购的过程包括：（1）二级市场购买股权并举牌；（2）股权层面发起要约；（3）被收购公司公告要约信息；（4）收购人支付保证金；（5）发布要约收购报告书；（6）控股股东向“白衣骑士”转让股权；（7）接受股权转让；（8）完成收购，重新整合治理结构。

敌意收购会给利益相关方带来不同的影响。对控股股东而言，敌意收购带来的直接后果是控制权的丧失。对外部收购方而言，通过收购价格低估的股票获取控制权，就会更换管理层，改善管理效率。原管理者被解雇后，职业声誉受损，其在职业经理人市场难以再寻合适的工作机会。对注册会计师而言，如果被收购公司所聘请的审计师未能勤勉尽责、保持应有的职业怀疑，甚至违背独立性原则，与上市公司合谋进行财务舞弊，在敌意收购之后，大概率会辞聘原任审计师。

（三）行业自律监管

1. 行业协会的监管职能与形式

行业协会是指介于政府、企业之间，商品生产者与经营者之间，为市场主体服务、咨询、沟通、监督、自律、协调的社会中介组织。在我国，行业协会根据会员的来源分两类：一类是由从事同行业的生产、经营企业组成的协会组织；另一类是以从事同一职业的人员组成的团体，称作职业类协会。行业协会具有非政府性、自治性和中介性特征，是市场、政府之外的"第三种治理力量"，是监管商业伦理和会计职业道德的重要方式。

行业自律协会的监管形式包括制定行业规范和行业标准、设置市场准入门槛以及对违反行业规则的组织和个人进行惩戒。

2. 注册会计师协会的惩戒程序

注册会计师协会是以具有专业性的注册会计师和会计师事务所为成员基础成立的社会组织，对会计师事务所和注册会计师进行自律管理。

在监督主体方面，中国注册会计师协会惩戒委员会主要负责对行业具有重大影响的违规违纪行为的惩戒，其他违规违纪行为则由地方注册会计师协会负责惩戒。在监督过程方面，各地注册会计师协会对当地会计师事务所的执业质量进行检查。在监督结果方面，对于检查中发现的违反中国注册会计师职业道德守则和业务准则等情况，根据实际情况进行惩戒，惩戒措施包括训诫、通报批评和公开谴责。

注册会计师协会的监督过程主要包括检查、惩戒、申诉三个环节。(1) 在检查环节，证券所及其分所每三年内应当至少接受一次执业质量检查，其他事务所每五年内应当至少接受一次执业质量检查。(2) 在惩戒环节，对于中国注册会计师协会发现的违规行为，由惩戒委员会常设执行机构组织检查或调查后，向惩戒委员会提交检查或调查报告。惩戒委员会的常设执行机构调查完毕、确认存在违规行为后，应组织召开惩戒委员会会议，会议至少由 2/3 的委员出席，惩戒决定应由出席会议委员的 2/3 以上（含本数）通过。(3) 在申诉环节，会计师事务所或注册会计师本人，对惩戒委员会的决定不服时，可以在收到惩戒告知书后 8 个工作日内，向中国注册会计师协会秘书处提起书面申诉，列明申诉的理由及相关证据材料。

上述三环节及流程，具体如下图所示。

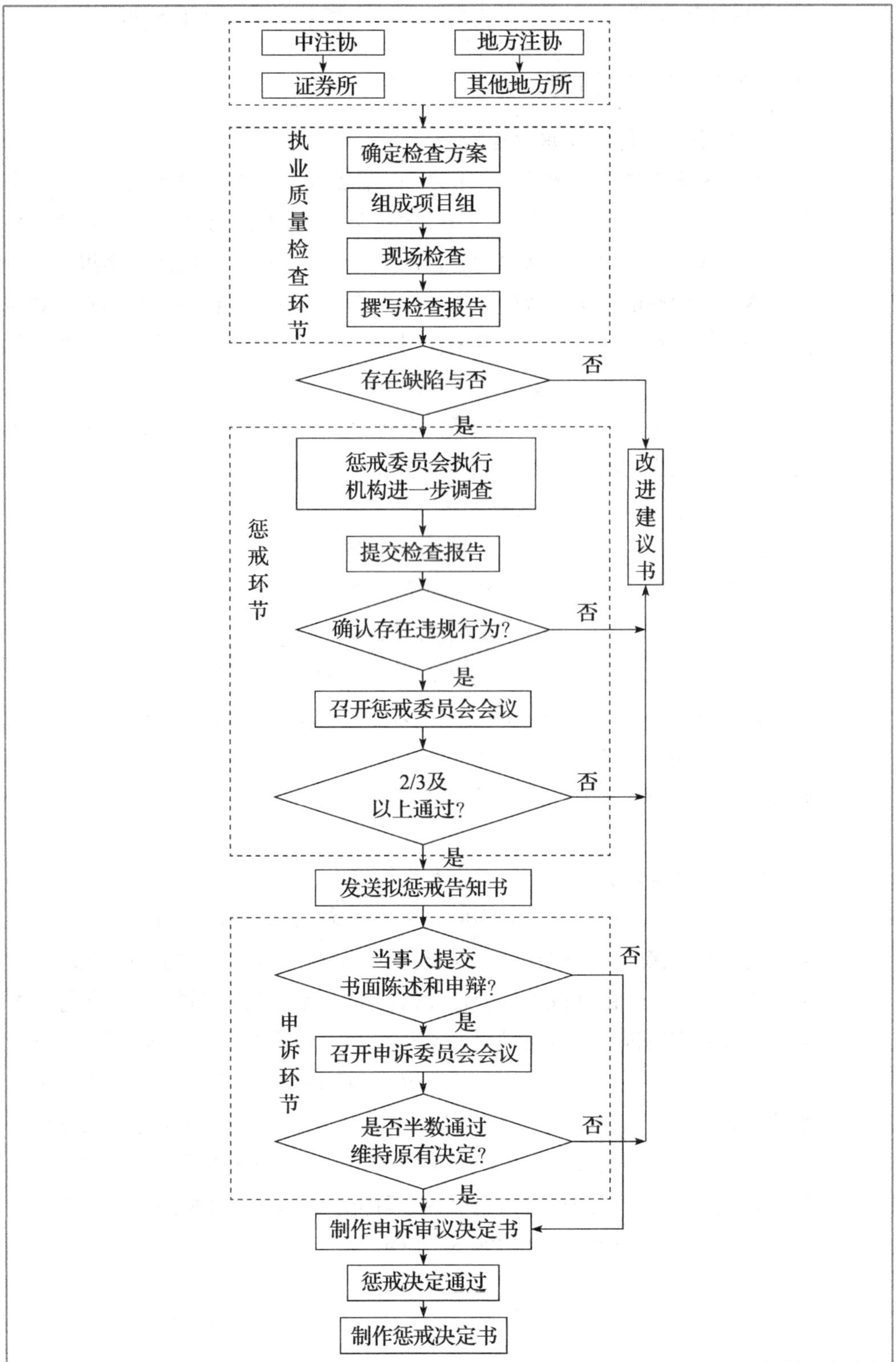

注册会计师协会的检查流程

在监管内容方面，根据《中国注册会计师协会会员执业违规行为惩戒办法》第九条的规定，会员违反中国注册会计师职业道德守则的要求，有下列行为之一的，视情节给予训诫、通报批评或公开谴责。

注册会计师协会规定的违反职业道德守则情形

1	在职业活动中，违反诚信原则的
2	在执行审计、审阅和其他鉴证业务时，违反职业道德守则有关独立性的相关要求的
3	在作出职业判断、发表专业意见时，违反客观和公正原则的
4	未能按照有关规定获取和保持专业胜任能力，在承接业务和提供专业服务时，缺乏适当的专业胜任能力的
5	在执业过程中没有保持应有的关注、勤勉尽责的
6	违反保密原则，泄露职业活动中获知的涉密信息的
7	违反相关法律法规，损害职业声誉的
8	向公众传递信息以及推介自己和工作时，夸大宣传提供的服务、拥有的资质，贬低或无根据地比较其他注册会计师的工作，未能诚实、实事求是，损害职业形象的
9	在提供专业服务时，违反职业道德守则有关收费的相关规定的
10	其他违反职业道德守则的行为

对于证券所及其注册会计师的惩戒，均在中国注册会计师协会官方网站进行公开。注册会计师协会的行业惩戒对注册会计师的会计职业道德有着直接的影响，惩戒信息公开直接影响了注册会计师的声誉，受惩戒事务所和注册会计师必须对缺陷进行整改，惩戒决定还会引起监管部门的关注，也可能受到行政处罚。

（四）政府监管与法律监督

1. 政府监管与行政责任

政府监管的主体是政府部门。当违背商业伦理或会计职业道德规范的程度严重，触犯行政部门的相关法规时，政府部门将依据相关制度予以监管，对相关企业或个人予以处罚，处罚形式包括警告、罚款、没收违法所得和非法财物、责令停产停业、暂扣或者吊销许可证、暂扣或者吊销执照、行政拘留以及法律行政法规规定的其他行政处罚。

2. 民事责任

企业违反商业伦理以致触犯相关法规，除了受到行政部门的处罚外，如果对他人造成了损失，还需要承担民事赔偿责任。

企业出现违反商业伦理行为，特别是与消费者关系有关时，利益受损的往往是广大的消费者，民事责任主要采用集体诉讼。我国《民事诉讼法》规定的代表人诉讼制度，是具有中国特色的集体诉讼形式。我国在《消费者权益保护法》第四十八条至五十三条规定了侵犯消费者合法权益所应承担的民事责任。

对企业而言，因违背会计职业道德以致触犯相关法规，对投资者造成损失的，需要承担民事赔偿责任。我国《证券法》第一百七十三规定了虚假信息披露等的民事责任。

3. 刑事责任

企业违反商业伦理，除了上述行政责任和民事责任外，如果触犯我国刑法，还应承担刑事责任。在公司治理方面，如《刑法》第一百六十九条规定了背信损害上市公司利益罪，在市场竞争方面如《刑法》第一百六十四条规定了非国家工作人员行贿罪，在消费者关系方面如《刑法》第一百四十条至一百四十九条规定了生产、销售伪劣产品的罪责，在社会责任方面如《刑法》第三百三十八条的规定了污染环境罪。

对违反会计职业道德规范以致触犯刑法的，要承担刑事责任。《刑法》第一百六十一条对违规披露、不披露重要信息罪等作出了规定，第一百六十二条对隐匿、故意销毁会计凭证、会计账簿、财务会计报告罪等作出了规定。

二 习题

（一）判断题

1. 媒体监督有社会动员、信息供给与信息传播三种方式。（　）

2. 媒体的市场机制首先表现在股票市场上，在公司出现负面报道后，投资者会通过“用脚投票”的方式对公司进行惩罚，卖出手中的股票导致股价下跌。（　）

3. 做空作用于商业伦理和会计职业道德的首要机制是法律机制。（　）

4. 收购方在发起收购后，应将《要约收购报告书摘要》送达目标公司，报告书中包含了本次要约收购的条款，包括要约条款、要约价格、要约收购数量、要约期限、生效条件等。（　）

5. 按照并购双方所处的产业分类，并购可以分为善意收购和敌意收购。（　）

6. 收购方在二级市场上收购的流通股股份超过该股票总股本的10%或者是10%的整倍数时，必须马上通知该上市公司、证券交易所和证券监督管理机构，并进行公告。（　）

7. 注册会计师协会的监督过程主要包括检查、惩戒、申诉三个环节。（　）

8. 政府监管的主体是政府部门和全国性行业协会。（　）

9. 企业出现违反商业伦理行为，特别是与消费者关系有关时，利益受损的往往是广大的消费者，民事责任主要采用集体诉讼。（　）

10. 企业违反商业伦理，除了行政责任和民事责任外，如果触犯我国刑法，还应承担刑事责任。（　）

（二）单项选择题

1. 外部治理机制主要是指除企业内部的各种监控机制外，还包括各个市场机制对公司的监控和约束。下列不属于外部治理机制的是（　）。

A. 产品市场　B. 资本市场　C. 经理人市场　D. 资产市场

2. 京东在 2018 年第三季度活跃用户数首次出现下跌的公告公布后，公司的股价应声大跌。从外部治理的角度来看，这体现了（　）对公司的监控和约束。

A. 资本市场　B. 经理人市场　C. 产品市场　D. 期权市场

3. 下列不属于媒体监督的方式的是（　）。

A. 社会动员　B. 信息供给　C. 信息传播　D. 信息接收

4. 下列不属于媒体监督机制的是（　）。

A. 声誉机制　B. 资本机制　C. 市场机制　D. 法律机制

5. 做空作用于商业伦理和会计职业道德的首要机制是（　）。

A. 市场机制　B. 资本机制　C. 声誉机制　D. 法律机制

6. 公司的商业伦理问题或者财务舞弊风险，会对公司价值产生损害，一旦为投资者所了解，将造成股价严重下挫，下列各项不是针对商业伦理的攻击的是（　）。

A. 公司治理中的商业伦理问题　B. 消费者关系中的伦理问题

C. 市场竞争中的伦理问题　D. 收入信息的真实性

7. 下列各项不是敌意收购带来的治理效应的是（　）。

A. 对控股股东而言，敌意收购带来的直接后果是控制权的丧失

B. 管理层将不会受到影响

C. 原管理者被解雇后，职业声誉受损，其在职业经理人市场难以再寻合适的工作机会

D. 敌意收购对于注册会计师的职业道德有一定约束作用

8. 作为行业协会组织的中国注册会计师协会，通过惩戒形式对会计师事务所和注册会计师违反职业道德的行为进行监管。下列不属于行业协会的监管形式的是（　）。

A. 行业规范　B. 行业标准　C. 行业准入　D. 行业退出

9. 收购公司在没有获得目标方董事会的认同的情况下，对目标方进行股份收购，最终取得目标方实际控制权，这种收购属于（　）。

A. 善意收购　B. 杠杆收购　C. 敌意收购　D. 要约收购

10. 通常，那些存在较严重商业伦理风险或者进行虚假披露导致股价远高于其

实际价值的公司，往往就是做空机构“猎杀”的对象。下列不容易成为做空机构“猎杀”对象的是（　　）。

A. 频繁变更事务所　　B. 公司有大量融资但不分红

C. 资产负债率显著提升　　D. 大股东频繁减持

（三）多项选择题

1. 公司的外部治理机制主要包括（　　）。

A. 产品市场　　B. 资本市场　　C. 经理人市场　　D. 股东大会

2. 做空的作用机制包括（　　）。

A. 市场机制　　B. 声誉机制　　C. 法律机制　　D. 社会监督机制

3. 媒体监督的方式有（　　）。

A. 通过传播积极事件或主流价值观能够鼓励企业树立正确的商业伦理观

B. 通过质疑或原创性调查与分析，直接揭露公司商业伦理丑闻或财务舞弊事件，从而约束企业行为

C. 通过转载加速与扩大信息传播，对涉事公司形成外部舆论压力

D. 依法行使监督权力，加大对媒体披露出来的不法公司的处罚力度

4. 做空机构通过事前大量卖空，在发布报告、股价下跌后，以低价买入股票，从中获益。做空流程包括（　　）。

A. 选定做空对象　　B. 进行分析调查

C. 与公司博弈并平仓　　D. 建立卖仓空位

5. 注册会计师协会的监督过程主要包括的环节有（　　）。

A. 检查　　B. 监督　　C. 惩戒　　D. 申诉

（四）简答题

1. 媒体监督的方式有哪些？对于企业的监督机制包括哪几方面？

2. 做空机制的流程包括哪几个环节？对于商业伦理和会计职业道德的作用机制如何体现？

3. 敌意收购与善意收购的区别是什么？其对商业伦理和会计职业道德的治理作用表现在哪些方面？

4. 行业协会的监管形式包括哪些方面？注册会计师协会的监督过程包括哪些环节？

5. 企业违反商业伦理和会计职业道德时，可能承担哪些责任？注册会计师违背会计职业道德，将受到哪些处罚？

（五）案例分析

好未来是否真的有好未来?

好未来原名学而思，成立于2003年，2010年10月，在美国纽交所上市。2013年正式改名为好未来。目前旗下品牌有学而思、学而思网校、爱智康、顺顺留学、Career China等。

2015—2019年，五年时间里净利润实现了由0.67亿美元至3.65亿美元的攀升，如此飞速的发展，自然也引来了做空机构浑水的"问候"。2018年6月13日至7月26日，浑水连续发布了四份针对好未来的做空报告，指控好未来夸大利润、操控利润、审计漏洞以及存在可疑交易等，称其至少从2016财年起就欺骗性地将公司利润夸大了43.6%。

做空报告中，浑水重点提及了好未来的收购交易，它指出好未来在两笔收购交易中（顺顺留学、广州一对一），虚报税前利润1.53亿美元，达利润总额的28.4%。

浑水认为在"好未来-顺顺留学"的交易过程中，好未来虚假确认了2 480万美元税前利润，并且资本化了1 650万美元损失。2015年6—12月，好未来以1 800万美元投资顺顺留学，并将旗下留学网及留学牌照转让给顺顺留学。浑水认为，实际上好未来虚报了投资时间，其于2015年6月投资了顺顺留学，而披露投资则在12月份。

浑水认为在好未来和轻轻家教之间，关于广州一对一业务交易，在2016—2018财年虚增税前利润5 940万美元。2015年8月，好未来出售广州智康一对一校区，获得5 000万美元的资本回报。15个月后，允许买家归还一对一业务，并抵销之前的5 000万美元收入，但是好未来不仅没有抵销收入，还确认了940万美元的递延收入。

在此次交易中，好未来并没有将公司实体进行转移，而是仅转移了一部分与一对一业务相关的合同。2016年4月，好未来旗下天河学而思为GZ 1-1天河华忆学习中心支付租金620万元人民币。鉴于好未来是轻轻教育的投资人，如果好未来为其代理支付租金，则构成关联交易，应予以披露，但是事实上，在审计报告中并没有相关信息的披露，该年度审计单位是德勤会计师事务所。

2020年4月8日，好未来自曝旗下"轻课"业务存在数据造假。公告显示，有员工与外部供应商合谋，伪造合同等文件，错误夸大旗下"轻课"业务的销售数据。受此消息影响，好未来股价盘后一度下跌超过28%。同日，美国律师事务所Rosen，Howard G. Smith，Schall宣布对好未来发起调查，并向持有好未来股票、遭受损失的投资者征集线索。

案例研讨问题

1. 上述案例中，浑水公司在做空报告中对于好未来的攻击主要采用哪些手段？
2. 上述做空事件的外部治理效应具体如何体现？

三 推荐阅读材料

1. 陈汉文，韩洪灵．审计理论与实务．北京：中国人民大学出版社，2019.
2. 中国注册会计师协会会员执业违规行为惩戒办法．
3. 会计师事务所执业质量检查制度．
4. 上市公司收购管理办法．
5. 中国上市公司诚信守则．

四 附加模块

无

五 参考答案

（一）判断题

1. √	2. √	3. ×	4. √	5. ×
6. ×	7. √	8. ×	9. √	10. √

（二）单项选择题

1. D	2. A	3. D	4. B	5. A
6. D	7. B	8. D	9. C	10. C

（三）多项选择题

1. ABC	2. ABCD	3. ABC	4. ABCD	5. ACD

（四）简答题

1. 媒体监督有社会动员、信息供给与信息传播三种方式。

社会动员是指通过传播积极事件或主流价值观能够鼓励企业树立正确的商业伦理观。通常，主流媒体会反映公众社会所预期的价值观和伦理观，对其他媒体而言，转发、强化主流媒体的报道内容是其重要的信息决策基础。

信息供给是指，通过质疑或原创性调查与分析，直接揭露公司商业伦理丑闻或财务舞弊事件，从而约束企业行为。对媒体来说，通过原创性的调查某一企业的商业伦理丑闻更能引发社会关注，相较于正面报道做好事的企业，负面报道显然更加具有“轰动性”。

信息传播是指，通过转载加速与扩大信息传播，对涉事公司形成外部舆论压力。媒体通过对信息的收集、加工和传播，如对企业的背景资料、事件发生线索进行整合，提炼形成简单易读的信息形式，充分降低公众收集和处理信息的成本，使得公众可以及时、快速地了解具体信息。

媒体监督机制有声誉机制、市场机制与法律机制三种。

在声誉机制下，媒体会对公司本身、事件和具体责任人进行报道，企业一旦被贴上违背商业伦理或者从事会计舞弊的标签，品牌声誉将会遭到严重损害，丧失公众的信任和支持，受到舆论抨击。

在市场机制下，在公司出现负面报道后，投资者出于对公司和管理层的不满，卖出手中的股票导致股价下跌。债权人也会采取措施来保护自己的利益不受侵害。消费者会由于产品质量的不信任而拒绝购买商品。供应商拒绝与其合作。上述市场后果都将使企业的经营陷入困境。

在法律机制下，一方面，媒体通过挖掘、报道企业涉及违反商业伦理与会计职业道德的问题，为相关政府或司法部门提供线索，引导政府或司法部门介入调查。另一方面，媒体通过传播引发舆论关注、评论，也对政府部门形成压力，促使监管机构依法行使监督权力，加大对媒体披露出来的不法公司的处罚。

2. 做空机构通过事前大量卖空，在发布报告、股价下跌后，以低价买入股票，从中获益。针对特定上市公司的做空，做空主要包括五阶段：(1) 选定做空对象；(2) 进行分析调查；(3) 建立卖空仓位；(4) 发布做空报告；(5) 与公司博弈并平仓。

做空会通过一系列机制影响商业伦理和会计职业道德。首要机制是市场机制。做空机构在报告中的各项证据指向公司当期的股价高估，投资者会通过卖掉手中的股票使股价下跌。随着公司一旦遭到做空、股价下跌，声誉机制就会开始启动，经理人员薪酬将随之下降，甚至遭到更换而失去工作机会。注册会计师也会受到牵连。做空导致股价下跌，原有投资者成为无辜受害者。此时，可以启动法律监督机制。如果公司涉嫌违规违法，监管部门会介入进行调查。此外，社会监督机制也是做空发挥治理功能的重要途径。在做空机构发布报告后，往往会引来众多媒体关注、跟进报道。媒体报道使得公司的商业丑闻和财务舞弊事件在社会上广泛传播，从而扩大影响力，让更多投资者了解到信息，加剧了股价下跌。

3. 善意收购是指收购行为已经得到了目标公司的认可，双方达成一致意见时，收购方对目标公司实施的收购。恶意收购又称敌意收购，指的是收购公司在没有获得目标方董事会的认同甚至是不知情的情况下，对目标方进行股份收购，最终取得目标方实际控制权的行为。敌意收购的特点主要是强烈的对抗性。收购方对目标对象进行收购，目标企业的管理层团队为了防范恶意收购，往往会通过各种反收购行为进行对抗。

4. 行业自律协会的监管形式包括制定行业规范和行业标准、设置市场准入门槛以及对违反行业规则的组织和个人进行惩戒。(1) 行业规范是保证行业协会自律作用发挥的核心要素，只有行业协会的所有成员承诺遵守行业规范，才能保证其行业保护、行业协调和行业监管职能的有效发挥 (2) 行业标准是促进行业协会自律监管的有效手段，通过制定统一化、专业化、科学化的产品质量标准等行业标准，实现对行业协会会员的规范管理，保障行业内产品质量、提升行业服务管理水准、提高行业核心竞争能力、维护行业信誉、促进行业内企业规范发展及保障消费者权益等。(3) 市场准入是对市场主体进入市场的明确约束，指明了商品生产经营活动的条件和程序规则。(4) 行业惩戒是行业协会对违反行业规范、不履行行业义务、损害行业声誉的成员进行惩罚的一种手段。

注册会计师协会的监督过程主要包括检查、惩戒、申诉三个环节。(1) 在检查环节，证券所及其分所每三年内应当至少接受一次执业质量检查，其他事务所每五年内应当至少接受一次执业质量检查。(2) 在惩戒环节，对于中国注册会计师协会发现的违规行为，由惩戒委员会常设执行机构组织检查或调查后，向惩戒委员会提交检查或调查报告。惩戒委员会的常设执行机构调查完毕、确认存在违规行为后，应组织召开惩戒委员会会议，会议至少由 2/3 的委员出席，惩戒决定应由出席会议委员的 2/3 以上（含本数）通过。(3) 在申诉环节，会计师事务所或注册会计师本人，对惩戒委员会的决定不服时，可以在收到惩戒告知书后 8 个工作日内，向中国注册会计师协会秘书处提起书面申诉，列明申诉的理由及相关证据材料。

5. (1) 企业违反商业伦理规范或会计职业道德以致触犯相关法规时，需要承担行政责任。公司治理方面如《公司法》第一百九十八条至二百零五条规定了公司出资、信息披露、清算等方面应承担行政责任的情形。(2) 企业违反商业伦理或会计职业道德以致触犯相关法规时，除了受到行政部门的处罚外，如果对他人造成了损失，还需要承担民事赔偿责任。以消费者关系方面的商业伦理为例，我国《消费者权益保护法》第四十八条至五十三条规定了侵犯消费者合法权益所应承担的民事责任。(3) 企业违反商业伦理或会计职业道德，除了上述行政责任和民事责任外，如果触犯我国刑法，还应承担刑事责任。公司治理方面如《刑法》第一百六十九条规定了背信损害上市公司利益罪。

(1) 注册会计师违反会计职业道德以致触犯相关法规时，需要承担行政责任。《注册会计师法》第三十九条、第四十条规定了注册会计师出具不恰当审计报告所应承担的行政责任。(2)《证券法》第九十五条规定代表人诉讼制度，标志着具有中国特色的证券集体诉讼制度正式建立，为此上市公司和注册会计师违背会计职业道德将面临更大范围的民事责任。(3)《刑法》规定了注册会计师的相应刑事责任，如第二百二十九条规定了提供虚假证明文件罪。

（五）案例分析

1. (1) 对夸大利润的攻击。浑水做空报告称，好未来至少从 2016 财年起就欺骗性地将公司利润夸大了 43.6%。报告中重点提及了好未来的收购交易，指出好未来在两笔收购交易中（顺顺留学、广州一对一），虚报税前利润 1.53 亿美元，达利润总额的 28.4%。

(2) 对虚假交易的攻击。2015 年 8 月，好未来出售广州智康一对一校区，获得 5 000 万美元的资本回报，但好未来并没有将公司实体进行转移，而是仅转移了一部分与一对一业务相关的合同，公司掌控权依旧在好未来手里。

(3) 对审计漏洞的攻击。2016 年 4 月，好未来旗下天河学而思为 GZ 1-1 天河华忆学习中心支付租金 620 万元人民币。鉴于好未来是轻轻教育的投资人，如果好未来为其代理支付租金，则构成关联交易，应予以披露，但是事实上，在审计报告中并没有相关信息的披露。

2. (1) 市场投资者的反应。在浑水做空报告披露后，投资者出于对公司和管理层的不满，会通过"用脚投票"的方式对公司进行惩罚，卖出手中的股票导致股价下跌。2020 年 4 月 8 日，好未来自曝旗下"轻课"业务存在数据造假后，好未来股价盘后一度下跌超过 28%。

(2) 公司的反应。媒体报道公司负面新闻后，将被广大社会公众所了解。企业一旦被贴上违背商业伦理或者从事会计舞弊的标签，品牌声誉将会遭到严重损害，丧失公众的信任和支持，受到舆论抨击。在浑水发布做空报告后，2020 年 4 月 8 日，好未来自曝旗下"轻课"业务存在数据造假。公告显示，有员工与外部供应商合谋，伪造合同等文件，错误夸大旗下"轻课"业务的销售数据。

(3) 律师的反应。做空导致股价下跌，原有投资者成为无辜受害者。此时，可以启动法律监督机制。根据美国《证券法》的规定，公司财务造假或严重违反商业伦理以致犯法，投资者可以通过诉讼形式要求公司对其进行赔偿。2020 年 4 月 8 日，美国律师事务所 Rosen，Howard G. Smith，Schall 宣布对好未来发起调查，并向持有好未来股票、遭受损失的投资者征集线索。

教师教学服务说明

中国人民大学出版社财会出版分社以出版经典、高品质的会计、财务管理、审计等领域各层次教材为宗旨。

为了更好地为一线教师服务，近年来财会出版分社着力建设了一批数字化、立体化的网络教学资源。教师可以通过以下方式获得免费下载教学资源的权限：

在中国人民大学出版社网站 www. crup. com. cn 进行注册，注册后进入“会员中心”，在左侧点击“我的教师认证”，填写相关信息，提交后等待审核。我们将在一个工作日内为您开通相关资源的下载权限。

如您急需教学资源或需要其他帮助，请在工作时间与我们联络：

中国人民大学出版社　财会出版分社

联系电话：010-62515987，62511076

电子邮箱：ckcbfs@crup. com. cn

通讯地址：北京市海淀区中关村大街甲 59 号文化大厦 1501 室（100872）